湖北非物质文化遗产

HUBEI FEIWUZHI WENHUA YICHAN

主　编　张　昕
副主编　喻　婕
参　编　李一鑫　黄　悦　施　淳　高　媛　华美幸　陈　震　王潇曼

高等院校艺术学门类『十三五』规划教材

华中科技大学出版社
http://www.hustp.com
中国·武汉

内容简介

本书从艺术学角度入手，立足于田野调查，从民居、雕塑、陶瓷、纺织、编织、剪纸、年画、皮影和金属九个方面对湖北造型类非物质文化遗产进行梳理，为读者集中展现了荆楚传统文化之大美。

非物质文化遗产是劳动人民长期实践积累的成果，蕴含着民族文化精神，在当今时代环境下，仍具有高度的区域价值、文化价值、艺术价值、经济价值等，是一座巨大的资源宝库。而湖北省历史悠久，文化底蕴深厚，拥有大量的非物质文化遗产。本书基于此，按照九大门类对湖北省现存的造型类非物质文化遗产进行了梳理。

首先，对九大门类的非物质文化遗产产生的地理、历史、人文背景，以及其具体的形态特征进行调查分析，总结其艺术特征和美学特征；其次，根据区域划分，归纳出湖北省造型类非物质文化遗产的审美变化规律；最后，在前者的研究基础上，总结出湖北省境内造型类非物质文化遗产的文化内涵。希望本书的内容能够对湖北省的非物质文化遗产资源在保护与利用方面起到积极作用。

图书在版编目(CIP)数据

湖北非物质文化遗产/张昕主编．—武汉：华中科技大学出版社，2017.11(2025.1重印)
高等院校艺术学门类"十三五"规划教材
ISBN 978-7-5680-3365-7

Ⅰ.①湖…　Ⅱ.①张…　Ⅲ.①非物质文化遗产-湖北-高等学校-教材　Ⅳ.①G127.63

中国版本图书馆 CIP 数据核字(2017)第 217400 号

湖北非物质文化遗产

Hubei Feiwuzhi Wenhua Yichan

张昕　主编

策划编辑：彭中军
责任编辑：沈　萌
封面设计：孢　子
责任监印：朱　玢

出版发行：华中科技大学出版社(中国·武汉)　电话：(027)81321913
　　　　　武汉市东湖新技术开发区华工科技园　邮编：430223
录　　排：华中科技大学惠友文印中心
印　　刷：广东虎彩云印刷有限公司
开　　本：880mm×1230mm　1/16
印　　张：12
字　　数：352千字
版　　次：2025年1月第1版第3次印刷
定　　价：69.00元

本书若有印装质量问题，请向出版社营销中心调换
全国免费服务热线：400-6679-118　　竭诚为您服务
版权所有　侵权必究

目录

1　第一章　湖北非物质文化遗产概述

　　第一节　湖北地域文化概况　/2
　　第二节　楚文化遗产的影响　/6
　　第三节　稻作文化遗产的传承　/11
　　第四节　移民文化遗产的融合　/15
　　第五节　湖北非物质文化遗产分布　/19

27　第二章　湖北传统民居

　　第一节　湖北传统民居概况　/28
　　第二节　湖北各区域民居　/32
　　第三节　湖北民居的艺术特征　/45

49　第三章　湖北传统雕塑

　　第一节　湖北传统木雕　/50
　　第二节　湖北传统石雕　/57
　　第三节　湖北传统泥塑　/63

69　第四章　湖北传统陶瓷

　　第一节　鄂东及江汉平原地区陶器　/70
　　第二节　鄂西地区陶器　/77
　　第三节　湖北陶器的艺术特征　/78

83　第五章　湖北传统纺织

　　第一节　湖北传统纺织概况　/84
　　第二节　湖北各地纺织工艺的具体种类　/85

99　第六章　湖北传统编织

第一节　湖北编织艺术概况　/100
第二节　湖北各地竹编工艺　/101
第三节　湖北各地其他的编织工艺　/113

117　第七章　湖北民间剪纸

第一节　湖北民间剪纸概况　/118
第二节　湖北各区域民间剪纸　/121
第三节　湖北民间剪纸的艺术特征　/132

137　第八章　湖北传统木版年画

第一节　湖北木版年画概况　/138
第二节　湖北各区域木版年画　/140
第三节　湖北木版年画的艺术特征　/148
第四节　湖北木版年画的保护与传承　/152

155　第九章　湖北传统皮影

第一节　湖北皮影概况　/157
第二节　湖北各区域皮影艺术　/158
第三节　湖北皮影的审美特征　/165

171　第十章　湖北金属工艺

第一节　湖北金属工艺概况　/172
第二节　湖北各区域金属艺术　/176
第三节　湖北金属工艺的审美特征　/185

187　参考文献

第一章

湖北非物质文化遗产概述

HUBEI FEIWUZHI WENHUA YICHAN GAISHU

非物质文化遗产（简称非遗）是一个民族的历史，是先人留下的不可多得的财富，可展示独特的民间文化。非物质文化遗产是人类创造的美，对于民族文化的建设，如同水和空气，意义不言而喻。非物质文化遗产在见证着一个民族历史的同时，也包含了丰富的文化价值，它们记录着不同地域所特有的生活习性、思维方式等，展现了该地域自有的历史文化发展轨迹。这些都能够有效地帮助后人了解当时的社会文化，更全面、客观地了解历史。

湖北省地大物博，是著名的历史文化名城，在其漫长的历史进程中形成了多彩灿烂的非物质文化遗产，彰显着湖北先民的创造力与智慧。2012年9月29日，湖北省第十一届人民代表大会常务委员会第三十二次会议通过了《湖北省非物质文化遗产条例》，这体现了湖北政府对非物质文化遗产的高度重视。截止到2011年，湖北省共有260项各类文化遗产被列入省级保护名录。其中106项遗产项目被列入国家级非物质文化遗产保护名录，以秭归屈原故里端午习俗和黄石西塞神舟会作为"中国端午节"的重要组成部分，更是由于其突出的文化价值，被联合国教科文组织列入《世界非物质文化遗产保护名录》。充分认识湖北非物质文化遗产的真实面貌，挖掘湖北非遗资源的历史文化价值，将促进对其经济价值的转化，有助于对湖北非物质文化遗产的科学保护与利用，从而完善对湖北非物质文化遗产的传承和发展。

目前，世界的全球化趋势已延伸到文化领域，从某种意义上来说，文化传播的全球化其实是一个文化竞争的过程，这是一场悄无声息的外来文化和本土文化的博弈，所以重视抢救和保护本民族地区的传统文化已成为各个国家刻不容缓的重要任务。湖北非物质文化遗产毫无疑问是湖北先民遗留下来的传统文化精华，但是近些年来我们也不难发现，飞速发展的经济和现代化大潮强烈地冲击着非物质文化遗产及其传承人的根本生存环境，其正面临着严重的危机，遭遇着不同程度的损毁。这一局面的出现导致了文化生态的不平衡，从而在一定程度上制约了经济的可持续发展和社会的全面进步。

分析湖北地域文化特色，探究非遗资源分布，在对湖北非遗资源有着深层认识的基础上，充分挖掘湖北非遗文化底蕴，通过历史文化价值来突显遗产经济价值潜力，有助于后续对非遗资源展开生产性保护，以遗产"养"遗产，缓解政府资助压力，提升传承人生活水平，促进湖北非遗事业蓬勃发展。

第一节
湖北地域文化概况

湖北省位于中华人民共和国的中部地区，东连安徽，南邻江西、湖南，西连重庆，西北与陕西为邻，北接河南。因其位于长江中游、洞庭湖以北，故此得名，称为"湖北"。湖北是中国地势第二级阶梯向第三级阶梯过渡的地带，地势西高东低，以位于省内中部的江汉平原为主，江汉平原更是被誉为"鱼米之乡"，东、西、北部被山地和丘陵环绕，中南部为低湿平原，略成盆地之势。自古以来，湖北省就可以说是承东启西、连南接北的交通枢纽。长江自西向东，横贯全省1062公里（1公里＝1千米）。因此，长江水运也是自古以来的一项重要的交通运输方式。到了现代，武汉天河国际机场更是中国内陆重要的空港。湖北地域风貌如图1-1所示。

湖北域内大致以光化老河口经南漳到南昌一线为界，分为鄂东、鄂西两大部分。西部为鄂西山地，其中又以长江为界，分为由秦岭东段、武当山、大巴山东段等山脉组成的鄂西北山地，由巫山、武陵山、大娄山等山脉组成的鄂西南山原。鄂西北山地群峰耸立,海拔均在 1000 米以上,森林密布;鄂西南山原山高谷深,一般海拔虽然也在 1500 米左右,但是山顶平广,具有高原性山地特征,适合旱作农业的经营。东部以长江、汉水冲积而成的江汉平原为主体,地势平坦,土壤肥沃,河网交织,湖泊密布,堤垸纵横,历史时期以来就是重要的农业经济富庶之地;因受地质构造的影响,在与河南、安徽两省交界处有大洪山和大别山构成的鄂东北丘陵地区,在与湖南、江西两省交界处有幕阜山构成的鄂东南丘陵地区。

湖北省不但地域广阔,更具有悠久深厚的历史文化底蕴,从古至今,文化名人辈出,如:中华民族的始祖炎帝的故里就在湖北省随州市随县;战国时期楚国诗人、政治家,中国历史上第一位伟大的爱国诗人,中国浪漫主义文学的奠基人,被誉为"中华诗祖""辞赋之祖"的屈原就是湖北秭归人;古代伟大的医学家、药物学家、博物学家、著述家李时珍为湖北蕲春人;唐代著名茶学家,被誉为"茶仙""茶圣",一生嗜茶,精于茶道,以世界第一部茶叶专著《茶经》而闻名于世的陆羽即湖北天门人;此外,还有毕昇、刘秀、王昭君、张三丰、楚庄王、楚威王等一系列享誉四方的人物,都向世人彰显着湖北的地域风采。

图 1-1 湖北地域风貌

湖北在我国近代史上也一直占有着重要的历史地位。1838 年,湖广总督林则徐在武昌、汉口、汉阳查禁鸦片,震惊海内外;1893 年,自强学堂在武昌创办;1911 年,爆发武昌起义,湖北军政府成立,湖北黄陂人黎元洪任民国总统;1920 年,董必武等人创办私立武汉中学;1927 年,国立武昌中山大学开学,并于次年更名为武汉大学。可以说,湖北在中国近代史上一直都扮演着文化教育与军事重地的角色,辛亥革命在湖北的首发更为湖北人增添了英勇不屈、勇于抗争的光辉特点。

(一) 过渡性

秦岭淮河一线,是中国南北地理分界线。此线南北,无论是自然条件、农业生产方式,还是地理风貌、生活习俗及文化特征,都有明显的不同。而湖北所在的长江中游地区,正好处于南北分界地带,成为南北过渡的重要地区。这一区域的文化遗产在审美特征上具有明显的过渡风格。具体可概括为:南北过渡、承东启西、色彩折中、刚柔并济。这种过渡性主要体现在四个方面,即制作材料的过渡、工艺技巧的过渡、艺术风格的过渡和审美趣味的过渡。

1. 制作材料的过渡

制作材料的过渡是指传统手工艺使用的物质媒介的过渡。由于中国幅员辽阔,南北地理环境、气候特征差异巨大,因此中国南北物产资源也不尽相同。基于这种差异性,南北传统手工艺所使用的媒介也不同。而湖北地区正处于南北地理过渡区附近,因此在使用的媒介上也呈现出强烈的过渡色彩。如编织工艺,由于南方气候温润、潮湿,十分适宜竹类生长,因此产生了十分发达的竹编工艺;而在北方,由于气候条件不适合竹类生长,其编织工艺则往往使用柳条。湖北所在的长江中游地区的编织工艺,由南到北呈现出明显的"由柳到竹"的过渡脉络,其中部分地区的编织工艺还"竹柳兼用"。

2. 工艺技巧的过渡

工艺技巧是指传统手工艺的具体制作方法、特征。由于受不同物质媒介的限制,我国南北造型类文化遗产在工艺技巧上也呈现出明显差异。湖北由于处于南北过渡区域,因此在工艺技巧上也表现出典型的技巧过渡。如制陶工艺,由于北方土质粗糙,因此在制陶过程中广泛使用化妆土,以弥补土质粗糙带来的弊端。基于化妆土工艺,北方制陶匠人发展出了以竹刀刻花的装饰技巧。湖北汉川境内的马口窑,作为南方窑系却继承发展了这种北方制陶技巧,表现出长江中游地区造型类文化遗产在工艺技巧上的过渡。

3. 艺术风格的过渡

艺术风格是指艺术作品稳定的艺术风貌、特色、作风、格调和气派。我国南北传统手工艺在风格上也明显不同。具体而言,北方偏好成稳大气,造型上不拘小节,色彩夸张;而南方造型细腻,用色讲究、内敛。如年画,湖北老河口木版年画是长江中游地区年画艺术的代表,老河口木版年画在造型特征、颜色选择等方面具有典型的南北折中形态,造型夸张但不失秀丽,设色大胆而略带典雅。

4. 审美趣味的过渡

由于我国地域辽阔,自然地理差异大。自先秦时期开始,各区域就形成了各自不同的文化特征,同时也出现了极具差异的审美认知与由这种美学认知所决定的审美形态,如楚文化的浪漫诡秘,吴越文化的秀丽婉约,秦文化的粗犷大气。这种从先秦时期就已形成的审美认知的影响一直持续至今,奠定了我国各区域造型类文化遗产审美形态的基础。

由于湖北位于南北东西的过渡地区,因此在文化遗产的审美趣味上表现出浓郁的过渡。这种过渡基于楚文化"浪漫诡异"的审美趣味,充分吸收了中原文化的稳重、秦文化的豪迈、吴越文化的婉约、巴蜀文化的粗犷,形成了既具有北方的粗犷大气,又凝聚南方的细腻婉约的独特审美趣味。

(二)折中性

发达的水系,让湖北所在的长江中游地区成为连接中国东西南北的重要商贸走廊。随着南来北往的客商的增加,中国南北东西不同的文化也逐渐汇聚于此。作为中国南北东西文化的缓冲区域,长期以来,该区域传统手工艺在自身艺术特征的基础上,广泛吸收东西南北各地区的艺术特征,呈现出浓郁的"折中主义基调"。例如,湖北地区在许多民间传统手工艺的色彩搭配、造型把握、题材选择上都基于楚艺基调,融贯南北,将不同地区传统手工艺的审美特征融于一体,形成独特风格。

在湖北境内的文化遗产的视觉形象中,渗透着浓郁的中和混搭现象。具体而言,可概括为以下四种类型。

1. 楚风融合

楚风融合是湖北地域的基本风格。作为楚文化核心区域,境内艺术风格受楚文化影响深厚,传统手工艺普遍带有浓郁的楚式审美特征。造型上夸张多变,色彩上多用红色、黑色,对比强烈,整体呈现浪漫诡秘的美学基调。

2. 吴越渗透

鄂东地区自古处于吴头楚尾之地,在文化上也为吴文化与楚文化冲突交锋区域。同时,由于历史上几次大规模的政府性移民,大量迁入吴地居民,因此鄂东地区在人口成分上有相当大一部分吴越成分,在文化上带有浓郁的吴风。

基于此,这一区域的传统手工艺,在审美特征上呈现浓郁的吴风意蕴,色彩选择则更加秀丽,造型更加精巧。如湖北武穴章水泉竹器制作,章水泉竹器广泛吸收江南文人竹器在器物造型上的要求,所制作的竹器十分雅致。

3. 秦风遗韵

作为长江最重要的支流,汉江自山西发源,途经陕西、湖北两省,最终在汉口汇入长江。因此,秦文化沿汉江流域向湖北渗透,特别是鄂西北地区,在文化形态上有浓郁的秦风秦韵。

鄂西北地区背靠秦岭、大巴山，与陕西交界，毗邻秦文化核心区域，受秦文化影响深厚。因此，在传统手工艺的审美特征上，表现出浓郁的秦楚交融状态，具有浓郁的秦风秦韵。一般而言，鄂西北地区的传统手工艺相较于长江中游其他地区的传统手工艺在审美上偏向粗犷、大气。如十堰堵河剪纸，就是在这种审美特征的基础上发展出来的。堵河剪纸发源于竹山堵河沿岸，其造型简练、粗犷，色彩质朴、厚重，带有浓郁的西北剪纸风格特征。

4. 巴蜀东渐

西南地区是我国又一重要的文化圈，在历史上西南地区为少数民族聚居区域，文化形态十分多样，旖旎多姿。由于西南地区以畜牧为主要经济生活方式，因此游牧文化成为其主流文化。游牧文化使这一地区的文化遗产在审美形态上更为原始，造型多变，色彩冲突强烈。

鄂西南地区由于背枕巫山、毗邻峡江、紧靠巴蜀，故而在文化上受西南巴蜀文化影响。因此，这一区域在文化遗产的艺术风格和审美取向上表现出浓郁的巴蜀风韵。而且这一区域作为重要的少数民族聚居区域，除了具有浓厚的巴蜀风韵之外，还融合了土家族、苗族等少数民族的艺术特征。如恩施"西兰卡普"织锦工艺，色彩多使用对比色搭配，艳丽异常，在题材上，除了受楚文化影响的凤鸟等纹样之外，还选择土家族的"白虎"和"田字八勾"等图案，反映出浓郁的折中主义基调。

（三）对冲性

对冲是湖北所在的长江中游地区传统手工艺的又一审美特征，长江中游地区多元复杂的文化环境，使这一区域的文化冲突十分激烈，激烈的文化冲突使该地区的传统手工艺呈现出强烈的对冲性。

1. 农耕文化与渔猎文化的对冲

作为中国最为重要的平原湖区，早于新石器时代，农耕与渔猎就成为长江中游地区最为重要的经济生活方式，这种经济生活形态一直持续至今。

然而，农耕文化与渔猎文化在审美取向的选择上有着明显差异，这种审美差异导致其艺术风格分化。例如：在装饰图案上，农耕文化偏向于植物题材，而渔猎文化则喜好动物题材；在色彩选择上，农耕文化更喜欢大红、翠绿等植物色，而渔猎文化则喜好深蓝、赭石色等与动物有关的颜色。

湖北所在的长江中游地区由于兼具两者，因此在传统手工艺的审美方面，表现出强烈的农耕文化与渔猎文化对冲状态。特别是在湖区与平原区结合地带，这种对冲表现得更为明晰。如江汉平原地区，由于处于平原与湖泊交汇地带，这一带的传统手工艺在审美形态上呈现出冲突融合状态：江汉平原地区的文化遗产图案在题材上既有牡丹、莲花等农耕文明惯常使用的植物内容，又有鲤鱼、螃蟹等渔猎文明所喜爱的动物主题，表现出农耕文化与渔猎文化冲突之后融合的审美特征。

2. 山地与平原的对冲

自然环境、气候特征与经济模式等方面的差异，使山地与平原地区在形式法则和审美期待上都有所不同。湖北所在的长江中游地区处于我国第二级阶梯向第三级阶梯过渡的区域，自然地貌十分多样，山地与平原地貌兼具。然而，山地与平原地区在形式法则和审美期待上具有明显差异。这种差异主要体现为平原地区在形式法则上强调工整细腻，审美偏于隽秀、婉约，而山地地区在形式法则上则豪放、大气，审美偏于粗犷。

这种山地与平原在形式法则和审美期待上的差异对冲，使境内传统手工艺在形式法则与审美期待上呈现出多元共生状态，并互相冲突，形成西部山地原始、粗犷、大气，东部平原细致、婉约、内敛的不同美学形态。

3. 审美认知与形态观念的对冲

由于历史积淀与当代生活存在巨大落差，在传统手工艺审美的认知与形态上，长江中游各区域也不尽相同,存在强烈的观念对冲。

湖北所在的长江中游地区,作为我国重要的南北东西过渡区域,不同文化区域的文化在这里交融、碰撞。随着这种碰撞的发生,不同的审美认知与美学形态也在此汇聚,并且不断碰撞、对冲。其直观表现就是,各区域在审美认知与非物质文化遗产所表现出来的具体风格上的不同。如鄂西北地区与鄂东地区在遗产的审美形态上所表现出的差异性,就是审美认知与形态观念对冲的成果。

长江中游地区作为我国中部重要的"文化走廊",其文化多元性在全国而言都属罕见。基于这种多元文化,地区内遗存有数量庞大的文化遗产类型,这些遗产在工艺特征、艺术风格、审美取向上都有类似之处。经过分析之后,得出以下共同特征。

(1) 湖北地区文化遗产在审美形态上深受楚文化影响,都表现为以楚艺术为基础,广泛吸收周边艺术养分,最终形成具有明显"调和基调"的独特形态。

(2) 湖北地区作为中国南北过渡的核心区域,其文化遗产在审美形态上表现出浓郁的过渡风格。这种风格具体表现为由北至南、由东向西的材料变化、工艺嬗变和风格渐进。

(3) 长江中游地区多元复杂的文化环境,使这一区域的文化遗产在审美形态上表现出强烈的对冲性。这种对冲性具体表现为农耕文化与渔猎文化的对冲、山地与平原的对冲和审美认知与形态观念的对冲。

综上所述,"过渡""折中""对冲",是湖北地区文化遗产审美特征的关键词。因为过渡,境内文化遗产拥有了融合东西、综合南北的包容特征;因为折中,境内文化遗产拥有了似而不同的艺术基调;因为对冲,境内文化遗产拥有了多变的艺术风格和审美形态。这些饱含长江中游地区居民智慧的珍贵遗产,用它们独特的美,展现着长江中游地区的独特文化和人们的精神气质,它们同我国众多文化遗产一道,组成了我国韵味悠长的文化脉络,表现出中国独有的东方美学意蕴。

第二节
楚文化遗产的影响

楚文化是一支瑰丽多彩而有独特风格的文化,是中华民族古代文化的一个重要组成部分,为楚人所创造,在缔造和发展统一的中华民族文化的过程中,有着不可估量的作用。楚文化是在荆楚大地上诞生和发展起来的,吸取了周边文化之长,同时又保留了自己独有的文化形态和文化特征。

长江流域同黄河流域一样,很早就孕育着古老的文化。史前文明时期,长江流域出现了河姆渡文化、良渚文化、屈家岭文化、石家河文化、大溪文化等古文明;先秦时期又出现了三星堆文化、吴文化、越文化、楚文化等长江文明。楚民族兴起之后,楚文化成为先秦时期代表地方文化之一。至春秋时代,楚国迅速发展壮大,兼并了长江中游许多大小邦国,成为足以与整个中原相抗衡的力量。战国时期,楚进而吞灭吴越,其势力西抵汉中、东临大海,在战国诸雄中,版图最大、人口最多。一度有"横则秦帝,纵则楚王"的说法,意谓秦、楚二国最具统一全国的可能。

一、楚文化的衍生与嬗变

楚国历经八百余年的发展,由僻处丹阳一隅,到拥有中国半壁河山;从跋涉山林以事天子,到问鼎中原,饮马黄河,不断地发展壮大,成为"天下强国"。楚国不仅位列"春秋五霸""战国七雄",而且创造了特色鲜明、内涵丰富的楚文化,在整个中华文化发展过程中的影响延续至今。

文化发生学理论认为,一种地域文化面貌特征之形成,取决于其生存地域环境的特殊性,及其与外域文化交流的错综态势两大要素,而前者则更具决定意义。楚文化也是在漫长而曲折的历史进程中日渐孕育、积淀而成的。长江流域优越的自然地理条件是楚文化发展壮大的必然条件,这些条件也自然限制和影响了楚文化的面貌和特征。

楚文化的主要构成可概括为"六大支柱"。这六大支柱分别是青铜冶炼、丝织与刺绣、髹漆工艺、乐舞艺术、老庄哲学、屈骚文学。例如,最先进的青铜冶炼出自楚国,最早的铁器在楚国,数量之大、工艺之精的漆器莫过于楚漆器,最富有创造力的丝绸刺绣出自楚国,先秦金币、银币无一不是楚币。哲学有老庄,文学有屈骚,戏剧的鼻祖是楚人优孟。楚国的音乐、舞蹈、绘画、雕塑超凡脱俗,举世公认。春秋战国时期的神射手养由基,也是楚国(荆门)人。楚人最早在荆门设立县制,将其列为一级行政区划,改变了贵族分封制度,进而引发了军事、土地、税赋改革。在天文、历法、数学等方面,楚人都有独特的贡献。在采矿、冶炼、丝绸、漆器等方面,楚人取得了举世无双的成果。

二、楚造型艺术的表现形式

楚造型艺术融汇了那个时代的特征,其主要类型包括青铜器皿、丝绣帛画、漆器艺术、建筑艺术等。楚造型艺术是中国古代极具文化意蕴的艺术,无不体现出楚人独特的精神特质与审美情趣。

(一)青铜器皿

在楚文化中,楚青铜器艺术辉煌灿烂、敦实厚重、秀丽飘逸,是一颗璀璨夺目的明珠。楚国青铜器皿大部分发现于楚墓内,最早出现于中原地区。这些青铜器皿用途广泛,造型精致,楚文化特征明显,其类型以青铜礼器、乐器最具代表性。楚青铜器的出土分布地域主要集中于现今湖北的江陵、襄阳,湖南的长沙,安徽的寿县,河南的浙川、固始等地,这些区域正是楚国活动的要地,也是楚文化最为集中的地方。

早在宋代,就有楚青铜器被金石学著录。二十世纪三十年代,随着各地楚墓的发现和楚遗址考古工作的开展,大批的楚青铜器皿不断出土,为探究楚人的民族文化、生活方式积累了丰富的资料。商代和西周前期的青铜器皿(见图1-2)在造型上比较敦厚,体积较大,工艺纹饰考究华丽,铭文一般词句不多,显得古朴有力。从西周中期到春秋中期,风格趋于简朴,形制放达随意,纹饰也多为粗线条的几何形图案,但篇幅较长的铭文却比以前多,或许是这一时期的文字较之前发达所至。春秋后期到战国时期是楚文化最发达的时期,这一时期的青铜器皿器形和纹饰一改过去的设计,大胆突破宗教的神秘色彩,体现出强烈的地方性和清

图1-2 西周前期的青铜器皿

新感。

器形的改变表现为鼎上增加了盖等,而纹饰的改变表现为从过去奔放的粗花改为工整的细花,最常见的是蟠螭纹,这些纹饰具有华美繁缛的艺术效果,纤细、生动地浮现在器物的表面,代表着一个时代的辉煌与记忆。与之相配的其他纹饰也都向图案化方向发展,形制轻薄精巧,纹饰除动物纹和几何纹外,还出现了反映人们渔猎、宴饮等场景的新题材,具有浓厚的生活气息。在铭文方面则极其简单,笔道细长。此时青铜器皿无论是在形制、造型方面,还是在器物的工艺方面都达到了相当高的水准,且楚文化特征明显。例如,河南淅川下寺春秋楚墓群出土的青铜器多达四百件,其中大部分青铜器体现了楚国青铜器高超的技艺水平和特殊的装饰手法。

楚人的青铜冶铸技术是从中原传入的,在此发展的过程中受到多种文化的影响,取得了很大的进步,主要体现为分铸焊接法的应用和失蜡法的发明,这两项铸造技术都与楚文化有着密切关系。分铸焊接法最早见于公元前六世纪的河南淅川下寺春秋楚墓群和湖北随县(今随州市)曾侯乙墓出土的两件青铜器,这两件佳作精美绝伦,可谓是古代青铜工艺品中的极品。

这一时期的楚青铜器皿,从其中的精神层面和审美情趣来看,主要是满足人们巫术宗教信仰的需要,而不单单是满足人们的审美要求。加之宗教礼仪的正统性决定了楚青铜器皿也必须与之相符,必须具有神圣性。因为这样既可以维护当时楚国国家的统治,又可以增强社会的亲和力。因而,楚青铜器皿在其价值取向上就呈现出以神为主、以人为辅的审美特征。

(二) 丝绣帛画

楚国的丝绣品以它浓郁、夸张的色彩和严谨的构图形成了独特的楚域风格。从现今发现的丝绣品来看,其颜色种类众多,在同一类纹样上搭配有多种颜色,采用色彩相似的绣线,使得纹样搭配统一和谐。例如,湖北荆州市马山一号楚墓出土了一件绣有龙凤虎纹的单衣,这件丝绣品尽管历史久远,颜色有所褪变,但仍可清楚地看出用红、黑两色构成的虎的纹样。同期出土的"龙凤相搏纹绣""飞凤纹绣""凤鸟花卉纹绣"也都是选用当时较为流行的红、黑、蓝、灰等颜色的绣线。

楚国的丝绣品色彩缤纷、稳重、统一,纹绣的造型丰富多样、华丽典雅。无论是丝绣品的样式,还是其品相和颜色,都表现出楚人独特的天赋和才华。可以说,楚国的丝织刺绣是生产技术与审美艺术的完美结合,反映了楚国当时高超的工艺水平。

纺织帛画是古代中国画的一种,就是在白色的丝织品上创作图画。当今发现的帛画多出土于先秦到汉代,至西汉时期帛画发展到高峰。尽管帛画是汉代的艺术品,却具有浓郁的楚域风格,可以说帛画是一种典型的区域特色文化,也是楚文化的重要标志。秦朝统一六国后,在文化上实行残酷的"焚书坑儒",使得秦朝的帛画发展受到影响。但是,由于地处偏远,远离秦朝统治中心,帛画不但没有被遏制,反而生生不息、默默成长,并发扬光大。

据有关文献记载,楚国的帛画共发现了二十四幅以上,其中最为有名的是《人物龙凤帛画》(见图1-3)和《人物御龙帛画》(见图1-4),分别出土于湖南长沙陈家大山楚墓和长沙子弹库一号楚墓。《人物龙凤帛画》长三十一厘米,宽二十二厘米,此画最能体现楚人对个性和自由的追求。帛画上的女性侧身站立,眼睛平视,头发高髻,双手合掌做祈祷状;整个人物秀丽可爱、亭亭玉立,但并不给人一种媚俗妖娆的印象,在她沉静的表情里有一种坦荡而又自尊的神态;在她的面前,人们感到的是对人的完美和生命自由的向往,这也正是楚造型艺术精神特质的生动写照。《人物御龙帛画》长约三十七厘米、宽二十八厘米,画面正中绘有一位戴冠穿袍、侧身而立的男子,腰身配剑,驾驭着飞龙,整个画面有种浓郁的神秘奇幻色彩。

这两幅丝织帛画在中国绘画史上意义非凡,它是迄今最早的具有独立性、主题性的帛画作品,不附着在任

图 1-3 《人物龙凤帛画》　　　　　　图 1-4 《人物御龙帛画》

何建筑和工艺品上,在风格上也是楚国当时的一种流行样式。帛画上的内容主要是体现当时的社会生活场景,从某种意义上体现了楚人对生命精神的理解与认识。除了画面意境深远、夸张怪异之外,在表现手法上大量采用中国画用线造型的方式,以墨线勾勒为主,只在局部涂上颜色,涂颜色的手法除了平涂外,已经采用了分层渲染的技法。由此可见,当时的绘画技艺已经达到了相当高的水平。

(三) 漆器艺术

楚漆器是以天然大漆为原料,经过特殊的工艺,髹涂在特制的竹、木等胎体上,晾干打磨,然后在胎体上雕刻、镶嵌、绘制图形的一门综合性艺术,如图1-5所示。楚人对漆器"情有独钟",在楚地出土了大量精美的漆器。漆器比较适合表现丰富含蓄的色彩,随着时间的流逝,仍能保持完美的色泽,这是当时其他质地的器物所无法媲美的。

图 1-5　楚文化漆豆

楚漆器艺术是在楚人日常生产、生活中产生的一种艺术,一方面有着生活所需的实用性,另一方面也显现了某些审美情趣。楚国在历史上是一个富于幻想、有自身独特艺术气质的国度,楚人往往采用直观的、想象的方式来表现社会,其中的审美情趣甚至是用宗教巫术的形式来呈现的。所以楚漆器的外形特征不能不受到楚民族自身固有的审美情趣和文化底蕴的影响,在楚漆器制作中常常表现为以一种圆融贯通的构成方式去塑造形体、展示自我。

楚人在制作漆器的过程中探索出了一系列相当成熟的制作工艺,尽可能利用各种材质,如竹木、骨角、金属、皮革等制作形体。在制胎技术上已经出现了镟木法、卷木法和夹贮法;在工艺技法上采用素面单色的造型手法,或者雕刻与彩绘结合的造型手法。与单色漆器相比,彩绘漆器本身更具有色彩的质感,使得楚漆器形体本身更加艳丽、优美,从而给人一种强烈的审美感。

楚漆器一般有着明亮、艳丽的色彩,其中黑色与红色是主要基色。红色热烈奔放,黑色含蓄深沉,两色交相互衬,相得益彰。楚人在色彩表现方面有着独特的艺术天赋,其共同的心理特征和美学基础都超越了单纯的临摹,超越了对客观对象的简单表现。楚人充分发挥自己的想象,创造了精美绝伦的楚漆器艺术,也使我们从中领略到了楚人坚忍执着、积极进取的精神特质和崇高的审美情趣。

三、楚文化的精髓

(一)筚路蓝缕、自强不息的进取精神

楚人先辈艰苦创业的历程,可以追溯到公元前一千年以前。夏商更替之际,战火连年,楚人先辈辗转迁徙到楚地。到西周末年,楚人还是一个弱小的部落。熊绎成为部落首领后,率部族居江上楚蛮之地,"筚路蓝缕,以启山林"。通过几代人的努力,从熊绎到熊渠,五代人艰苦创业,疆域不断扩展,国力不断增强,由一个方圆不足百里的小国发展到泱泱大国,这种精神成为楚国强盛立国之本。史书记载:楚,强国也,地方五千里,带甲百万,车千乘,骑万匹,粟支十年。楚庄王饮马黄河,问鼎中原。楚人筚路蓝缕、艰苦创业的精神成为中华民族的宝贵精神财富,被千秋万代发扬光大。

(二)追新逐奇、不断开拓的创新精神

楚人的创新精神有很多记载:楚君熊通自号称王,首创县制。楚国灭了权国,便设县治之。早于商鞅变法的吴起变法是楚国历史上的一次悲壮的革新运动,也是一次大的改革运动。楚人在科学技术、哲学思想、文学创作方面都做出了杰出的贡献。以文学为例,庄周的散文和屈原的诗歌是先秦文学的两座高峰。庄周的散文奇诡莫测,变化无穷,气势浩荡,意象峥嵘。屈原是楚辞的宗师,后人对屈原作品的评价是"气往轹古,辞来切今,惊采绝艳,难与并能"。楚人大胆革新,创造了灿烂辉煌的楚文化。

(三)兼收并蓄、海纳百川的开放精神

在先秦的诸多民族中,楚人的民族偏见少,主张民族融合。楚人没有民族优势可依,没有辽阔的疆域可恃,只有善于主动学习他人之长、补己之短,才能发展壮大,因而,楚文化表现出极大的开放性、多元性和务实性。青铜冶炼是楚人学习吴越技术而发展起来的,刺绣、木工、纺织也是从鲁国学习的。史载,楚伐鲁时,鲁国为了避免战事,奉送一百名刺绣工、一百名木工、一百名纺织工,以求楚国退兵,楚国接回人才三百。这三百人传授先进技术,对楚国的发展起了很大作用。这些事例充分体现了楚人兼收并蓄,学他人之长、补己之短的可贵精神。

(四)崇尚武装、热爱祖国的爱国精神

楚人对自己的家园一往情深,对自己的文化执着热爱。在丰富的楚文化中,爱国主义精神体现得非常充分。如:申包胥为了求得秦发兵救楚,在秦庭哭了七天七夜,最后不省人事倒地;屈瑕战败,感到对不起家乡父老,以死谢罪,开了楚国将帅殉职的先河;楚文王、楚武王都殉身沙场。楚兵被俘以后,在被杀以前都转过身子,

面向楚国,体现了凛然的爱国主义精神。史载:"鸟飞返故乡兮,狐死必首丘。"更有代表性的是屈原,他是世界公认的爱国主义诗人、爱国典范,其精神为千秋万代所景仰,成为民族脊梁的象征。楚人的这种爱国主义精神超越了时空,融入中华民族的血脉之中,代代相传。

第三节 稻作文化遗产的传承

我国的农业从"刀耕火种"到"精耕细作",走过了上万年的历史。稻作文化作为农业文化的重要分支,是以稻作为主要生产活动的社会群体的物质财富和精神财富的总和。经过长期的历史积累,形成了五彩缤纷的民风民俗。

随着新石器时代遗址的不断发掘,长江流域的原始稻作遗址日益增多。如20世纪70年代只有30余处,到20世纪80年代便增至70余处,至20世纪90年代已超过80处。各地稻作遗址的年代距今4000~10 000年,实践跨度约6000年。其中4000~7000年的最多,共116处。

从遗址的地理分布看,以长江下游、中游的遗址数目最多,分布也最密集,因而长江中下游近十余年来一直是稻作起源研究的热点,其余地区被视为扩散传播的结果。对比黄河流域,则黄河中游是黍粟遗存的分布中心,其次是黄河下游。黍粟和稻作在时间跨越方面和空间分布方面呈现一种大体相似而并行发展的现象,这是因为"两河"流域的原始农业都起源于距今万年的全新世大暖期这一特定的气候条件下。

从经济方面来说,稻作农业的传统也在中国经济生活中打上了烙印,其中最为明显的则是"春耕、夏耘、秋收、冬藏"的经济生活方式。古代中国适合栽培稻米的地区就是今天的长江中下游及华北一带,可以说适合生产稻米的地区分布很广阔。由此可以看出稻作农业在古代经济生活中的重要性,稻作农业使古代中国人的生活随着春夏秋冬的改变而循环。除了经济生活的循环性之外,稻作农业也决定了传统中国经济生活的许多重要的方面。例如,对灌溉事业的重视,对农业的讲求等可以说都直接与农业有关。我们翻阅历代史书中的《沟洫志》仍可以察觉到灌溉事业在整个经济生活中所占的分量,这与稻作农业是有深刻的关系的。

湖北是稻作文化的发祥地之一,新石器时代长江中游地区出现了一种重要文化——屈家岭文化。屈家岭文化是1954年在湖北京山屈家岭最先发现的长江中游地区的新石器时代文化,距今约5000年,主要分布于江汉平原、三峡地区的西陵峡、河南西部和湖南北部。考古资料表明,屈家岭文化的农业生活有悠久的历史,它以稻作农业为主,有了快轮制陶、纺织、漆器手工艺技术,出土的原始陶器和耕作工具,证实了屈家岭原始先民对原种野生水稻的驯化所做的伟大贡献。这一时期的社会分层现象、宗教活动等加剧,出现了大型聚落群和古城,以及一系列文明因素。屈家岭文化遗址如图1-6所示。

在屈家岭文化之前,长江中游地区已存在彭头山文化、汤家岗文化、城背溪文化(见图1-7和图1-10)、大溪文化、边畈文化、油子岭文化等多个新石器时代文化。之后则有相当于中原龙山文化的石家河文化(见图1-8和图1-11)在屈家岭文化(见图1-9)的基础上发展而来,在该文化遗址中发现了大型公共建筑、祭祀遗迹、刻画符号和冶铜遗存,这些为长江中游地区进入青铜文明做好了准备。

花边红陶盆:城背溪文化,1984年枝江市枝城北遗址出土,口径34.6厘米、底径16.8厘米、通高15.6厘

图 1-6　屈家岭文化遗址

图 1-7　花边红陶盆

图 1-8　玉虎

图 1-9　彩陶纺轮

图 1-10　"太阳人"石刻

图 1-11　陶人、陶动物

米;泥质陶,夹少量细砂和碳,股质褐色,内外表面均涂有红陶,略有光亮;折沿上仰,花边,呈21个花瓣状,敞口,无颈,腹壁略内斜,底较宽,底中部微内凹;上腹部为素面,下腹至底部饰浅绳纹。

玉虎:石家河文化,长2.2厘米、宽3.1厘米、厚1.5厘米;玉虎额顶有三个尖状凸起,正面有一道纵向凸棱,耳内有旋状云纹,圆眼突出。

彩陶纺轮:屈家岭文化,1956年京山县屈家岭遗址出土,湖北省博物馆藏,直径2.6~5.8厘米、厚0.5~0.7厘米;屈家岭文化的彩陶纺轮上绘有各种旋转纹样,给人以流动的感觉,是屈家岭文化的典型器物,它既是原始文化艺术的反映,也是纺织手工业发展到一定阶段的产物。

"太阳人"石刻:城背溪文化,1998年秭归县东门头遗址出土,长115厘米、宽20厘米、厚12厘米;石板上阴刻线条简洁的人像,人像腰部两旁分别刻画星辰,头上方刻画有二十三条光芒的太阳,这是目前在我国境内发现的最早的一件新石器时代的太阳崇拜图像。

陶人、陶动物:石家河文化,1987年天门市邓家湾遗址出土;抱鱼陶人高9厘米、宽5.5厘米,陶人高7厘米;石家河文化陶器以灰陶为主,红陶次之,以各种陶塑小动物、陶人和瓮棺中出土的玉器最有特色;在邓家湾遗址中发现的陶动物有家畜和野生动物,约上万件,可能是大规模宗教祭祀的用品。

稻作文化是稻作民族创造、使用和传承的一整套社会系统或文化模式,包括直接的繁种技术、耕作农具,间接的祭祀仪式、节庆安排,以及无形的口头文学和族群认同。只有全面、清楚地认识湖北稻作文化具有何种文化价值,我们才能知道如何具体、有效地保护和传承当地的稻作文化。

一、物质基础层面

物质与技术层面在整个文化结构中处于基础地位,它对制度文化和精神文化起着决定或约束作用。在稻作文化中,水稻品种本身及相应的工具、技术就属于该层次,它们决定了生产组织和管理制度,同时是文化象征与符号的源泉。

(一) 饮食生活

屈家岭文化的人们的食物大致是以稻米为主的,同时家畜、家禽的饲养及采集、狩猎活动,也构成其食物来源的一部分。

在屈家岭文化遗址中,出土了大量的陶制饮食用具。它们除少数用于祭祀和随葬外,绝大多数是实用的生活器皿,反映了当时人们的饮食生活。这些陶器按用途大致可分为以下几类。

(1) 饮煮器:包括鼎、锅等,用于蒸煮食物。

(2) 盛食器:有碗、盘、豆、钵等,这是当时人们主要的餐具。

(3) 饮器:主要有杯和壶,尤以杯的数量为多。

(4) 盛贮器:在屈家岭文化遗址中出土的大型缸、瓮等是一种大型的粮酒储藏器,在潮湿多雨的长江流域这是非常实用的器皿。

陶器的发达在一定程度上反映了农业的发达。屈家岭文化的陶器制作精美、造型规整、种类繁多,其制陶业已达到较高的水平。同时,饮食用具的大量生产和使用、酒的酿造、大型粮酒储藏器的出现、密结成层的稻谷和稻草,以及在陶器制作中大量采用稻谷壳掺和料,都说明当时的稻作农业已有较大的规模和产量。

(二) 稻作工具与技术

生产工具无疑是社会生产力发展的客观尺度,它标志着人们改造自然的方式和能力。

屈家岭文化的生产工具包括石器和木质工具，它们反映了该文化的稻作生产技术。

石器主要有斧、锛、凿、锄、刀、镰几种。其中斧、锛、凿是砍伐和加工木材的工具，而非直接的农耕工具。这几种工具的形式和数量很多，且磨制精细，说明人们已经熟练掌握了制作本质工具的技巧。

石锄在鄂西的房县羊鼻岭、郧县青龙泉和大寺遗址中有大量的出土。它们一般打制粗糙，凹腰或带肩，刃部平直或略带弧线，长约18厘米。从刃部光滑的使用痕迹来看，石锄应是一种除草工具。

房屋中的沟槽、地基、柱洞，以及灰坑、陶窑的挖造都说明在屈家岭文化中存在着一种掘土工具，但这类工具在遗址中却不见出土。我们推测它们应是耒耜一类的木质工具。古有"斫木为耜，揉木为耒"的记载，"斫木"的工具当为石器中的斧、凿。由于木质工具易腐烂，难以保存，故遗址中很少见到。耒耜的出现对农业生产有着重要的意义。

石刀和石镰都是收割谷物的工具。石刀多为长方形，上部穿1～2孔，用以穿绳。石镰刃部和脊呈斜弧状，犹如弯月，一般长10厘米左右。

屈家岭文化中出现的大量稻谷壳，说明人们是去壳食用谷物的。去壳的工具为杵臼。屈家岭文化遗址中出土的石杵上端呈长方柱形，下部为圆形棒状。石杵出土数量不多，推测人们还使用木杵，所谓"断木为杵，掘地为臼"当是人们加工谷物的真实写照。

从屈家岭文化的生产工具和其他一些相关的因素来看，其稻作农业当具有以下几个环节。

（1）烧田。屈家岭文化遗址中大面积的红烧土、炊事饮食以及陶器的烧制，说明人们非常善于使用火。烧田不仅能清除杂草，而且为来年的耕种准备了大量肥料。

（2）播种。屈家岭文化的水田耕作采取撒播方式。从其陶器纹饰中有许多方框带点纹来看，它可能是播种方式的形象表现。

（3）排灌。在屈家岭文化中，许多陶器上有方框纹、方格纹，尤其是一组相连的"田"字形纹饰引人注目。这是修制规整的田畴的反映，说明人们已经掌握了排灌技术。

（4）收割。水稻的收割是使用小型石刀和石镰。一般只割取稻穗部分，稻秆留在地里做肥料。

二、精神创造层面

无形的精神文化处于文化结构的最高层面，它凝聚了一个民族的世界观、信仰、智慧与情感，一旦成型，则会强烈地反作用于物质创造层面。它是一个民族文化的内在灵魂，决定了一群人是此民族而非彼民族，即使有时其表面的生活方式与外族相似。此处仅介绍稻作农业生产技术的传承和饮食文化遗产的积淀。

（一）稻作农业生产技术的传承

稻作农业有低湿地水田稻作和山地刀耕火种稻作之分，这是迥然不同的两种农耕文化类型。从各种迹象来看，屈家岭文化的农业应是以低湿地水田稻作为主的。

屈家岭文化的人们大都居住在土质肥沃、水源充沛、便于开垦、有利于水稻种植的地区。例如，屈家岭文化遗址位于两河之间的三角形地带，海拔40～42米。一种具有特点的栽培植物的育成往往与那个民族的生活习惯是联系在一起的。屈家岭文化的人们种植水稻必然会与水发生密切的联系。有些遗址的孢粉分析表明，附近曾有许多水生植物。在陶器纹饰中，重圈纹、波浪纹、涡旋纹等大量出现。同时骨鱼叉、陶龟、陶鱼的出土也显示出有充沛水量的河湖存在于遗址的附近。由此可见，屈家岭文化的农业处于一种低湿的环境中，人们在村落周围靠近水源的地带开辟水田来种植水稻，而在这种环境中要实行旱地农业则是难以想象的。

我国古代的劳动人民在改造自然、利用自然的生产实践中积累了丰富的经验,我国现在广泛应用的二十四节气,就是古代劳动人民历经千百年考察气候的变化与农业生产关系而总结出来的宝贵文化遗产,是我国独有的伟大科技成果,对农事耕作和人们的生活具有深远影响,几千年以来,一直是深受农民重视的"农业气候历"。

2016年11月30日,中国申报的"二十四节气——中国人通过观察太阳周年运动而形成的时间知识体系及其实践"通过审议,被列入联合国教科文组织人类非物质文化遗产代表作名录。

二十四节气不仅是指导农业生产的"圣经",也是指导人们养生、保健的秘宝。自然万物都遵循着"春生、夏长、秋收、冬藏"的运动和变化规律,人类作为自然界的一部分,与大自然是和谐统一的整体,人的生命活动与二十四节气也必然紧密相连。

在湖北一些地方,冬至要吃热乎乎的面疙瘩驱寒,夏至吃凉性的粽子,寒露吃红苕,惊蛰吃炒黄豆等。几乎每个节气都有对应的节令食品,既与相应物产成熟的季节相关,相应的饮食调节对健康也有利,体现了天人合一的智慧。中医、现代养生也依照"春生、夏长、秋收、冬藏"的规律,进行"春夏养阳、秋冬养阴、冬病夏治"等。

(二) 饮食文化遗产的积淀

长江流域水稻文化的地位是随着中华农业文化的发展而不断提高的。其集中的表现是在汉字的文献量上逐渐超过北方粟黍的文化地位,最终取而代之,跃居首位。

湖北位于长江中游、洞庭湖之北,素有"千湖之省"的美誉。以长江、汉江、洪湖、梁子湖、三峡库区、丹江口库区,即"两江""两湖""两库"等为代表的湖北水系,滋养了湖北人民。湖北主要属北亚热带季风气候,具有从亚热带向暖温带过渡的特征,光照充足,热量丰富,无霜期长,降水丰沛,雨热同季,利于农业生产,有"湖广熟,天下足"的民谚。

中国自古以农立国,先秦时期即以稻为饭食,还将稻米用来酿酒,酒为祭神不可或缺的贡品。此外,各式各样精致的米制品,在传统岁时节庆中扮演着极为重要的角色。野生水稻驯化为庄稼之后,逐渐改变了人们的生活质量和生活方式,在物质与精神两大层面,使湖北及长江流域原始先民的生活出现了革命性的进步。在中国大地上,逐步形成了黄河流域的粟黍文明和长江流域的稻作文明这两大文化体系。

第四节 移民文化遗产的融合

从中国传统社会的发展来看,由人口迁徙而导致的人口流动是人口及其地区生产力的重新分布过程,人口流动还是文化交流和传播的一大方式,这个过程不仅对迁入地有着巨大的政治、经济、文化影响,还会影响到沿途地区。所以,移民运动成为地区文化遗产审美形态表现的重要影响因素,移民运动对文化遗产融合产生了重大作用。

一、明清时期的移民运动

(一)移民运动的历史分期及路线

通过学者已经研究出来的移民成果,可以分析出最早可追溯到唐朝,就已经出现"江西填湖广"移民运动,这种移民运动的趋势一直延续到清代晚期,其总跨度超过一千年[①]。中国历史上素来都有安土重迁的传统习俗,因而要想推动移民并非易事。而像明、清两代这种超大规模的移民运动,在其背后必然隐藏着重要的原因和强大的动力,继而移民之后所呈现的人口的重新组合及其各方面的影响是值得我们探讨的。据调研,"江西填湖广"移民运动历时过程具体分析如下。

(1) 南宋至元代末年。从南宋到元代是将"江西填湖广"移民运动的序幕逐渐拉开的时期,这个时期移民数量比较少。据考察,此时期的移民主要分为两种:一种是因战乱而导致动荡,从而移居他处;另外一种是因为得到消息,两湖地区地多人少,易于居住,可以缓解长期的生存压力。因此,导致两湖地区的移民运动从未间断,诸如这种规模不大且时间久远的移民比较难以考证。

(2) 元代末至明初。在这个时期,洪武年间是移民运动的主要时期,残酷的战争导致人口大量锐减,使大面积的土地荒芜,从而出现各地人口分布不均的局面。朱元璋战事一胜利,便下令进行大面积的人口迁移,首先从人多地少的江西开始,大规模迁往两湖地区。因此,此时的迁移是强制性的迁移。期间还有因为获罪流放、经济因素的自发性驱使而形成的移民运动。在《中国移民史》中对这次迁移有如下记载:明洪武年间,江西各地迁往两湖地区的移民,按照由多到少的顺序依次为吉安、南昌、袁州、临江和瑞州各府。其中,湖北地区的江西籍移民是主流,占70%。其中来自江西饶州府和南昌府的最多,均为19万左右。[②]

(3) 明永乐年至明后期。这个时期的江西户籍移民仍然不断迁入湖北、湖南地区,虽不像洪武年间那样规模巨大和阵势剧烈,但这一时期的迁移跨度比较大,总体的迁移数量也是比较客观的。明永乐年至明后期的迁移主要是出于经济因素的考虑,部分移民得到两湖地区荒地较多的消息,认为两湖地区的土地易得;更有部分移民是苦于江西地区的赋税繁重,于是决定迁移。[③] 但这个时期的迁移与洪武年间不同的是,此时的迁移是人民自愿而为,不带有强迫性质。长时间的迁移运动使得江西地区输出了大量的移民,导致江西成为一个人口稀疏的地区,因此这一时期的江西主要在调整人口的整体状态,再加上北部地区和南部地区的外地移民的不断迁入,所以这个时期的移民影响是稍弱的。

(4) 明末清初时期。明末清初是"江西填湖广"移民运动的第二次高潮。这一时期的移民规模比洪武大移民稍小一些。究其原因,是因为历经几百年的发展,两湖地区的人口压力已经不堪重负,因此不少移民开始选择继续往西,选择更好的生存发展空间,如四川、陕南等地,继而形成"江西填湖广"的历史移民。总体来看,这一时期的移民运动没有停滞,仍在持续不断地进行,以至于一千多年,在我们看来,战乱仅是外在的原因,而追其迁移的根本所在,是因为两湖地区的经济发展与江西及江浙、安徽等地相比相对落后,两湖地区有更为客观的生存发展空间需求,可以接纳各地移民。总之,到明末清初,湖广地区的籍贯构成及人口结构都发生了新的变化和调整,并整体趋于稳定状态,所以这一时期的移民影响深远。

通过查阅大量史籍资料,可以分析出移民迁入湖北的路线主要有两条。第一条是江西饶州府至湖北黄冈

---

① 张国雄.明清时期的两湖移民[M].西安:陕西人民教育出版社,1995.
② 资料来源:中国移民史[M].
③ 葛剑雄,吴松弟,曹树基.中国移民史(第五卷)[M].福州:福建人民出版社,1997.

府:江西乐平、万年、鄱阳、都昌;湖北麻城、红安、黄梅、罗田等。第二条为江西南昌府至湖北武昌府:江西南昌、武宁、修水、宜丰;湖北通山、崇阳、阳新。

(二)明清"江西填湖广"移民运动对湖北地区的影响

江西的移民运动,不只对湖北地区的人口数量及经济的发展产生了影响,同时对迁入地的宗教、文化、艺术、民俗习惯等各方面都产生了巨大影响。正如今天我们所看到的,湖北地区所呈现出的这种多姿多彩的传统文化,与江西移民运动所带来的文化交流是密不可分的。

"江西填湖广"大规模的移民运动产生以后,直接将江西、湖北两省的移民运动推入高潮。这场运动导致了今天的湖北地区仍然是以江西户籍的移民人口为其主要人口。江西移民的迁入,给湖北带来的影响在社会文化上体现得比较明显,在传统工艺方面体现出一脉相承的同源性。如通山木雕就是在移民运动中,本土文化与鄂东南乡土融合所形成的该地区独有的文化遗产。

通山木雕艺术在明清得以兴盛,这一时期有着活跃的采茶戏、汉剧,无形之中将通山木雕传统工艺推入了高潮,以戏曲为主题的内容开始应用在木雕作品中,在木构建筑的雕饰中也得以体现。大家熟知的采茶戏文化同样是在移民运动中融合赣文化所形成的产物。可见,通山木雕艺术是在赣文化的传播过程中与本土文化相互杂糅而形成的一种能体现出移民文化融合性的非物质文化遗产代表类型。

二、湘鄂赣边区文化的融合影响

文化,在人类的发展过程中具有重要的作用,是人类物质和精神财富的表现形式,具有强烈的地域性和民族性。人类文明的发展,换言之就是人类文化的传承以及发展。文化的传承有两种主要的表现形式,一种是精神方面的传承,另一种就是物质方面的传承。造型类非物质文化遗产(非遗)按传承方式来看属于物质方面的传承,却又不仅仅记录了人类的物质文化,同时能体现出人类的精神需求,通过手工艺的结构把握以及巧夺天工的表现技法,彰显着人们内心的精神世界,是自然美与形式美的结合。《考工记》有记载:"天有时,地有气,材有美,工有巧。合此四者,然后可以为良。"① 只有天时、地气、材美、工巧四者相互结合,才能形成人和自然共生的造物观。

传统手工艺所反映出的文化内涵与当地的地理位置、取材以及能工巧匠有着密切联系。湖北多地位于湘、鄂、赣三省交界处,因此在文化遗产的表现上都受其周边影响,再加上长江以南各地区之间的迁移活动和贸易往来频繁,传统技艺出现很多共同之处。

(一)湘文化的影响

湘文化历史悠久,春秋战国时期,湖南地区受楚文化的影响很深,长沙战国楚墓中出土的雕花鉴床和垫棺托尸用的几何纹样花板,雕工十分精美,技艺颇为成熟。其中,湖南雕刻中比较典型的草龙纹图案纹样就是在西周青铜器纹样的基础上形成的。再有,常见的由蟠纹样组成的几何图形也沿袭了春秋战国时期的传统纹样形式。

湖南的文化受宗教文化的影响,最为明显的是衡山文化。衡山位于湖南省衡阳市,五岳之一的南岳衡山是道教主流全真派圣地,宗祠、庙宇林立,宗教文化在湖南已是根深蒂固。宋朝理学对湘文化也有一定影响,这在

---

① 考工记[M].春秋时期记述官营手工业各工种规范和制造工艺的文献,作者不详.

雕刻的题材内容上也有体现。如宋代著名的理学创始人周敦颐,就是湖南永州人士,其"濂学"思想是湖湘文化之源头。再有,创办于北宋开宝九年的岳麓书院,坐落于长沙市岳麓山脚下,是我国古代传统四大著名书院之一。朱熹、张栻都曾在岳麓书院讲学,里面的思想文化也对民间雕刻的形式特点、题材内容有深远影响。湖南的戏曲文化也是闻名于世的,尤其是它的昆曲和花鼓戏,非常有特色,这在无形中对湖北周边雕刻的艺术风格产生了一定的影响。

(二)赣文化的影响

通过前面对"江西填湖广"移民的分析来看,赣文化对湖北地域文化的影响十分深刻,尤其是江西戏曲文化对湖北传统雕塑主题的影响。如通山木雕的题材80%都是对戏曲故事情节的刻画,而江西采茶戏举世闻名。究其原因,是因为江西茶叶久负盛名,行销海内外,而采茶戏的形成与盛产茶叶有关。江西南部的信丰、安远地区是江西采茶戏的主要发源地,那里的茶农们在生产劳动过程中唱着自编的采茶歌,后来又与民间舞蹈相结合,逐渐加入一些故事情节,从而演变成民间小戏,就是现在的"赣南采茶"。

抚州采茶戏大多是对民间生活的真实写照,内容健康质朴,体现出浓郁的乡情。在表演上,小旦的毛巾功,小丑的矮子步,小生的扇子功(见图1-12),都是从生活中提炼概括的表演程式。那些表演的动作,如挑担、采桑、赶牛、摘茶、撑船、锄地、推磨等,都在木雕的画面中生动、形象地展现了出来,体现了江西赣文化浓厚的地方特色和朴实的生活气息。

图1-12 通山椅(局部)木雕图案

三、"楚文化"艺术气息的润泽

鄂南地区最早发现人类活动的痕迹,可以追溯到五千年前的新石器时代,随着时间的推移,人口迁移次数不断增多,族群的整体结构也发生了很大的变化,至清初时期才得以稳定。从地域性来看,鄂南地区就是多民族聚居的荆楚旧地,这里民族偏见少,并有着特殊的地理位置,使得各地区之间的文化交流顺畅而频繁。就文化渊源而论,楚文化本就是多元的文化相互作用而成的。[①] 地区之间的文化包容性,在这片神圣的土地上一幕幕上演。

在古代经历的楚伐杨越,使得咸宁的地域纳入了楚国版图,此后对此地区的资料记载都已经付诸阙如了,然而出土的大量文物为学者们的学术研究提供了一个有价值的想象空间。宋代,嘉鱼县太平湖出土的"楚公铸

---

① 萧兵.楚辞新探[M].天津:天津古籍出版社,1988

钟",钟上铭文"楚公豪自作林钟孙孙子子其永宝",据考古学家鉴定,此物为楚王若敖之物。[1] 新中国成立后,考古人员陆续在通山县发现各种青铜器件,其中有春秋时期的铜剑和铜戈,战国时期的铜矛、铜鼎、铜钟;在通城县出土了西周乐器云雷纹甬钟;在咸安区内出土了战国时期的青铜剑;在崇阳县出土了青铜剑、青铜鼎,以及商代铜鼓(这件震动中国文博界的商代兽面纹铜鼓多次被考古学家鉴定,最终被认为是商代晚期的遗留之作,它与文献所载的"武丁征伐荆楚"有密切关系,更可贵的是,它是我国到目前为止发现的最早的一件木腔皮鼓型铜鼓)。

《楚国的城市与建筑》肯定了楚文化对中国南方地区的经济的发展作用,不仅如此,书中还总结了楚文化的特征(兼容性、适应性、开创性、变革性),并对城市应该具备的文化包容性做了详细的解读:处于一个多种文化交汇的特殊地理位置,并不是让多种文化互相没有干扰地充斥其间,而是起到一个融合多元文化的作用。当各种文化碰撞之时,难免会产生排斥性,但这种情况是暂时的,文化在对立或冲突的过程中,就会潜移默化地改变自己原有的结构,会不约而同地吸取对方的文化特质,从而在对流、互补、整合、调适的过程中趋于一体化,升华至新的境界。[2]

首先,不同文化之间并不是相互独立的个体,当它们相碰撞时必然会相互渗透;其次,不同文化在最初的相互融合期,仍然具有天然排斥的特性;最后,不同文化之间的融合过程就是它们之间相互补充、相互促进、相互取长补短,并最终发展成为一个完整的整体的过程。东晋南渡之后,在金口设置了汝南县来安置渡江避难的汝南人,这也是和中原文化第一次接触的机会。鄂南的农业制度和生产技术为中原文化的发展创造了条件,从而带动了中原地区经济的发展,当然这也极大地改变了鄂南地区的生活条件和水平,不仅物质条件有所提高,精神条件也有了很大的发展,这既促进了中原文化与鄂东南地区文化的交融,也加速了中原文化在鄂南地区的传播。中原传统的宗族观念、礼教制度、儒学思想等,都在这里产生了深远的影响,如建于道光戊子年的"孝子坊"和"大夫第",就蕴藏着丰厚的文化底蕴。

第五节
湖北非物质文化遗产分布

一、鄂东地区

鄂东即湖北省东部地区,主要是指黄冈地区,包括黄冈市的1区2市7县及鄂州市。现在鄂东地区的市县分布为:黄州区、麻城市、武穴市、黄梅县、蕲春县、浠水县、团风县、红安县、罗田县、英山县。总面积达18 975平方公里。

鄂东区位交通得天独厚。黄冈位于楚头吴尾和鄂、豫、皖、赣四省交界处,与省会武汉山水相连,是武汉城

---

[1] 湖北省地方志编纂委员会. 湖北通志[M]. 武汉:湖北人民出版社,2010.
[2] 高介华,刘玉堂. 楚学文库:楚国的城市与建筑[M]. 武汉:湖北教育出版社,1995.

市圈的重要组成部分,具有"承东启西、纵贯南北、得中独厚、通江达海"的区位优势。

(一)鄂东地区传统民居

鄂东地区是湖北传统乡土建筑遗存较丰富的地区,温和的气候为人们的栖居提供了良好的条件,复杂的地貌为鄂东村落提供了多样的布局方式。因靠近安徽、江西两省,民居形制多受两地影响,呈现徽派风格——以天井为中心布置住房,布局多为合院式,依山就势。

代表建筑:黄石市阳新县梁氏宗祠。

(二)鄂东地区传统木雕

鄂东木雕以黄冈红安建筑木雕为主要代表,黄冈有着历史悠久的民间美术,建于清代的红安吴氏祠就有大量木雕、砖雕、陶雕、石雕等,堪称"雕刻艺术博览馆"。

代表木雕:大冶水南湾木雕、红安木雕。

(三)鄂东地区传统石雕

鄂东地区的交通区位优势和移民文化决定了鄂东地区石雕与赣北皖南传统的石雕存在许多相似之处。而自古以来的楚地"文气",又使这里的石雕艺术极具楚风楚韵。以武汉石雕、大冶石雕、红安石雕为代表。

(四)鄂东地区传统泥塑

鄂东地区经济发达,民生富庶,手工艺繁荣,此地区的泥塑艺术主要以黄陂泥塑、鄂州泥塑为代表。

黄陂泥塑作为湖北省内最具代表性的民间泥塑,在制作工艺上有许多特点,其价值和影响在于它的表现形式和内容蕴藏着湖北各个历史时期的政治、经济、宗教、文化、生产、生活等诸多方面的信息,对研究不同时期的民族优秀传统、习俗有着重要的参考价值。鄂州泥塑的艺术特征有三点:①它的古典美和水乡神韵;②泥塑的"影像"效果明显;③通过古老的民间艺术,传达时尚的生活气息。

(五)鄂东地区木版年画

鄂东地区木版年画主要以黄陂木版年画为代表,是民间画匠、雕刻匠、印刷匠纯手工艺制品,作品或由一匠多艺制作,或产生于多匠操作的简易家庭作坊。主要表现形式有门画、中堂画、连环画、四条屏、吊屏画、屏风画、单幅画,有黑白、三彩、五彩套色不等,内容主要反映民间故事、山川风貌、神仙佛像等。

(六)鄂东地区传统陶器

鄂东地区传统陶器主要以麻城蔡家山窑陶器、蕲春管窑陶器、江夏湖泗窑陶器、汉川马口窑陶器为代表。

蔡家山窑陶土资源丰富,烧制的器物具有贮物保色、保味的功能,釉色光亮圆润,有强烈的装饰效果,蔡家山窑以"描金刻花陶"闻名。蕲春管窑镇是湖北历史悠久的著名陶产区,有"陶器之乡"的称号。管窑陶器造型稳重浑厚、质地细腻、美观大方,图案上的民间剪纸花纹具有乡土气息,既有使用价值,又有欣赏价值。江夏湖泗窑陶瓷中的梁子湖窑瓷器有青白釉瓷器和青釉瓷器两种,造型规整匀称,胎以灰白色为主,釉面晶莹。汉川马口窑陶器以坛类最负盛名,造型朴实大方,体形挺拔简洁,题材以人物、动物见长。

(七)鄂东地区传统纺织

鄂东地区传统纺织艺术以汉绣、黄梅挑花、红安绣花鞋垫、阳新布贴为代表。

汉绣主要源于楚绣,深受湘绣的影响,构图严谨,色彩鲜明,各种针法富于表现力,尤其是注意刻画物像的外形和内质。与苏绣、湘绣、蜀绣相比,汉绣以铺、压、织、锁、扣、盘、套这七种针法的变化运用而著称。

黄梅挑花运用挑、补、绣这几种民间刺绣方法,是黄梅县民间长期广泛流传的一种工艺,品种繁多、图案精美,具有浓郁的地方风格和民族特色。

红安绣花鞋垫作为湖北民间刺绣的品类之一,历史久远,艺术风格偏向写实性,给人一种古朴、自然之美。

阳新布贴是刺绣的一种形式,是原汁原味的楚文化风格,其题材传统、色彩浓烈、造型稚拙,这种实用工艺形成了独特的地方体系,并延续至今。

(八) 鄂东地区传统编织

鄂东地区传统编织以蕲春竹编和麻城竹编为代表。蕲春竹编的显著特点是染篾编花,其传承方式一直都遵循民间传统手工艺"传男不传女,传内不传外"的家族传承方式。麻城竹编从功能上大致可分为日用品、生产工具、家具、工艺观赏品四大类,与其他地域的竹编工艺相差无几,都能满足人们的生活需要和审美需求。

(九) 鄂东地区传统剪纸

鄂东地区传统剪纸以武汉剪纸、团风剪纸、麻城剪纸为代表。武汉剪纸区域分布较广,城区主要分布在汉口、青山等区域,郊区则以黄陂、新洲最具代表性。武汉剪纸最初仅仅是作为刺绣的附带产品——花样,使用的剪刀、雕刀十分讲究,纸质细腻,从工艺制作特点来说,应称为武汉雕花剪纸。团风剪纸已有数百年的发展历史,广泛汲取了传统木雕、石刻、布贴、绣花和民间绘画的艺术精华。

二、鄂北地区

鄂北是湖北北部的简称,主要有三市。襄阳市:三个区(襄州、襄城、樊城)、三个县级市(枣阳、宜城、老河口)、三个县(南漳、保康、谷城)。孝感市:孝南区、云梦、大悟、孝昌四个区县,应城、安陆两个县级市以及汉川市。随州市:下辖一市一区一县(广水市、曾都区、随县)。

鄂北古称"汉东之国",以"古、奇、美、新"而著称,为全国历史文化名城,是楚文化、汉文化、三国文化的发源地。鄂北地处长江流域和淮河流域的交汇地带,东承中部中心城市武汉,西接省域副中心城市襄阳,北临信阳,南达荆门,是湖北省对外开放的"北大门"。

(一) 鄂北地区传统民居

鄂北地区传统民居多为合院式,天井成为人们生活劳作的空间。建筑布局注重依附于地形,且院落、室内外均有高差,布局灵活,错落有致。受到徽州传统民居的影响,马头墙和挑檐的细部做法与徽州民居相似,但组合形式更加丰富。

代表建筑:南漳冯氏民居。

(二) 鄂北地区传统石雕

鄂北地区传统石雕以南漳石雕、谷城石雕、保康石雕为代表。谷城石雕以民居石雕为主,其中有以"三神殿"为代表的米粮街、五福街、中码头街、老街、新街等明清古建筑群。保康石雕题材广泛,大致分为日常生活、伦理教化、神话传说、戏文故事、花鸟虫鱼、书文楹联六类。

（三）鄂北地区传统木版年画

鄂北地区木版年画以襄阳老河口木版年画为代表。老河口木版年画构图饱满而主次分明、线条密实却一丝不苟、颜色丰富而对比鲜明。整个流程全部是沿用古法手工制作，可经日晒雨淋而不变色，往往取材于历史戏剧、演义小说、民间传说。

（四）鄂北地区传统剪纸

鄂北地区传统剪纸以孝感剪纸为代表。因孝感特殊的地理位置，孝感雕花剪纸融合了南北艺术之长，既有北方粗犷苍劲的风格，又有南方玲珑细腻的特点。孝感雕花剪纸包含着"剪"和"雕"两种工艺制作方法，与其他地方剪纸不同，孝感剪纸在制作上讲究"刀功"，讲究运刀如运笔。

三、鄂中及江汉平原地区

江汉平原位于湖北省中部，囊括了湖北省经济最为发达的所有地区。这里湖泊星罗，河网交错，农业、渔业资源丰富，自古以来就是有名的"鱼米之乡"。其区位条件优越，得"中"独厚，铁路、公路、水运、航空交错成网，四通八达，连接南北，贯通东西，自古就有"九省通衢"之说。

江汉平原文化底蕴深厚，早在五万年前的旧石器时代晚期，就有原始人类在此生息。江汉平原是屈家岭文化、石家河文化的发源地，更是楚文化的核心区。悠久的历史孕育了江汉平原以江河文明为主的地域文化。

（一）鄂中及江汉平原地区传统民居

鄂中及江汉平原地区民居主要以厅井式民居为主，在风格上受徽派民居影响较大。另外，由于移民因素，在明清之际，大量徽州人迁往江汉平原地区，将这种民居风格传播至此。

代表建筑：黄陂大余湾民居群、黄陂罗家岗民居群、天门胡家花园、洪湖瞿家湾老街及民居、监利周老嘴正街及民居。

（二）鄂中及江汉平原地区传统木雕

悠久的历史孕育了江汉平原以江河文明为主的地域文化，本区内主要的木雕艺术流派有武汉木雕、潜江木雕和天门木雕，木雕类别有船模木雕、建筑木雕、家具木雕和宗教木雕等。

（三）鄂中及江汉平原地区传统纺织

蓝印花布是湖北地区广为流传的民间工艺制品，江汉平原地区以天门蓝印花布为代表。天门蓝印花布以古拙的楚风见长，广采各种吉祥图案，构图求满求全，或白底蓝花，或蓝底白花。与江南蓝印花布的温文尔雅相比，湖北天门蓝印花布则沉着朴素、清新明快，富有浓郁的乡土气息。

（四）鄂中及江汉平原地区传统编织

鄂中及江汉平原地区传统编织以监利竹编、松滋竹编为代表。监利竹编工艺作为一种民间工艺，主要用于农村生产生活和生产用具，但是其本身仍然具有一定的艺术表现力，利用编织艺术经纬相交的制作工艺，大胆追求抽象化构成之美。松滋属于湖北省西南山区与江汉平原的过渡地区，因此松滋竹编呈现出山地编织向平原湖区编织过渡的独特形态。器型上,松滋竹编兼收东西特色,既有鄂东及江汉平原地区的竹编样式,又有鄂西南地区的竹编样式。

四、鄂南地区

鄂南是指湖北的南部地区,因而可以在空间上和文化上对其概念与范围做出这样的界定:狭义上看,指现今的咸宁市市域范围,即咸宁市所辖的咸安区、赤壁市、嘉鱼县、通山县、通城县、崇阳县;从广义上看,则是突破了行政区划的界限,结合自然地理和人文地理中的共性与突出表现部分,归纳为具有地域特色的空间领域。

鄂南历史悠久,早在新石器时代,人类的祖先就在这块土地上繁衍生息,在阳新、通山等地已发现新石器时代古遗址。汉唐时期,已有了较为发达的经济文化。

(一)鄂南地区传统民居

由于地理位置接近,鄂南与湖南、江西、安徽三省在气候、降雨、地貌上都存在一定的相似性,所以在建筑文化方面受到周边地区的影响,加之南方地域之间的移民活动以及贸易往来,导致整个华中一带的人口与文化交流日益频繁,民居的形态也随之出现了一些共同的特征,如小尺度的天井院空间,以及风格显著的马头山墙;在民居的装饰部位、装饰手法上也颇为相似。

代表建筑:咸安区桂花镇刘家桥村下新屋、咸宁通山民居群。

(二)鄂南地区传统木雕

鄂南木雕主要出自鄂南的湘、鄂、赣三省交界处,该地区流行的木雕纹样,很多是表现戏曲人物、传说与神话故事、动物及花鸟、亭廊等;内容多体现喜庆、吉祥、长寿的寓意,采用镂雕和浮雕相结合、深浮雕与浅浮雕相穿连的手法,颇具地方特色,艺术个性非常突出。

代表木雕:通山木雕。

五、鄂西北地区

鄂西北是鄂与豫陕渝的毗邻地区,自古就有"四省通衢"的美称,包括十堰市的十堰市区、丹江口市、郧县、郧西县、房县、竹山县、竹溪县以及神农架林区。

鄂西北属于汉江中游地区,汉江贯穿整个区域,地处秦岭山脉余脉,地势曲折,古有"八山一水一分田"之称。鄂西北地区由于自然环境相对恶劣,以山地、丘陵为主,平原较少,适合农耕的土地面积有限,因此在经济上比江汉平原地区落后。同时,这一地区民族成分复杂,汉族与少数民族杂居。

(一)鄂西北地区传统民居

鄂西北地区的人们往往集中生活在山脉之间的小型平原上,这些小型平原被称为"坝子"。在这种小型平原上建造的民居,往往能够依山就势,克服自然环境所带来的局限,因此形成了独具特色的鄂西北山地庭院式民居。

这种山地庭院式民居在鄂西北地区分布广泛,在襄阳、十堰等地均有分布,保存较为完整的有丹江口市饶氏庄园、竹溪县翁家庄园、南漳县冯氏民居等。

(二)鄂西北地区传统木雕

鄂西北地区位于汉江中上游,历史悠久,境内有世界文化遗产地武当山,深厚的历史文化底蕴为这里留下了丰富的遗产。在该地区的一些古老建筑中,石刻和木雕占有重要比例。由于时间久远和人为破坏,大量古老建筑遭毁坏,但从一些残垣断壁之中仍可看到不少幸存的木雕作品。其内容有传说人物、历史故事、飞禽走兽、花鸟鱼虫等,形象逼真,不仅起到了建筑装饰作用,还生动地记录了各个历史时期的艺术风格。饶氏庄园的木雕,堪称鄂西北古建筑的一颗明珠。

(三)鄂西北地区传统泥塑

除了具有浓郁的少数民族气息,鄂西北民间泥塑还保留着雄浑大气、粗犷豪放的原始泥塑相关艺术特征。这是由于鄂西北地区在地形上以山地为主,交通较为闭塞,文化环境相对稳定,主要以十堰郧西泥塑为代表。由于郧西在地理位置上接近陕西,因此郧西泥塑在风格上吸收了陕西泥塑的某些特征,整体造型古朴、粗犷,民俗意味浓郁。

(四)鄂西北地区传统陶器

鄂西北地区传统陶器以丹江口均窑陶器为主。丹江口均窑陶器表面以素面为主,个体较大,鼎足形态较丰富,器盖钮多花边,其文化面貌既有中原文化特征,又有江汉地区的文化因素。

六、鄂西南地区

鄂西南地处武陵山脉地区,面积占湖北省的五分之一左右,该区西与重庆市万州相连,南与湖南省龙山县接壤,东北与神农架林区相接,东与鄂中南地区的荆门、荆州为邻,而北面即为巫山山脉,气候潮湿、多雨,四季分明。

这一区域民族成分复杂,为典型的多民族杂居地区,以汉族、土家族、苗族为主,是湖北省民族最为多样的地区,也是湖北省文化最为丰富的区域,主要包括恩施土家族苗族自治州(简称恩施州)所管辖的两市(恩施、利川)和六县(巴东、来凤、咸丰、建始、鹤峰、宣恩)。

(一)鄂西南地区传统民居

该地区民居多依山就势,以"坐南朝北""坐北朝南"的南北向布局为主,极少出现东西向布局。在建筑空间上,鄂西南地区民居最为突出的特点在于将汉族合院式民居与干阑式民居结合,形成融合变通的吊脚楼式民居样式。

代表建筑:宣恩彭家寨土家族民居、利川鱼木寨。

(二)鄂西南地区传统木雕

鄂西南地区气候湿润,雨量充沛,土地肥沃,最适宜树木生长,其树木种类繁多,因而孕育出极具地域特色的木雕艺术文化。现存木雕种类有恩施黄杨木雕、楠木雕、土家雕花床及咸丰木雕。

(三)鄂西南地区传统石雕

鄂西南地区传统石雕以恩施石雕、利川石雕为代表。恩施石雕内容丰富,为民俗学提供了丰富的研究材料,它是文学艺术和民俗文化的体现。利川石雕受到巴蜀、荆楚传统文化和优美地理环境等因素的影响,形成了独具特色的文化艺术和建筑风格,具有不可低估的研究价值和观赏价值。

(四)鄂西南地区传统纺织

鄂西南地区传统纺织以恩施来凤西兰卡普为代表。西兰卡普最醒目的艺术特色是丰富饱满的纹样和鲜明热烈的色彩,其特点有三:一是集合图案占有较大的比例;二是图案纹样富于变化;三是喜用吉利、喜庆的寓意和山区花草、鸟兽的母题。

(五)鄂西南地区传统编织

鄂西南地区传统编织以恩施土家族编织为代表。恩施地区的土家族编织大量吸收其他少数民族编织艺术的精髓,但在许多地方还是保留了土家族本民族的独特风韵。在内容上,土家族编织装饰纹样主要表现土家族人民的日常生活、民风民俗、宗教信仰等,这些都表现出浓郁的土家族特色。

第二章

湖北传统民居

HUBEI CHUANTONG MINJU

民居是大地上最为古老的建筑形式。早在人类初现之时，民居建筑就伴随着人类产生了。我国的民居建筑有着悠久的历史，在旧石器时代，人们选择适当的洞穴、岩缝作为自己的固定居所，这种对居住地的选择和适当改造，可以看作中国民居建筑的萌芽。同时，在这种选择之中，原始人类所总结、遵循的某些选择原则一直影响着之后的民居营造原则。进入新石器时代之后，我国开始出现真正意义上的民居建筑。在仰韶文化遗址和河姆渡文化遗址中都发现了民居建筑遗迹，并且在这两大新石器时代文化遗址中分别发现了中国民居的两种主体类型——穴居式民居和干阑式民居的雏形。可以说在这一时期内，中国民居奠定了南北两大不同类型并行发展的主体发展模式。

湖北历史源远流长，数十万年前就有古猿人栖息于此，是远古人类活动的主要地区之一；中华文明的两大源头长江文化和中原文化在此交汇；悠久的历史文化和独特的地理环境，造就了境内丰富多彩的自然、人文景观。新石器时代，著名的大溪文化、屈家岭文化记录了史前先民在这片土地上繁衍生息的印迹。湖北建筑受地理、气候、环境、人文等多种因素的影响，汇集了江南建筑文化的秀丽典雅、中原建筑文化的古朴雄浑，融合了西部少数民族风情和东部海派、徽派建筑的特点，再加之较早地开埠通商，接受西方文化的影响，形成了兼收并蓄的自身特色，并在国内建筑领域占据了一定的地位。

第一节
湖北传统民居概况

湖北古称荆楚，别称鄂，地处中国中部，长江中游地区，长江与其最大的支流汉水在此汇流，交通便利，自古便被称为"九省通衢"，是中国中部重要的商贸中心。湖北这种得天独厚的自然优势，使得湖北民居在风格样式上广泛吸收了各地民居的优秀特质，在发展过程中，将这些外来因素与本省特点相结合，发展出独具特色的湖北民居。

一、湖北民居的萌芽及发展

湖北民居历史悠久，早在旧石器时代，湖北就已经有人类活动。这一时期的人类主要采取穴居等居住方式。新石器时代之后，湖北就已经出现了真正意义上的民居。在屈家岭文化和大溪文化中，都发现了相关民居建筑遗址（见图2-1）。这些早期民居大致可以分为两类，即北部穴居或半穴居民居建筑和南部长江流域原始干阑式民居建筑。其中，湖北北部地区从早期的半穴居住宅逐步发展到简单的木谷泥墙房屋，无疑是受黄河流域建筑形式的影响。而长江流域的湖北南部地区则由于多为沼泽地带，出现了早期的巢居形式建筑。

商周时期，干阑式民居形式开始在湖北发展起来。从蕲春毛家嘴发现的西周民居遗址可以看到，建筑面积约5000平方米的房屋在水塘中立柱修建，形成下面架空的干阑式建筑（见图2-2）。这些房屋平面大多为长方形，直径约20厘米的柱子插入塘底。当时能修建这种民居，说明人们已掌握了在水中建房的技术。

春秋战国时期，随着社会生产力的进一步发展，地处楚国疆域的湖北干阑式建筑已经相当完善且形式多样。民居的木构件、装饰及色彩呈现出较为明显的楚文化影响。秦汉时期仍延续了这一状态。但之后的魏晋

图 2-1　屈家岭文化民居遗址

图 2-2　蕲春毛家嘴西周民居遗址

南北朝时期,湖北省域所在的荆州属于兵家必争之地,战事频繁,政权更迭,经济凋敝,造成民居建筑发展的低潮。

南北朝后期至隋唐,随着湖北地区接受了大量的西北移民,并设置众多侨州郡县,湖北地区聚居的村落开始重新发展起来,城郭周边也出现定期交换商品的草市。受中原文化的影响,合院式住宅在湖北开始发展,且盛唐以后不断增多,达到建设的高峰期。

宋元时期,城市与农村的经济活力逐步增强,村落成为独立而完整的地域生活单位以及行政组织单位。湖北地区出现了以抬梁式为内部梁架结构的民居,并逐步与穿斗式建筑相融合,进而形成了较多的穿斗抬梁混合结构房屋。民居四面屋顶相交接,中间围合成较小空间,形成"天井",并以夯土墙和栅墙围护,屋面多为悬山瓦屋面。

明清时期,市镇大量兴起,传统民居建筑发展迅速,木结构技术不断进步,穿斗抬梁混合结构房屋不断发展,并且大量使用砖砌的围护结构而不用挑檐方法来保护外墙,所以悬山顶房屋逐渐减少,代之以硬山顶。特别是清代封火山墙的出现,使得民居建筑出现各种优美的外观。到清末民初,砖木结构房屋的建设达到鼎盛时期,且目前保存下来的民居多为此时所建。进入近代时期,社会经济文化发生了较大变化,但传统建造体系并没有消失,在某些经济不发达及偏远地区仍有大量的传统民居保存和新建。这一时期,部分民居吸收了西方古典建筑的外观形式,内部仍沿用中国传统的木结构体系。例如,利川大水井的李氏庄园结合了西方古典柱式,呈现东西交融的特点(见图 2-3)。

二、湖北民居的主要类型

湖北独特的地理区位因素,导致全省境内有着数量繁杂、风格多变的民居风格。总体而言,可以将湖北民居按照使用功能、空间形态和结构分为以下几类。

(一)按使用功能分类

按照使用功能分类,湖北民居可以分为住宅建筑、街屋建筑、公共建筑等。

1. 住宅建筑

在传统民居建筑中,"住"是其核心功能,各居屋不仅需满足防风雨、避虫兽、供栖息的要求,还应能提供观赏、交流和祭祖的场所,给人以安全感、舒适感及愉悦感。住宅建筑是传统民居中的主要组成部分,分布于湖北的各个地区。利川大水井民居建筑群如图 2-4 所示。

图 2-3　利川大水井民居欧式廊

图 2-4　利川大水井民居建筑群

2. 街屋建筑

街屋建筑多位于具有商业性的传统城镇之中，一般临街而设。临街设店铺，内部为住宅，可用天井（天斗）相联系。有"前店后宅"式、"前店后坊"式、"下店上宅"式等。店铺以木板或者木隔扇装修门面与街道相隔，门的形式有两种：一种是排门式，沿街门面为六扇或八扇可卸的木板门，白天全部卸掉，屋内设柜台，商品销售或手工业作业完全敞开，所以无须招牌、幌子等引导；另一种是石库门式，其实就是封闭的住宅式样，四周砖墙高耸，只留一个大门入院进天井。湖北洪湖瞿家湾民居建筑群如图 2-5 所示。

街屋建筑包括铁匠铺、竹柳店、陶瓷店、药店、杂货铺等。由于湖北地区夏季气候炎热，这些建筑大多挑檐较深，有的立柱设檐廊，能为行人、商户遮阳避雨，甚至成为居民聊天、纳凉、交换信息、晚间凉眠的地方。

3. 公共建筑

在公共建筑中，宗教或祭祀建筑有着重要的地位，对人们的日常生活起凝聚和纽带作用，能传达人们的精神寄托和向往。祭祀建筑主要是遍布于各个村镇的宗祠、庙宇、教堂等，规模不一，大至 1000 平方米左右，小至 100 平方米左右，位置显要、外观华丽、装饰精美。室内布置有祭奠祖先、供奉神灵的牌位空间，这类空间一般处于其中心位置，层高也较高，给人以神圣、庄穆的感觉。竹溪县甘氏宗祠如图 2-6 所示。

图 2-5　湖北洪湖瞿家湾民居建筑群

图 2-6　竹溪县甘氏宗祠

公共建筑中还包括了会馆建筑。会馆建筑是旧时同省、同府、同乡或同业的人设立的联络机构,主要供同乡、同业聚会,并祀神、联络感情、互通信息、调解纠纷,保障客民自身的合法权益,协调各地缘关系之间产生的矛盾,具有独特的社会意义。

(二) 按空间形态分类

按照空间形态分类,湖北传统民居可以分为院落式建筑、天井式建筑、天斗式建筑等。

1. 院落式建筑

在初唐时期,院落式建筑(民居)就已在湖北地区扎根。此民居形制一般前堂后寝、中轴对称,外观青砖灰瓦、稳重朴实,室内装饰装修淡雅,深受中国传统礼教思想的影响。

院落式民居具有较大的灵活性,可以形成从单幢、三合院、四合院直到复杂的多进院落及多条轴线的组合群体,能适应各种家庭的使用需要,还可建造部分两层或三层的楼房,进一步增加空间的变通性。故宋代以来,特别是明清以后,院落式民居大量出现于湖北的农村与城镇中。

湖北院落式民居主要分布在鄂北地区,由于这里夏季炎热、冬季寒冷,其民居形制融合了北方合院的特点,呈现出建筑文化的过渡状态。平面形式以"三合院"居多,正房"一明两暗",前有高墙封护,围合成庭院。庭院虽不大,但也具有一定规模:院落周围的房屋有的搭接在一起,有的独立成幢;院落中种植农作物或树木花草,并设路径,在夏季可以接纳凉爽的自然风,冬季可获得较充沛的日照,并避免西北向寒风的侵袭;厅可以做成敞厅形式或在厅前加设花罩,或者做成隔扇门,夏天敞开,冬天关闭。

2. 天井式建筑

湖北夏热冬冷,雨季较长,故民居建筑进深较大,组成方形院落的各幢住房相互联属,屋面搭接,紧紧包围中间的小院落。小院落与高屋檐相对比,类似井口,故又称之为天井。天井平面尺寸大的约为5米×5米,小的只有1米×1米,在湿热的夏季可以产生阴凉的对流风,改善室内小气候;而且天井四周瓦面的挑檐较深,这样天井还具有了遮阳与排水的功能。雨天时雨水通过朝内屋顶流入天井,经由天井内的排水沟和地下暗排水道流至屋外,此排水方式俗称"四水归堂",意味着财不外流的好兆头。同时内排水方式对公共空间的影响较小,符合儒家所提倡的谦和、忍让的君子之风。

天井式建筑有着较多的室外、半室外空间,利于安排各项生活及生产活动,不受雨季的影响,故天井式建筑分布较广,湖北大部分地区皆可见此类民居。

3. 天斗式建筑

天斗式建筑主要分布在江汉平原地区,因为这里夏天日照强,降雨量较大,所以在天井式建筑的基础上出现了天斗式建筑。天斗是适合当地气候的一种建筑构件,外形类似斗状。屋顶的部分布瓦被透明亮瓦取代,亮瓦多为玻璃制作,形状与普通瓦片相似,常见尺寸为18厘米×36厘米。天斗可解决大进深建筑的采光、通风问题。相比天井而言,天斗还具有对雨、雪等恶劣气候条件的抵御能力。人们常将天井称为"落雨天井",将顶带天斗的天井称为"亮瓦天井",朴素的语言体现了天斗与天井的差异之处。

在一些地方还可见既有天斗又有天井的建筑,且天斗多位于建筑的前部,天井位于后部。这是因为房屋的前半部分往往用于经营或生产,需要较多的室内空间;生活部分则集中在后半部分,有一定的半室外空间可以调节小气候,同时又可以改善生活环境。

(三) 按结构分类

与国内其他地区一样,湖北传统民居以木结构使用得最为普遍、历史最为悠久,其次还有石结构、砖石结构和砖木结构等;围护结构体系按其构筑材料可以分为土坯墙、纯木墙、灌斗砖墙、线石墙及片石墙等;承重结构体系按其构件组合方式可分为抬梁式、穿斗式、抬梁穿斗式、插梁式等数种结构形式。

1. 抬梁式建筑

抬梁式又称叠梁式,是将整个进深长度的大梁放置在前后檐柱柱头上,大梁上皮在收进若干长度的地方(一步架)设置短柱(瓜柱)和木墩或大斗,短柱顶端放置稍短的二梁,如此类推,将不同长度的几根梁木叠置起来,各梁的端部上置檩条,最后在最高的梁上设置脊瓜柱,顶置脊檩。因抬梁式空间开敞,梁柱断面较大,构造复杂,故其一般用于大型民居建筑中。抬梁式建筑结构如图2-7所示。

2. 穿斗式建筑

穿斗式又称立贴式,以不同高度的柱子直接承托檩条,有多少檩即有多少柱,如进深为八步架则有九檩九柱。为了保证柱子的稳定,以扁高断面的穿枋统穿各柱柱身,根据房屋的大小,安排多根穿枋,愈靠中间的柱子穿枋愈多。在这样的排柱架上,再以若干斗枋、纤子纵向穿透柱身,拉接各榀柱架,柱架檩条上安置椽子,铺瓦,制成屋顶。穿斗架屋面轻薄,构件断面较细小,常见于潮湿多雨地区及体量较小的民居建筑,如瞿家湾的瞿声宝宅等。穿斗式建筑结构如图2-8所示。

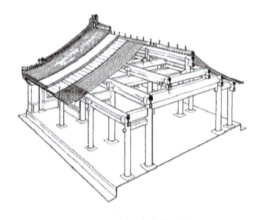

图2-7 抬梁式建筑结构

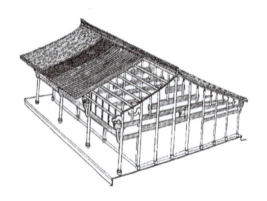

图2-8 穿斗式建筑结构

3. 插梁式建筑

插梁式是组成屋面的每一檩下皆有一柱(前后檐柱及中柱或瓜柱),每一瓜柱骑在(或压在)下面的梁上,而梁端插入临近的瓜柱柱身。顺此类推,最外端两瓜柱骑在最下端的大梁上,大梁两端插入前后檐柱柱身,这样的结构使得建筑内部无柱,空间开敞、分隔灵活,多用于双开间及多开间建筑,如红安长胜街的潘氏祠堂等。

第二节
湖北各区域民居

湖北传统民居是指在湖北省境内现存的传统建造体系的民间居住建筑,包括各地居民的住宅、生产生活所必需的公共建筑与设施,以及外部历史空间环境。湖北由于地理气候的差异,加之民族众多,形成了不同风格的民居形式。鄂西地区多山地,民居均依山而建,因而建筑形式多为"吊脚楼";鄂东地区因靠近安徽、江西两省,民居形制多受两地影响,呈现徽派风格——以天井为中心布置住房,布局多为合院式,依山就势;而靠近北方的鄂西北地区则遗留有许多四合院式的古建筑;此外,江汉平原地区由于气候较为炎热潮湿,民居布局强调以天井为中心,建筑内部多为穿堂,构筑形式多采用斗式,并设置"天斗"以利通风、遮蔽烈日和雨水。湖北现存明清古民居大致可分为三类,即鄂东南及江汉平原民居、鄂西北民居、鄂西南少数民族民居。

一、鄂东南及江汉平原民居

鄂东南及江汉平原地区囊括了湖北大部分地区。由于鄂东南及江汉平原地区地理条件相对优越,因此这一区域一直是湖北的政治、经济和文化中心。鄂东南及江汉平原地区在经济发展方式上主要以农耕为主,因此有着丰富的农耕文明遗存。由于地理区位因素,这一地区还是历史上几场大规模移民的必经之路,因此在民居建筑风格上受到江西、安徽民居的影响。在民族成分上,这一地区主要以汉族为主。

(一)鄂东南地区合院式民居

1. 概述

鄂东南地区主要指湖北东部长江沿线及其以南的地区,包括黄石市的阳新县、大冶市,咸宁市的咸安区、赤壁市、嘉鱼县、崇阳县、通城县、通山县,以及鄂州市。

鄂东南地区同其东面的安徽省太湖县、宿松县接壤,东南与江西省瑞昌县(今瑞昌市)交界,西南与湖南省临湘县(今临湘市)毗邻。鄂东南地区至今仍保留的传统民居主要分布于通山、阳新、崇阳、赤壁等县域,其中以通山县、阳新县较为集中。保存较完整的聚落民宅有通山宝石村、大夫第,以及阳新玉琥村、梁氏宗祠、伍氏宗祠等。

鄂东南地区是湖北传统乡土建筑遗存较丰富的地区,温和的气候为人们的栖居提供了良好的条件,复杂的地貌为鄂东南村落提供了多样的布局方式。明朝初期"江西填湖广""湖广填四川"的移民运动的必经之地都是鄂东南地区,使得鄂东南地区深受赣南民居的影响,形成了独特的合院式民居形态。

2. 代表建筑

1) 阳新梁氏宗祠

梁氏宗祠位于阳新县白沙镇梁公铺,始建于清康熙年间,供奉从山东迁移而来的梁氏家族的始祖。梁氏宗祠踞于老村口的咽喉地段,坐北朝南,前有案山,背靠高坡,门前地势缓降,视野开阔。宗祠规模宏大,正面三个入口呈中轴对称,两边为次入口,中央主入口八字门墙,有抱鼓石分立两侧。整个建筑分为前后三进。大门与戏台合为一进,中间是享堂,最后一进为祖堂。主入口大门两边八字门墙的后面为特别设置的"乞丐房",在举行大型的宗族聚会等活动时用来施舍收容乞丐。戏台与享堂之间为观戏场,两侧有双层宽敞的回廊,回廊之后还建有对称的两个宴会厅,称为"酒厅"。酒厅面积极大,可同时摆下百桌以上的酒席。享堂宽敞大气,有巨大匾额高悬,享堂与祖堂之间由左右双天井分隔,以抱厅相连。

梁氏宗祠不仅整体规模宏大,而且许多细部做法也颇具特色。封火墙头的滚龙脊是鄂东南一带宗族祠堂的典型标志;入口八字门墙有别于其他宗祠的牌坊门样式,配合较大的尺度,颇有气势。大门背后,石柱将戏台抬起的高度恰好适合入口尺度。享堂为十六柱,规格甚高,抱厦顶与戏台相映成趣。梁氏宗祠内部上阁楼共有九十九间房,整个祠堂建筑面积达2400多平方米。梁氏宗祠现为阳新县重点文物保护单位。

2) 通山宝石村民居群

位于通山县闯王镇的宝石村,距通山县城通羊镇20千米,现为全国重点文物保护单位。宝石村坐落在地势较为平缓的河边坡地,宝石河将村落分为南、北两部分,两岸原由舒氏宗祠前的木拱桥相连。宝石村作为一个古村落保存得较为完整,其古民居群分布在宝石河南北两岸,共存明清建筑 30 余栋,建筑形制包括住宅、祠堂、商铺三种类型,以北岸 10 余栋保存完好而著称。通山宝石村民居群如图 2-9 所示。

图 2-9　通山宝石村民居群

宝石村的老住宅形制一般为三合院和四合天井院。高大封闭的白粉墙将每一户人家密实地包围在一个个窄小的天井院之中,内外界限明确,私密性很高。住宅多为单檐硬山布瓦顶,砖木结构,抬梁和穿斗两种木构架混合使用,山墙直接承接檩条。一般面阔为三间或五间,进深方向有多重天井,最多一处有五重天井。厢房和部分正房作上下两层,上层多为储存物品使用,下层才是住人场所。宝石村的老住宅还有一个显著特点就是前后院标高相差较大,建筑室内装饰颇为讲究,槅扇、门窗、看梁、柱础、阁楼栏板等都是雕饰的重点。

宝石村南岸老街原是商业街,此处商贾前堂置铺,后堂住人,中以一道砖墙分隔,称为塞墙。街面门点称为前厅,大多为三开间,亦有因地制宜作一开间或二开间,豪门富院的铺面则为五开间,但为数不多。柜台多沿檐柱至金柱处呈 L 形,明间为通道。第一进天井依附前厅,两侧厢房多为雇工居所,厢房直抵塞墙。第一进天井直对塞墙有一双扇门,称为二门。进二门有一厅,称为小厅,小厅为披屋(披屋即单坡屋)形式,与二进厢房及大厅形成二进天井院。大厅设几案上供祖宗牌位,大厅及两厢的铺板均为灵活隔断。大厅两侧有门通向三进院,古时多为子嗣及家眷居所。楼上则为闺阁。

3. 艺术特征

鄂东南地区合院式民居建筑,在建筑空间形式上与江西赣南合院式民居十分类似。虽然在平面上是呈四合院形式,但是厢房较小,一般仅一间,二间、三间者较少;而正房宽大,三间、五间皆有,而且进深很深,天井院落呈横长之势。与"五间制"或"三间制"的平面形态相对应,鄂东南民宅主立面一般也呈现五间或三间的单元组合特征,可以看出明显的轴线对称关系;亦有在此基础上灵活处理的,如左右加建一个开间等。由于基地条件的限制,有些住宅主入口并不在轴线上,甚至位于与主轴线垂直的侧面,如蒲圻刘宅、通山石人泉黄宅等。因为增加了阁楼层,再加上向上升起的硬山马头墙,建筑外观显得较为高大。

建筑外墙一般做清水砖墙。近檐口处和退进的入口常以白灰粉刷,讲究一些的,在檐下施以水墨彩绘。整个建筑外观显得十分素雅、朴实。鄂东南民宅主入口一般在"五开间"中间的"明间"中轴线上,这与北方合院住宅入口位于住宅东南角,所谓"坎宅巽门"的风水方位有明显区别。从立面上看,无论是"五间制"还是"三间制",当心间的外墙必向内退进一段距离,通常退进约 1.5 米至 3 米不等,这种入口退一步的做法,使主入口从平直的外墙面上凸显出来,同时因墙退而檐口不退,自然形成一间高大的入口门廊,成为居民进出家门十分便利的过渡空间。既然是主入口,就必须能体现主人的身份和地位,因此这"退进"的空间形式处理就显得十分重要了。

在鄂东南乡土建筑中可以看到极多的"歪门",即房屋主入口与主立面墙体并不平行,而是刻意偏转一个角度。究其原因不难发现,被"歪置"的大门总是正对远处一个山坳。鄂东南是多山的丘陵地带,地理环境的多种变化对居住地的舒适程度产生了较大影响。因此,过去人们修建房屋在选址方面特别讲究,都希望与周围的山丘形式形成某种协调关系,以求得心理平衡。一栋单体房屋的位置、朝向往往受到村落整体结构的影响而相对固定,因此风水师只好通过调整大门的朝向,使建筑的风水更好。如正对山尖或斜坡被认为"不吉",故阳宅入口常常被调整到正对一处山坳,如"笔架山"或"马鞍山",此山形被认为是吉利的象征。

(二)江汉平原厅井式民居

1. 概述

江汉平原位于湖北省中部,囊括了湖北省经济最为发达的所有地区。这里湖泊星罗,河网交错,农业、渔业资源丰富,自古以来就是有名的"鱼米之乡"。

厅井式民居是我国庭院式民居的主要类型之一,这种形式的民居建筑主要分布于长江中下游地区,尤其以安徽为主。其性质特征是组成方形院落的单幢建筑相互联属,屋面搭接,紧紧包围着中间的小院落。因院落狭小,形似井口,故而又称为天井。天井内一般设计有地面铺装和排水管道。每幢房屋皆有前檐或前廊,可方便雨天串通行走。同时正厅做成敞口厅等半室外空间形式,与天井共同作为生活使用空间。

江汉平原民居主要以厅井式民居为主,在风格上受徽派民居影响较大。这是由于江汉平原位于湖北核心区域,自古交通便利,是湖北重要的商贸中心。因此,这一区域人员流通频繁。其中,由于徽州商人在湖北地区活动频繁,因此这一区域的民居建筑主要受到徽州民居的影响。另外,由于移民因素,在明清之际大量徽州人迁入江汉平原地区,将这种民居风格传播至江汉平原地区。最后,厅井式民居十分适应江汉平原地区夏季炎热多雨的恶劣气候,使得江汉平原地区广泛出现厅井式民居。

江汉平原现阶段民居遗存丰富,主要分布在武汉、洪湖、荆州、天门等地。保存较为完整的有黄陂大余湾民居群、黄陂罗家岗民居群、天门胡家花园、洪湖瞿家湾老街及民居、监利周老嘴老正街及民居等。

2. 代表建筑

1) 黄陂大余湾民居群

大余湾位于武汉黄陂区中部,背靠木兰山脉的西峰山,东临滠水河,因村民大多属于余氏家族,故名大余湾。明洪武二年(1369年),余姓大户从江西北部婺源、德兴迁居今天的木兰川,由上湾、下湾、小湾三部分组成。黄陂大余湾民居群如图2-10所示。

大余湾民居始建于清嘉庆年间,民国初年多有增修,占地面积约为20 000平方米,建筑多为三合院,有的为三合院并联式。正房中间前为堂屋,后为灶房,左右两间为卧室,有的隔为四间,按左大右小、前大后小,分长幼而居;堂屋正中设神龛,以供祖宗和"天地君亲师"牌位;厢房两间,加上五间正房共七间,当地称"联五转七";正房为一层,两厢房为两层,在厢房设爬梯上二楼,上面阁楼互为连通;正房与厢房相交,均采用小青瓦。房屋一般坐北朝南,也有的坐西朝东。

大余湾人砌筑的宅院在形式和格局、用材与技术上,体现出极为完整的安居构想:前面墙围水,后面山围墙,大院套小院,小院围各房,全村百来户,穿插二十巷,家家皆相通,户户隔门房,方块石板路,滴水线石墙,室内多雕刻,门前画檐廊。这里还流传着一首村中民谣:"左边青龙游,右边白虎守,前面双龟朝北斗,后面金线钓葫芦,中间流水太极图。"如余绍礼宅,该宅为典型的三合院形制,由三间正房、两间厢房和天井组成。正房中间前为堂屋,后为灶房,左右两间为卧室。四面外墙不开窗,采光是通过天井和屋面亮瓦,天井小而浅。主房屋较高,为双坡硬山顶,厢房为不对称的双坡屋顶,分长短坡,短坡坡向外墙,长坡坡向天井。

2) 黄陂罗家岗民居群

黄陂王家河镇罗家岗位于黄陂木兰川玉屏山以东,是罗氏宗族的聚居地,其先祖大约在明朝洪武年间从江西过继而来。明末清初,罗姓子孙已繁衍人口近千人,为罗氏发展鼎盛时期;民国时期,汉口已有罗氏专门经营的店铺,并有他们建造的居住里份。黄陂罗家岗民居群如图2-11所示。

图2-10 黄陂大余湾民居群

图2-11 黄陂罗家岗民居群

罗家岗民居始建于明末清初,为了工程质量,砌墙的石料多来自三四十里(1里=500米)路以外的山中,房屋墙基用麻条石、糯米石灰浆砌成,高达两三米,上砌青砖造屋。由于地处较为平坦的岗地,其布局显现出规范性和条理性。从整个建筑群的内部结构看,是以厅堂为中心的居住院落,层层递进,连成一片,形成宗族式的大型建筑群落。现存民居建筑面积约有10 000平方米,绕村遍布池塘,绿水环抱。四周大树冠盖如篷,一株百年古皂角树如龙戏水,跃卧水中。村中,纵横交错的石板小巷连接着几十栋大大小小的院落,依稀可见当年的盛景。

村中现存最完整的院落为罗家宅院,长近100米,宽约50米,占地面积达5000平方米。院内墙体青砖上拓印和刻画着"道光""皇清丁酉年""道光己丑年"等造屋时的年代印记。

该院有六户人家,住过五代人,六户大门均不对开,都要偏转一个角度,转角处也都倒圆角,这些是为了方便抬轿和抬棺材。院门外鸭棚桥是一座建于清末的单石拱桥,造型古朴端庄。当年,该桥不仅为村民提供了交通之便,而且还有调节水利的功能。

室内装饰精典,梁架、廊柱、栏杆、门窗,处处雕满了龙、狮、鹿、麒麟、鱼、鹊、仙鹤、松树、百卉等吉祥瑞兽花纹;天井中的隔扇窗,每一片都镂刻着精妙的、有情节的戏曲片段,外部的台基、柱基、瓦口、墙头、屋脊,还大量采用了石雕、砖雕、壁画。

3) 天门胡家花园

天门胡家花园又称胡巡按官厅,位于天门市竟陵雁叫街孝子里,始建于1899年,为清代山西巡抚胡聘之故居。占地面积约18 000平方米,主体建筑面积约3000平方米,为"轴线渐进,前厅后堂"的建筑布局形式。建筑群由中厅、东厅、西厅建筑及其附属建筑围合而成的院落、园林组成。中厅共五进两天井一过廊,建筑沿百余米的中轴线对称布置。从中厅大门向里行进,大厅、大堂、正厅、二堂、上房及书房秩序井然地坐落于该轴线上,大厅与大堂、大堂与正厅之间有天井围合的小院落,两个天井都是十米见方。东厅后尚有两个天井相连的旧房(包括过廊、厢房等),西厅尚存。东西厅建筑开间约十五六米,略小于中央主体建筑,西厅前厅进深约30米。据有关专家认定,胡家花园是我省仅有的一座巡抚官厅,是保存得最为完整、规模最大的晚清官邸。天门胡家花园如图 2-12 所示。

图 2-12 天门胡家花园

4）洪湖瞿家湾老街及民居

瞿家湾镇位于湖北省洪湖市与监利县交界处，南临烟波浩渺的洪湖，北濒碧波荡漾的内荆河，东与沙口镇连接，西与监利县柳关相邻，境内沃野千里，地势平坦，气候温和，雨水充沛，适于农作物和多种植物生长，尤以水产品退迩皆知，自古就有"鱼米之乡"的美名。

瞿家湾镇在明弘治年间已形成村落，因其生活来源主要依赖于打铳猎野鸭，得名"打铳湾"。清乾隆年间，此地的瞿氏家族繁衍壮大，遂将"打铳湾"改名为"瞿家湾"。历经风雨而保存下来的古镇区面积约 45 000 平方米，位于瞿家湾镇内荆河南岸。内荆河在此处由东北向转为东南向蜿蜒而去，形成一个拱形河湾。中国古代滨水城镇选址通常位于水之北，而瞿家湾镇落址于南岸，是因为南岸在河湾内，此处可避免河流的冲蚀，且河湾内地势平坦，土壤肥沃，三面环水，适于居住和耕种。

瞿家湾民居主要以厅井式民居为主，分布于老街两侧，一般采用前店后宅的建筑模式，建筑呈进深布局。前店部分由于经营需要，往往不安排设计天井，而采用天斗式结构类型，通过明瓦采光。后宅部分普遍使用天井，以保持室内空气流通。洪湖瞿家湾老街及民居如图 2-13 所示。

5）监利周老嘴老正街及民居

周老嘴镇位于湖北省监利县北部，洪湖西岸，曾先后为容城国、成都王国、华容县、监利县的治所。周老嘴之名称，据说是因旧时其南面的西荆河迂回东流，使该地形状似嘴，最早有一位姓周的老翁在此摆渡，故称周老嘴（亦称周家渡）。

古镇的主街老正街自西向东蜿蜒伸展，全长 628 米。街上建筑均面向街道排列，形成带状格局。古镇建筑始于明末清初，延至民国初年，其特色为：穿斗式与抬梁式相结合的砖木结构，小开间、大进深的平面布局，排门与石库门门间的沿街立面，天斗与天井错落的空间形态。监利周老嘴民居如图 2-14 所示。

3．艺术特征

江汉平原厅井式民居以平面规整的三合院为基本规制，即正房为三间形制，左右带厢房，厢房为两层，在整个建筑前面用高墙封护，四周围以高墙，正房前形成扁长的天井。

江汉平原地区传统民居一般采用砖木结构，正立面以三开间和五开间居多，外墙使用大面积的清水砖墙，除具安全防卫的实质作用外，还使宅内自成一个与外界隔绝的空间，形成一种外实内虚的神韵。从建筑整体看，勒脚、墙身、屋檐有明显水平划分，使房屋显得舒展流畅。但外墙也有用条石的，石上还刻有斜向纹路。如

图 2-13　洪湖瞿家湾老街及民居

图 2-14　监利周老嘴民居

黄陂民居大部分以当地石材砌筑,当地称之为"滴水线石墙"。

江汉平原厅井式民居屋顶多为双坡硬山式,但墀头形式各异,丰富多彩,其造型反映了居者不同的精神追求。因对通风透气的要求较高,屋顶普遍比北方地区的薄。江汉平原地区传统民居既保存有明清时代传统的建筑风格,又分明带着些西方文化的影响。如武汉市新洲区徐源泉旧居,其门柱、门额使用的就是具有西方建筑色彩的水泥雕饰。

(三) 武汉近代里份式民居

1. 概述

武汉是湖北省省会城市,是中国中部最大的中心城市。自明清之后,武汉得天独厚的区位优势,使得武汉成为当时中国重要的商业物流贸易中心,形成了天下第一镇汉口镇和天下第一街汉正街,全国各地的商品荟萃武汉,再由武汉行销全国,十分繁华。第二次鸦片战争后,汉口正式开埠,成为中国长江中游地区首个对外贸易口岸,外国势力纷至沓来。随着国外势力的进入,武汉地区开始大量出现西洋建筑,这些西洋建筑冲击着中国人的艺术观念与审美观念。随着西洋建筑的影响日益深刻,武汉地区出现了一种中西结合的新型民居建筑——里份。

武汉市近代最早的里份,起源于汉口开埠后的19世纪末,市区沿江一带,特别是租界区(如洞庭街和青岛路)一带,形成了多栋低层联排式住宅与街道相结合的居住区组织方式,被人们称为"里份"。随着社会的发展,里份逐渐跃升为近代武汉的一种主要民居建筑类型。到新中国成立前,武汉市共建有里份208个,房屋达到3294栋,建筑面积约为300万平方米。

里份是西方低层联排式住宅和中国传统的四合院式建筑的结合体,是东西方文化交流的产物,是"中西建筑文化交融"的标本。里份里的建筑多为两层小楼,是当时武汉城区中居住地段、环境、配套设施均为上乘的住宅群落。里份住宅主要分布在汉口,以江岸区最为集中,建筑成就和价值也最高。

2. 代表建筑

1)咸安坊

咸安坊位于南京路与胜利街交界处,是武汉市确定的历史优秀建筑。咸安坊有多条巷道,纵横交错,东南口通鄱阳街,西北口通胜利街,全长320米,宽6米,水泥路面,门牌1~46号,由原同仁里、德永里、启昌里、咸安坊合并而成。它是汉口早期的高等里巷住宅建筑,两层砖木结构,共有房屋64栋,约建于1915年以后,名取

"富贵咸安"之意,由兴汉昌等四家营造厂施工建造,是当年华人的高级住宅区,居住着洋行和银行职员、实业界人士和富商、当红艺人等社会各界名流。轮船巨头卢作孚、药业大王陈太乙、汉剧大师陈伯华都曾居住于此。

咸安坊总体是典型的里弄建筑模式(排列式联体住宅,其间以巷道分隔),单体建筑却吸收了独立体别墅住宅的特点。楼房上下两层都开有阔大长窗,于巷道之间采光通风;窗扇有里外两层,里为玻璃窗,外为木制百叶窗,夏季隔热,冬季挡寒;临街大窗全部装有钢铁花栏杆。咸安坊的两层砖木结构小楼内的天井两侧为居屋,室内空间很大,全铺木地板。汉口咸安坊如图 2-15 所示。

2) 坤厚里

坤厚里位于汉口一元路与一元小路之间,建于 1903 年,为当时和记洋行正副买办杨坤山、黄厚卿合资建造。故而用杨坤山的"坤"和黄厚卿的"厚"命名,定名坤厚里,为二层砖木结构住宅。汉口坤厚里如图 2-16 所示。

图 2-15　汉口咸安坊

图 2-16　汉口坤厚里

3) 上海村

上海村位于武汉市汉口江汉路(原歆生路),建于 1923 年,原名鼎安里,原业主李鼎安是一个商人,武汉沦陷时期出任伪治安维持会财政局长,后将里份抵押给上海商业银行所有,于是命名上海村。上海村三面镶嵌在街区之中,与周边的建筑以围墙相隔,南面紧邻江汉路步行街,成为城市界面的一部分,东面临鄱阳街,东南侧与江汉村毗邻,西面与中国工商银行(原上海商业银行)相接,总平面布局属于主次巷行列式。

4) 江汉村

现在的"江汉村"由原江汉村和六也村合并组成,位于汉口洞庭街街口,共有二十多栋楼房,形成一个规模不小的社区。和别的里弄建筑一样,江汉村四面合围,朝街上开一个大门,立一个很高的石坊,上书"江汉村"三个大字。江汉村共有十二栋,由倪裕记等九人于 1937 年建造。六也村共有十三栋,由吴鑫记等十一人于 1934 年建造。这二十多栋房子分别由卢镛标事务所和景明洋行设计,由李丽记、汉昌济、康生记等四所营造厂施工,因为是多人投资兴建,所以依不同口味建成不同风格、不同样式的楼房。

3. 艺术特征

武汉近代"里份"式民居缘起于近代汉口开埠之后,作为近现代中西文化碰撞、交融的产物,里份式民居建筑有着浓郁的西洋建筑韵味,这种欧洲建筑的影响体现在里份式建筑的空间木结构和装饰手法上。

在建造工艺上,里份式建筑大胆吸取西式建筑的工艺特色,使用砖木结构,大量使用水泥等新材料。通过对新材料的使用,使得建筑更加坚固,在空间分割上能够更加随意,内部空间更加灵活多变。

另外,在空间结构的处理上,里份式建筑也融贯中西,显得十分特别。首先,里份式建筑是在中式传统庭院式住宅的基础上,参考欧洲城市联排式公寓的形式所设计的。但是,在具体设计中进行了大胆创新:首先,将中式传统庭院式民居的内部庭院面积大胆压缩,甚至废除,减小了整体建筑的幅面,并且与前巷相连,成为住宅的主要入口;其次,将厨房等辅助用房与后天井居住性用房隔离,与后巷连接,作为辅助性入口;最后,在内部空间处理上广泛吸收西方公寓建筑的空间形式,在空间安排上按照使用功能进行划分,一楼往往安排客厅等公共区域,卧室等私密性空间安排在二楼。

此外,在建筑风格和装饰上最能够体现里份式建筑的欧式韵味。在近代里份式民居建筑上,我们可以发现各种欧洲建筑风格的影响痕迹。巴洛克、洛可可、古典主义和新装饰运动都有所体现。例如,在坤厚里的建筑上就带有浓重的维多利亚风格,而上海村则是典型的文艺复兴式建筑。在装饰元素上,里份式建筑也独具特色,往往将中西方建筑装饰元素杂糅使用。在里份式建筑上,你可以看见十分典型的罗马柱头、裱花带窗饰,也能够发现花开富贵、双喜临门等中国吉祥图案。

二、鄂西北民居

(一) 概述

庭院式民居是我国民居长期采用的主要形式,有着悠久的历史,使用范围极广,可以说是中国民居建筑的主流。其最大的特点是除了居住的建筑以外,尚有一个或几个家庭自用的院落,这种院落一般为内向院落,即由自住屋或院墙保卫,形成独立的私密空间。院落一般呈方形。

鄂西北地处秦岭山脉余脉,地势曲折,古有"八山一水一分田"之称,地形多为山地,平原较少,人们往往集中生活在山脉之间的小型平原上。在这种小型平原上建造的民居,往往能够依山就势,克服自然环境所带来的局限,合理安排、使用空间,形成了独具特色的鄂西北山地庭院式民居。

这种山地庭院式民居在鄂西北地区分布广泛,在襄阳、十堰等地均有分布,保存较为完整的有丹江口饶氏庄园、竹溪翁家庄园、南漳冯氏民居等。

(二) 代表性民居遗存

1. 丹江口饶氏庄园

丹江口饶氏庄园(见图2-17)位于丹江口市浪河镇徐家庙村水田畈,建于清末民国初年。庄园占地面积1330平方米,正面阔42.2米,通进深36.4米,建筑面积1118.21平方米,由42间房屋组成。庄园坐西北朝东南,分为南北两个院落,均由三合院组成。其中北院为正院,由正门、前庭院、中厅、后庭院、后厅及南北配房组成。南院即配院,这里有全套的封闭保安系统。整座建筑雕梁画栋,有砖雕、石雕、木雕,在建筑物柱基、抱鼓、门槛、檐枋、雀替、楼板枋、挑头等部位雕刻有大量图案。挑头采取线刻、浮雕手法雕刻有"十八学士登瀛洲",檐枋、楼板枋采用透雕、线刻手法雕刻有"三官寿星图""三岔口故事""刘海砍樵""梁祝故事""赴京赶考图""福禄寿图"等,其他部位雕刻有龙凤、麒麟、动植物、八宝、太极图等图案。雕刻纹饰有云纹、龙纹、汉纹、缠枝纹、雷纹等。丹江口饶氏庄园比较集中地运用了清代传统的雕刻手法与技艺,是研究清末建筑雕刻技艺难得的实物资料,为湖北省重点文物保护单位。丹江口饶氏庄园木雕如图2-18所示。

2. 竹溪翁家庄园

竹溪县马家河乡烂泥湾村的翁家庄园是一组规模宏大的建筑群,始建于清乾隆中晚期,落成于清嘉庆年

图 2-17　丹江口饶氏庄园

图 2-18　丹江口饶氏庄园木雕

间。据史料记载,原有规模约 15 000 平方米,坐北朝南,以中轴对称布局。其中部三路为主要院落,均为三进,有门厅、前厅、中堂、正房和左右偏房,主体建筑均面阔 5 间,进深 3 间;其余为次要院落,有门厅、前厅、中堂、正房和左右偏房,主体建筑均面阔 3 间,进深 1 间。

中路前厅入口采用八字推进处理,强化入口观念,顶棚均采用木构轩顶,即木梁雕花装饰,两侧八字墙均采用青砖对缝装饰,墙角以青石为基础,施以虎脚调和造型纹样,门洞以青石为框,门上部有匾额。第一进院落为天井院,中堂入口前设置一堆圆形抱鼓石,以示院内之重要。建筑屋顶为单檐硬山灰瓦顶,两侧外墙为马头封火山墙。

最东边的东一路院落较为完整,前堂和正房均采用青砖砌马头封火山墙,做工精致。前后马头墙与东西偏方的外墙连为一个整体,墙面开小窗,颇有徽派民居的韵味。院落中轴对称,前堂面阔 5 间,正门设砖砌挑出式仿木头门,上覆灰瓦,门洞镶以 25 厘米宽的青石条装饰,并与镶嵌的青石门匾连为整体,门匾上为"安土敦仁"四个楷书大字,饱满端庄,周边用蝙蝠、龙纹、花草等纹样组成花边,象征吉祥。门上角一鸟兽为装饰,下角设马形及虎脚雕刻装饰的门脚,镶近 40 厘米高的石质门槛。内设天井院,天井十分简洁,并没有排水孔。正房面阔 5 间,为檐廊式,用料较为纤细,正房门上镶有一块圆形的木雕镂花窗,仿佛有双喜的影子,内墙用灰瓦砖砌筑,没有粉刷,檐廊两端有木楼梯上二层。两端偏房不等坡,大部分水向内排,过去民间视水为财,因此可能有财不外流之意。

3. 南漳冯氏民居

南漳冯氏民居(见图 2-19)位于板桥镇西 1.5 公里处的冯家湾村四组,坐北朝南,海拔高度 810 米,南靠南(漳)板(桥)公路。民居系徽派建筑风格,造型古朴雅致,雕刻、彩绘工艺精美,自南向北渐高,沿十字线对称布局,始建于明朝崇祯元年(1682 年),依山就势,前低后高,主体建筑有 5 栋,分年而建,连为一体,有 3 个大门,分为西大门、中大门、东大门,另有东、西两个侧门。大门台基高 1.3 米,用花岗石条砌成,门前各有长 1.3 米的七层台阶。门柱、门槛均用花岗石拼接而成,光亮照人,门柱高 2.7 米,宽 0.4 米,厚 0.3 米,正面和侧面均雕有梅兰竹菊花纹和喜鹊登梅、鲤鱼跳龙门的图案。南漳冯氏民居具有规模宏大、设计巧妙、工艺精湛等特征。

(1) 规模宏大。为三进三出院落,现存 105 间,整个建筑布局合理,前后两条通道将庄园分为 3 排,10 个小院各自独立,院与院、房与房之间行走出入十分方便。

(2) 设计巧妙。为了防火、防潮、防盗、防震,整座建筑群用 10 万条长 2 米、宽 0.6 米、厚 0.25 米的石条做墙基。石条之间互相咬合,用桐油和石灰勾缝,墙体是青砖,屋架全是木架结构,屋面盖厚质布瓦,地面用青砖铺就,并用桐油和石灰泥缝,三百多年来主体结构完整无损。

(3) 工艺精湛。整座建筑雕檐刻壁,画龙描凤。屋脊为巨龙飞舞、丹凤朝阳,瓦头为龙头凤尾,檐头分别装饰有红大理石灯笼、玉雕双狮、石雕蝙蝠等。大门上方有火焰山,正中有福禄寿禧四仙肖像木雕。山间和檐口均有彩画,房内门窗和板壁均刻有人物肖像和花鸟图案。

南漳冯氏民居以它独特的艺术风格,为我们研究明清建筑提供了依据。2002年11月,湖北省人民政府公布其为第四批重点文物保护单位。2002年6月,南漳冯氏民居被编入西安地图出版社出版的《中国文物地图集——湖北分册》(下)。

图 2-19　南漳冯氏民居

(三) 艺术特征

鄂西北民居由于在地理区位上靠近陕西,故而在民居样式上受到陕南民居的影响。民居结构一般采用穿斗式,少量大宅也使用抬梁式结构。正房前有宽阔的前廊或盖廊,用于纳凉、聚会、堆物。房檐出挑幅度大,一般在1米左右,以防飘雨。

在建筑装饰上,鄂西北民居广泛吸收陕西民居和江汉平原民居的建筑装饰手法。建筑大量使用木雕、石雕构建,使得整体建筑呈现出繁复华丽之感。这些雕刻型建筑在构建风格上,往往受到陕西民居的影响,显得大气豪放,追求整体艺术效果,而忽视对细节的刻画。同时,在美学品味上强调热闹、喜庆的民俗韵味,显得乡土气息浓烈。

此外,在空间布局上,鄂西北山地庭院式民居往往能够克服不良地形所带来的负面影响。按照地形走势,做到依山就势,合理利用空间。由于鄂西北地处山区,平原较少,为数不多的平坦地区一般也都被用于农业耕作,因此民居一般都选择建造于平缓的山麓上,形成鄂西北山地合院式民居最为突出和显著的特点。例如南漳冯氏民居,该民居基本按照中轴对称布局建造,但是前后三组建筑的地势是逐步升高的。中间建筑相较前部门厅高出1米左右,后部正房又高出2.4米左右。这种建筑布局方式在鄂西北许多民居中均有反映。

三、鄂西南少数民族民居

鄂西南地处武陵山脉地区,面积占湖北省的五分之一左右,与四川、云南两省交界,气候潮湿、多雨,四季分明。这一区域民族成分复杂,为典型的多民族杂居地区,主要以汉族、土家族、苗族为主,是湖北省民族最为多样的地区,也是湖北省文化最为丰富的区域,主要包括恩施土家族苗族自治州所管辖的两市(恩施市、利川市)和六县(巴东、来凤、咸丰、建始、鹤峰、宣恩)。

(一)鄂西南土家族民居

1. 概述

土家族是我国重要的少数民族之一,主要分布于湘鄂川黔四省接壤地区,其中以湖南湘西土家族苗族自治州和湖北恩施土家族苗族自治州最为集中,多与汉族、苗族杂居。恩施地区四季分明,降雪期短,雨量充沛,适宜耕作。长期以来,土家族与苗族、汉族等民族融居于此,友好往来,社会生活水平趋于一致。

土家族民居多依山就势,以"坐南朝北""坐北朝南"的南北向布局,极少出现东西向布局,一般为三间一字式,少有五间。中间为堂屋,主要用于祭祖和迎客及办红白喜事,迎面后墙设祭祖神龛。左右次间称为"人间",为卧室。地面为架空约60厘米的木板地面,临外檐的石地栿上开有形制各样的通气空孔。最具特色的是山区民居多在正屋前左右两边接建厢楼,形成凹字形,在正屋前围出一小块晒坪,当地人称之为"吊脚楼",实际是利用屋前地形高差营造的干阑式架空楼阁。

土家族民居分布广泛,在恩施州境内的土家族聚居地区均有分布,以恩施、利川、来凤、咸丰为主,在宜昌的长阳、五峰等地也有分布。其中以宣恩彭家寨民居最具有代表性。

2. 主要民居——宣恩彭家寨民居

彭家寨位于湖北省恩施州宣恩县沙道沟镇西南部,为典型的土家族聚居村落。全村山川秀美,地形奇特。在村落选址上,基本按照汉族风水堪舆学说选址布局,三面环山,一面临河。

彭家寨是武陵山区土家聚落的典型选址,以其完美而集中的吊脚楼群而享誉中外。吊脚楼这一古老的建筑形式,旧称"干栏""阁栏""廊栏",自古流行于百越族群地域。武陵山区山多田少,民居择地,为了适应山坡地形,吊脚楼形式成为首选。彭氏家族迁徙沙道,看中此地,然尽是坡地,建房不得不以吊脚之高低来适应地形之变化,时光推移,经几代人的创造建设,终形成今日集土家吊脚楼形体美、空间美、层次美、轮廓美于一体的吊脚楼群。现全村遗存明清时期土家族民居吊脚楼26栋,是湖北土家族民居的典型代表。宣恩彭家寨民居如图2-20所示。

图 2-20 宣恩彭家寨民居

3. 艺术特征

鄂西南土家族民居是土家族人民经过长期的社会生活之后总结出的生活智慧的集中体现。这种民居形式能够适应鄂西南山地的自然环境,并且合理分配居住空间,使得建筑空间得到最大限度的发挥和利用。

在建筑空间上,鄂西南土家族民居最为突出的特点在于其采用汉族合院式民居与干阑式民居结合的处理方式,形成融合变通的吊脚楼式民居样式。吊脚楼的形式多种多样,其类型有以下几种。①单吊式,这是最普遍的一种形式,有人称之为"一头吊"或"钥匙头"。它的特点是,只有正屋一边的厢房伸出悬空,下面用木柱相撑。②双吊式,又称为"双头吊"或"撮箕口",它是单吊式的发展,即在正房的两头皆有吊出的厢房。单吊式和双吊式并不以地域的不同而形成,主要看经济条件和家庭需要而定,单吊式和双吊式常常共处一地。③四合水式,这种形式的吊脚楼是在双吊式的基础上发展起来的,它的特点是,将正屋两头厢房吊脚楼部分的上部连成一体,形成一个四合院。两厢房的楼下即大门,这种四合院进大门后还必须上几步石阶才能进到正屋。④二屋吊式,这种形式是在单吊式和双吊式的基础上发展起来的,即在一般吊脚楼上再加一层。单吊、双吊均适用。⑤平地起吊式,这种形式的吊脚楼也是在单吊式的基础上发展起来的,单吊、双吊皆有。它的主要特征是,建在平坝中,按地形本不需要吊脚,却偏偏将厢房抬起,用木柱支撑。支撑用木柱所落地面和正屋地面平齐,使厢房高于正屋。这种建筑样式,特别是复合型吊脚楼的空间模式明显是基于文化融合所产生的一种艺术形态。

吊脚楼有着丰厚的文化内涵,除具有土家族民居建筑注重龙脉、依势而建和人神共处的神化现象外,还有着十分突出的空间宇宙化观念。土家族的吊脚楼不仅单方面处于宇宙自然的怀抱中,土家人也同时处于宇宙自然的怀抱之中。这种容纳宇宙的空间观念在土家族上梁仪式歌中表现得十分明显:"上一步,望宝梁,一轮太极在中央,一元行始呈瑞祥。上二步,喜洋洋,'乾坤'二字在两旁,日月成双永世享。"这里的"乾坤""日月"代表着宇宙。从某种意义上来说,土家族吊脚楼在其主观上与宇宙变得更接近、更亲密,从而使房屋、人与宇宙浑然一体,密不可分。

(二)鄂西南山地防御性民居

1. 地理区位和自然条件

防御性建筑在我国历史悠久,早在汉代就已经出现专门用于军事的城堡,之后的历朝历代均有这种性质的民居建筑。尤其是在宋代之后,我国南方贵州、四川等地出现了将防御性与日常生活性密切结合的复合型堡垒建筑,这种建筑直接影响了鄂西南山地防御性建筑的建筑形制。

鄂西南地区地处川鄂边缘,自古以来就是由鄂入川的重要陆上通道,属兵家必争之地,因此形成了一种独特的民居形制——防御性山寨民居。这种民居建筑往往位于高山险峻之上,镇守要害地区,易守难攻。特别是在土司割据时期,鄂西南地区广泛修建这种用于军事的民居建筑,在建筑工艺和空间布局上都具有浓郁的民族特色。

鄂西南山地防御性民居一般而言都将居住功能与防御功能紧密结合,形成"战时军事,平时生活"的复合型使用功能。因此,整体建筑往往由一个复杂的建筑群体所构成,一般包括防御工事(城门、城墙等)、生活区域(民居、马房等)和军事操练区域等。

鄂西南山地防御性民居建筑在整个鄂西南均有分布,其中以恩施、利川、咸丰等地最为集中,以恩施利川鱼木寨、咸丰唐崖土司城最具代表性。

2. 历史沿革和区位分布

1)唐崖土司城

唐崖土司城位于湖北省咸丰县唐崖镇。土司城始建于元至六年(1346年),明天启初年(1621年)进行扩建,辟3街18巷36院,内有帅府、官言堂、书院、存钱库、左右营房、跑马场、花园和万兽园等,共占地1500余亩(1亩=666.7平方米)。在土司城内外还修建有大寺堂、桓侯庙、玄武庙等寺院。现在土司城遗城保存最为完整的石质牌坊,是明天启三年(1623年)修建的,正面刻着"荆南雄镇",反面刻着"楚蜀屏翰",两面镌有"土王出巡""渔南耕读""云吞雨雾""哪吒闹海""槐荫送子"等浮雕图案。牌楼正面的唐崖河畔,存有石棺、石马各两尊,石人仪态庄重肃穆。唐崖土司城石质牌坊如图2-21所示。

2）利川鱼木寨

鱼木寨位于鄂、渝交界处,东距利川市61公里,四周皆绝壁。鱼木寨占地6平方公里,居住着500多户土家山民。鱼木寨周围悬崖绝壁,沟壑环绕,唯西南方向一条石级古道与古大兴场相通,小道仅宽1米,显得十分奇险。现存有寨楼1座,寨卡4处,寨墙2段,栈道3段,清至民国墓葬10余所及古民居建筑和石刻等。

鱼木寨是一座集政治、军事、文化为一体的土家族山寨,是研究土家族历史、建筑的实物见证。鱼木寨民风古朴,其生产、生活、婚丧嫁娶均保留了土家族传统文化的本质特色和习俗,寨内文物丰富、环境优美、民风民俗浓郁,有"天下第一土家山寨"之美誉。利川鱼木寨如图2-22所示。

图2-21 唐崖土司城石质牌坊

图2-22 利川鱼木寨

3. 艺术特征

鄂西南山地防御性民居在建筑工艺上往往采用"石块干砌"工艺。由于鄂西南山地防御性民居主要都建筑在地势险峻的高山地带,因此在建筑材料上没有太多选择,为了方便建筑,一般都就地选用材料。因此,鄂西南山地防御性民居很少使用砖木结构,而是在建筑中以石代砖。这种特殊的建筑材料使得鄂西南山地防御性民居在外形上无法做到精雕细琢,在整体建筑风格上给人一种古朴大方的美学感受。

此外,在空间处理上,鄂西南山地防御性民居往往能够做到依山就势,充分利用山体地形,灵活地处理有效的使用空间。例如利川鱼木寨,整个建筑群在大约6平方公里的面积中,安排了防御性城墙工程、屯兵寨、马房、民居、王府、庙宇等。在如此狭小的面积中安插如此多的不同功能的建筑,对空间的分配与把握能力可见一斑。

第三节
湖北民居的艺术特征

民居建筑为数量最多、分布最广的建筑形态,在我国各地均有分布。由于民居建筑与普通民众生活息息相关,生活在不同地域的人们往往都结合自己所在地域的生态特征、气候特征和文化习惯创造出符合地域特点的民居形式。湖北作为中国中部重要的商贸通道,在广泛吸收各地民居特征的同时,又与当地环境相结合,创造出了丰富多元的民居形制,这些丰富多元的民居形制共同构建出了湖北民居的总体特征,表现出湖北民居独有的特质。

一、湖北民居的装饰特征

民居建筑往往都十分注重装饰,各地的民居建筑根据自身地域文化的区别往往在装饰艺术上也有着大大小小的区别,可以说,建筑装饰是最能够体现民居建筑艺术品味的建筑元素之一。

湖北民居在建筑装饰上也呈现出丰富多变的艺术特征。由于湖北地区地域跨度较大,各地在地域文化上往往都略有不同,因此在民居建筑的装饰方式和使用的元素、题材上都有所区别。总体而言,这种装饰风格可以按照不同文化圈来进行区分。

鄂东地区由于地处平原地区,而且靠近安徽、江西等儒学深厚的区域,因此在建筑装饰元素和题材上,受儒家文化影响较大,在题材上往往选用符合儒家观念的装饰题材,如"渔樵耕读""琴棋书画"等。除此之外,在鄂东地区还广泛出现受民俗文化影响的传统吉祥图案。例如,在建筑中大量出现"马上封侯""花开富贵""暗八仙"等图案,这些都表现出了人们对幸福美好生活的向往和追求。

而鄂西地区,特别是鄂西南地区由于民族成分较为复杂,因此在民居装饰的题材选择上更为多样,并且表现出浓重的民族风格和特征。例如,在鄂西南土家族民居建筑的装饰上,大量出现符合土家族民族传统信仰的装饰图案,如"白虎"等。除此之外,由于明清之后汉文化的侵入,鄂西地区的民居建筑也呈现出汉化趋势,在鄂西许多土家族建筑中,也大量出现汉族民居广泛使用的吉祥图案和儒家装饰图案。

二、湖北民居的空间结构特征

空间结构是建筑最为本质的特征之一,不同地域的民居,往往由于所在地区自然地貌、气候环境的不同,形成不同的空间结构划分方式。湖北民居在空间结构上也表现出独有的特征,这也是湖北民居最为典型的特征之一。

首先,由于湖北地处中国中部,位于中国地势三级阶梯中第二级向第三级过渡的区域,因此全境内地形大致呈现出西高东低的走向,也就是说,鄂西地区主要以山地为主,而鄂东地区则是平原地貌。正因如此,湖北民居在整体空间布局上往往也呈现出自西向东的变化态势,西部山地地区往往依山就势,为了能够在有效的单元空间内安排生活区域,往往通过压缩建筑空间或者改变建筑空间形状来适应地形的变化,这种做法在鄂西地区的大多数民居中都有所表现。例如:鄂西北山地庭院式民居建筑,在空间布局上为了符合地形,往往抬高空间,呈现出逐级抬高的空间布局形态;而鄂西南土家族民居建筑,则采用"吊脚楼"这一特有的建筑形态,以满足地形变化。

其次,湖北民居建筑在空间安排上,往往十分注重建筑空间分配的实用性。由于湖北地区地形复杂,因此在经济生活方面,占主导地位的经济活动也都有所不同。总体而言,鄂东地区主要以平原为主,而鄂西地区则以山地农业或者狩猎为主。这种经济活动的差异导致湖北民居在空间安排上也呈现出一定差异,湖北民居一般都能够根据地域经济活动的相关需要,灵活地安排建筑的空间构成。例如:鄂东平原合院式民居,由于平原地区适合耕作,农业活动产量往往较大,因此为了适应平原农耕经济活动的这种特点,鄂东民居往往在建筑空间上安排相应的晒谷、打谷场所,并且在室内空间上安排用于储存粮食的粮仓等建筑;而鄂西民居则由于地处山地,适宜耕作的耕地面积较小,因此往往需要发展畜牧业等农副产业,因此在民居建筑的空间分配上会单独划分出饲养牲畜的独立空间,这种空间形式在鄂西南土家族民居建筑中有着突出的反映,土家族吊脚楼一楼的架空层往往就是用于牲畜的饲养。

最后,由于湖北地域跨度较大,气候也存在着一定的差异,这种气候差异也使得民居建筑在空间构成上呈现出多变特征。总体而言,鄂东地区属于亚热带季风气候区域,因此在气候特征上冬冷夏热,四季分明。其中夏季绵长且多雨,潮湿闷热。这种特殊的气候特征,使得鄂东民居在空间安排上往往为了能够适应气候条件,创造出了独特的空间布局形态,因此产生了天井式和天斗式民居,这样不仅能够方便雨季期间的室内活动,还能够增强室内的空气流通,缓解夏季潮湿闷热导致的不适感。而鄂西地区由于地处山地,在冬季更为寒冷,而且湿气更重,因此在建筑空间上往往安排火塘等功能性建筑空间。

第三章

湖北传统雕塑

HUBEI CHUANTONG DIAOSU

第一节 湖北传统木雕

一、湖北木雕概述

湖北木雕业在近代属于小木行业,民间俗称"细木工""雕花匠"。据调查,湖北木雕业的鼎盛时期是在明清至抗日战争前。当时武汉及鄂东、鄂东南地区的木雕行业以长江为界,分为文、武两帮。文帮由汉口、汉阳、黄陂、孝感一带的艺人组成,武帮由武昌、蒲圻、咸宁一带的艺人组成。艺人按帮承接建筑上的木雕工程,相互竞争。在技艺上素以"一打、三修、七分掐"的传统工艺和流畅奔放、粗犷古朴的风格著称于长江中游地区。

湖北主要的木雕纹样采用民俗味很强的戏曲故事(以三国故事为主)和"福禄寿""全家福""鹿鹤松""杨柳燕""松竹梅""梅兰竹菊""喜鹊唱梅""鹿鹤同春""双凤朝阳""二龙戏珠""喜报三元"等吉祥图案。纹样构图完整,情节生动,在形象刻画和细节处理上具有市民的情趣,并广泛应用在建筑木雕和家具木雕上。

湖北木雕在种类上主要分为建筑木雕、家具木雕、木器木作等。

(1) 建筑木雕。湖北建筑木雕现在保存下来的,多是明清以来的祠堂公馆、神舍庙宇和民居建筑中的梁枋、擎檐撑、雀替、门窗的雕刻部位,如武当山道观建筑群、鄂西土家族民居窗格等。清代雕花木门如图 3-1 所示。

(2) 家具木雕。湖北家具木雕多为鄂南的雕花床、看柜、木椅、洗脸架。产于鄂西北高山峻岭的荆棘藤蔓则是制作根雕家具和手杖的好材料。艺人们巧妙利用自然形态,随势出形,略加雕饰,便具淳朴之美。木雕大洗脸架如图 3-2 所示。

图 3-1　清代雕花木门

图 3-2　木雕大洗脸架

(3) 木器木作。在生产生活中广泛运用的农具木器上,也带有具有美化功能的装饰图案,主要体现在农具木器的木质手柄以及糕点刻花模具上,实用与美观兼备。竹木农具常见的有木杈、木连枷和冲担等。木杈,选用丫字形树杈制作,为翻晾农作物时使用。木连枷,禾场晾晒农作物时击打脱粒农具,以枝条制作可旋转击打的枷排,用长木杆抡耕拍打作物,外观简洁、轻巧实用。冲担,梨木削制农具,两端尖而有上挑倒钩,用以穿挑成捆、成扎的农作物,造型利索、线条流畅、光滑美观,为鄂西地区比较有代表性的山地农具。清代木质冲担如图3-3所示。

图3-3　清代木质冲担

二、湖北各区域木雕

(一)江汉平原地区木雕——武汉木雕船模

江汉平原位于湖北省中南部,是长江及其支流汉江冲积而成的湖积平原,是有名的鱼米之乡,物产富饶,区位条件优越,得"中"独厚,铁路、公路、水运、航空交错成网,四通八达,连接南北,贯通东西,自古就有"九省通衢"之说。

江汉平原文化底蕴深厚。早在五万年前的旧石器时代晚期,就有原始人类在此生息。江汉平原是屈家岭文化、石家河文化的发源地,更是楚文化的核心区。悠久的历史孕育了江汉平原以江河文明为主的地域文化,本区内主要的木雕艺术流派有武汉木雕、潜江木雕和天门木雕;木雕类别有船模木雕、建筑木雕、家具木雕和宗教木雕等。

湖北位于长江中游、洞庭湖以北,其地理环境对木雕船模的发展十分有利。汉中素有"水天泽国"之誉,水上交通便利,各种不同式样的船只往来穿梭于江面、湖泊之上,如古代的漕船、平顶船、各地的游船、客船、民间彩船等。艺术源于生活而又高于生活,江面、湖泊上络绎不绝的船只,为湖北木雕船的手工艺人提供了一系列丰富的创作素材和创作灵感。手工艺人融合自己独特的审美感受,在不同时期、不同地区的历史文化背景下,创作出了带有地域特色、民间气息浓厚、具有装饰性与观赏性趣味的木雕船。

1)武汉的自然人文环境

武汉位于江汉平原东部,是中国长江中下游特大城市,也是中国内陆最大的水陆空交通枢纽,在中国经济地理圈内,武汉处于优越的中心位置,被誉为中国经济地理的"心脏"。

2)武汉木雕船模的历史沿革

武汉木雕以船模木雕为主要代表。船模木雕是我国木雕工艺中的一个非常独特的艺术品种,它已经有两千多年的历史。湖北木雕船是我国木雕工艺中具有独特风格的传统工艺品。据宋代《金史·张中彦史话》记载:"舟之始制,匠者未得其法",制船匠师们对建造船舶不得其法,这时,有位匠师张中彦"手制小舟,才数寸许,而首尾自相钩带,诸匠无不骇服"。由此可见,在12世纪,我国就已经可以雕刻数寸长的小船,并作为制造船舶的模型。

湖北地处我国腹地,楚文化十分悠久,江河湖泊密布,自古以来,汉中就有"水天泽国"之称,水路四通八达。从长江上游而下的有四川的麻秧子船、舵龛子船等,从长江逆流而上的有江浙一带的沙船、盐船等。所有这些不同样式的船舶,在江面、湖泊上络绎不绝地运行,可谓"蜀麻吴盐自古通,万斛之舟行若风",可见当时的"舟楫之盛"。湖北木雕船模工艺的历史最早可追溯到汉代。1973年,考古工作者在湖北江陵的西汉土坑木椁中,发现了湖北江陵的木制船舶模型,这是目前发现的最早的船舶模型。这只船模的接榫工艺与今天的木船工艺相仿。由此可以看出,湖北木雕船模工艺有着悠久的历史,并在西汉时期其工艺就已经相对成熟。

民国初年,湖北木雕船模工艺逐渐兴起,先是源于湖北宜昌,而后在20世纪50年代末,木雕船模工艺中心移植到武汉,出现了专门制作木雕船模的作坊和工厂,手工艺人把这一技艺以家族式和师徒式的方式世代相传,并一直不断地开拓创新。这一时期,各种民间艺术推陈出新,发展壮大,湖北木雕船模工艺者们也在不断地探索和研究,为木雕船模寻求更好的发展道路。在发展过程中,雕刻技法和雕刻题材日益增多,在继承优秀传统的基础上结合现代人的审美观念创造出了很多新品种。同时还不断地借鉴和吸收其他工艺的长处,形成了自己独特的艺术风格。

但是,机械化大生产、社会的发展进步,人们价值观念的转变,再加上木雕船模工艺的纷繁复杂、高难度,使得目前从事这一技艺的人越来越少。还在做木雕船模的艺人大多年纪较大,最大的已有70多岁了,湖北木雕船模工艺面临着严重的传承危机。2008年,湖北省武汉市木雕船模被国务院列入第二批国家级非物质文化遗产名录。因此,湖北木雕船模工艺应该得到更多的了解和关注,以促进其更好地发展。

3) 武汉木雕船模的工艺及艺术特征

湖北木雕船品种繁多,五花八门,有民间木帆船、古代漕船、战船、画舫,以及供皇帝和达官显贵们娱乐的龙舟、凤舟和民间灯会上的彩船等,造型各异,反映出不同时期不同地域木雕船的特点和不同的民间装饰纹样。如:川江上的麻秧子船、跨子船、歪尾巴船,船体呈"斗"字形,头平尾翘,装饰纹样朴实大方;湖南的倒把子船、平顶船、秧子船,船体狭长,头尾上翘;江浙一带的游船、客货船,造型优美,装饰华丽。此外,还有各种画舫、龙舟、凤舟等,雕刻精致,造型和布局讲究,纹饰古朴典雅,给人以玲珑尽致的美感。

从传统技法来讲,湖北木雕船除了运用木雕中的圆雕、浮雕、镂雕外,还创造了自己独特的技法。如:在圆雕、浮雕上更注重装饰,在古式龙舟、凤舟的龙头、凤头上雕刻图案,适当强调它们的眼、腮、凤冠、凤眼、羽毛等,以增强装饰趣味;在图案上,把流畅的卷草纹和工整的汉纹结合起来,使龙头和龙体在自由潇洒的旋律中保持了庄重,备受国内外收藏家的青睐。

武汉木雕船模工艺之所以能达到出神入化的地步,与武汉所处的地理环境以及湖北造船业的发达是密切相关的。武汉木雕船的种类繁多,木帆船、古代漕船、战船、画舫、龙舟、凤舟、彩船等,应有尽有。武汉木雕船以柏木、黄杨木、红木等为原材料。在雕刻艺术上,除了圆雕、浮雕、镂雕外,还有一些独特的工艺,如浅浮雕去表皮而不伤面,深浮雕深而不伤底,并且注重花纹装饰、镂空锼花和精工制模。花纹清晰、匀称、纤细,船上的楼阁门窗、栏杆等也精细入微。制模上则根据每件产品的不同造型,设计出各种不同结构的零部件。技术上要求方圆规矩,衔接无缝,拆卸自如。木雕船如图3-4所示。

图3-4 木雕船

（二）鄂东、鄂南地区木雕——通山木雕

鄂东木雕以黄冈红安建筑木雕为主要代表。黄冈有着悠久的民间美术，建于清代的红安吴氏祠就有大量木雕、砖雕、陶雕、石雕等，堪称"雕刻艺术博览馆"。

鄂南木雕主要出自鄂南的湘、鄂、赣三省交界处，那里山多林密，长期以来造就了一大批木雕艺术家，并形成独特的木雕艺术流派——旧时称之为"咸浦帮"。鄂南地区的房屋建筑、庙宇祠堂、房屋摆设、婚嫁喜事器物上都刻有寓意喜庆、吉祥、长寿等的木雕，如祠堂的祖宗牌位上雕着神仙，龙柱刻着八仙，"打官"上雕着"福禄寿"三仙，香几上刻着传说故事，就连香几腿上也雕着象或狮的纹样。桌、椅、凳以至拐杖、火盆、脸盆架上都有镂雕和浮雕纹样。

鄂南地区流行的木雕纹样，很多是戏曲人物、传说与神话故事、动物及花鸟、亭廊等。木雕内容多体现喜庆、吉祥、长寿，如"全家福"的雕花床，借鉴秦汉时期"鸟虫书"的表现手法，刻镂由28只雀子组成的"全家福"3个字，象征喜鹊临门，福满全家。历史上，鄂南木雕作品所表现的题材，基本上都出自戏曲人物、神话传说，当然，动物形象、花鸟亭廊也不少。这些作品大多以镂雕和浮雕结合，深浮雕与浅浮雕相穿连，表现有情有景、妙趣横生而又品味无穷的画面，因此颇具地方特色，艺术个性也非常突出。

通山木雕（见图3-5）是中国民间木雕的流派之一，主要流传于地处鄂东南的通山县及其周边地区。通山县地处湘鄂赣三省交汇处，古属"三苗之地"，境内森林密布，盛产樟、杨、梨、枣、梓、椿等木材，为木雕提供了丰富的资源。其雕刻用材取自当地，以浮雕为主的雕刻技法和利用材料本身纹理色彩的处理手段构成自己的技艺体系，构图饱满大气，层次丰富细腻，图像写实传神，做工精雕细刻，格调清秀淡雅。

图3-5 通山木雕

1）通山的自然人文环境

湖北通山县属于湖北咸宁市，处于湖北省与江西省的交界线上。通山县气候温润，境内的九宫山是我国旅游避暑胜地，有"第二庐山"之称。

战国时期的通山县为楚国领地，到秦朝属于南郡，汉代为江夏郡下雉县。宋代964年，南唐时期始置通山县，并提取县内的青山镇和通羊镇各一字而命名。清代第三年，通山县属于武昌府管辖范围。据统计，通山县辖8个镇，18个乡。通山木雕多集中于通羊镇、洪港镇、九宫山镇、南林桥镇等，通山县府驻通羊镇。

湖北省通山县隶属于鄂东南文化的地域范围，它地处湘鄂赣三省交汇处，东临阳新，西接崇阳，南接江西武宁、修水，北与咸宁毗邻，通山县城距黄石、岳阳、南昌、武汉等地皆不足200公里，基于特殊的地理位置，通山文化与湘鄂赣皖文化互相杂糅。鄂东南地区位于两次民族迁徙的通道上，"江西填湖广"时期，很多江西的移民迁

徙到此地。从移民的角度来看，通山主要从江西省抚河文化带发展而来。通山木雕装饰风格质朴明朗，这与移民大量迁入有着密切联系，移民文化为通山木雕艺术注入了一股新鲜血液，使得通山木雕既有北方的豪放、粗犷、简练，也带有江南地域的端庄儒雅。通山木雕的风格与其周围地区联系密切，民族的迁徙运动及鄂东南乡土的互相融合使得通山木雕具有了独特的风格特征。湖北本地的楚文化艺术风格也对通山木雕有着一定影响。可以说，通山木雕艺术是湘鄂赣边区文化的载体，是研究历史、建筑、传统工艺的宝库。

通山县自然资源非常丰富，有着高达64%的森林覆盖率，盛产樟、杨、梨、枣、椿等木材，为木雕艺术提供了丰富的资源，造就了一批能人巧匠。

2）通山木雕的历史沿革

通山木雕艺术的起源目前已无法考证，但据史料记载，北宋置县之前，通山境内就有了以木雕为职业的手艺人，至明清，通山木雕作品已日趋完美。千余年来，通山木雕始终是通山民间艺术的重要组成部分，它所表达的主题，既能满足人们物质生活的需要，又能满足人们精神生活的需要，具有实用与美观统一的特性。

3）通山木雕的工艺及艺术特征

古代通山的官商富户修建大量的祠堂和豪宅建筑，为的是光耀门楣，但为了躲避传统封建等级制度的限制，他们开辟了另外一条途径，通过对建筑的内部进行装饰来达到所需要的目的，如价格昂贵的建筑木雕的装饰就是一种。建筑木雕的装饰不仅花费大，而且对建筑各部分的构件相当考究，无论是木雕雕刻的技法，还是木雕的整体画面感，包括图案的主题内容、设色处理、造型构图等，都是其装饰的重点。通山木雕在图案装饰上一般运用象形、谐音、比拟等艺术手法，在纹样与寓意、木质肌理与色彩、木雕结构及其工艺等方面处理巧妙，能够同时达到功能与审美的和谐统一。

通山木雕以境内优质木材为原料，雕刻作品的主题以生活风俗、神话故事为多，代表着民间风格。从应用及装饰的范围来讲，通山木雕可分为建筑雕刻、家具雕刻、工艺品雕刻三大类。建筑雕刻即指用木雕装饰古建筑，如雕梁画栋，雕饰门楣、屋椽、窗格、栏杆、飞罩挂络等，具有古朴典雅、富丽华贵之格调。

通山木雕题材内容广泛，大致包含以下内容：一是吉祥图案，如吉庆有余、五谷丰登、平安如意、松鹤延年、龙凤呈祥；二是戏曲人物、古代英雄、小说演义、神话传说、寓言故事，供人们欣赏品味；三是直接表现当地人民现实生活的题材，包括耕种、收获、桑蚕、纺线、织布、放牧、狩猎、裁缝、商贾、情爱等社会生活的各个方面；四是人们熟悉的飞禽走兽，如鸡、鸭、鹅、兔、猪、牛、马、鹿、蝙蝠、鱼、虾，以及植物花卉、蔬菜瓜果之类。

通山民间装饰木雕形式多样，浅浮雕、深浮雕、透雕、圆雕、实地雕、镂空雕、阴雕、阳雕都有，其中大多是浮雕。一块平常的木料，经过艺人的构思，雕成一幅错落有致的立体画面，起到"自然天成，古朴雅趣"的艺术效果。其中最具地域特色的是通山看橱，通山看橱作为一种木雕艺术，产生于明末清初的湖北通山。"看橱"实际上是一种装饰橱，最初为富裕人家装饰客厅而设置，并不讲究实用，所以就有了"看橱"之称。

通山木雕在题材内容、装饰范围上，集中体现了民间工艺美术的共性。但在每件具体作品的形式、风格、审美趣味、工艺技法上，又有它独特鲜明的风格。纵观整个通山民间木雕，大都采用具象的表现手法，但造型上大胆夸张，特别是那些头大身小的人物、人大房小的衬景，夸而有节，变化适度。刻画人物不着意雕刻五官表情，也不拘泥于人体各部位的长短比例，而着意表现人物动态的传神写照，着意突出造型的稚拙、质朴、洗练、明快感，具象的形体中注入了抽象因素，活跃的、夸张的乃至幽默的动势，使形象充满生气，观众在欣赏时不再注意人体结构、比例的精确度，而为真挚感人的形象所吸引。在构图上，往往把不同的场景和人物，或者一曲戏、一个故事的几个情节组合在一个画面里，配以图案纹样，注意虚实主次、线条分割、层次节奏的处理，追求画面结构的严谨与变化。

（三）鄂西地区木雕——丹江口木雕

鄂西地区包括鄂西南土家族苗族自治州和鄂西北各市县。在该地区一些古老的建筑中，石刻和木雕占有重要比例。由于时间的久远和人为的破坏，神农架的古老建筑已大部分遭毁。但从一些残墙断壁之中，台石门梁之上，仍可看到不少幸存的石刻和木雕，其内容有传说人物、历史故事、风土人情、花鸟虫鱼、飞禽走兽等。这些造型精巧、形象逼真的雕刻，不仅起到了建筑装饰作用，而且还生动地记录了各个历史时期的艺术风格。

1）丹江口的自然人文环境

丹江口市位于湖北省西北部、汉江中上游，历史悠久。境内有世界闻名的世界文化遗产地武当山，深厚的文化历史底蕴为这里留下了丰富的文化遗产。

2）丹江口木雕的历史沿革

位于丹江口市浪河镇黄龙山村二组的饶氏庄园又称清末山庄，留存有大量的木雕作品。庄园内的木雕艺术集民俗民艺于一体，为清代建筑装饰"纤细繁密"风格之典范，堪称"一粒粟中藏世界，半升铛里煮山川"，比较集中地运用了古代传统的雕刻手法与技艺，是研究古代建筑雕刻技艺难得的、十分珍贵的实物资料。

3）丹江口木雕的工艺及艺术特征

浪河镇饶氏庄园采用清式营造技术，整座建筑雕梁画栋，木雕艺术水平之高，令人赞不绝口。现存木雕近三十多件。正房厅内立柱与横梁接榫处左右各有一个大型木雕，左为麒麟衔鱼，右为狮戏绣球。过大厅即后庭天井院，雕花方石墁地。后厅天井处现存三个大型木雕，其中两个为仙鹿衔花。前后庭天井院四周门槛、门框、窗首、梁枋均饰镂空木雕，工艺精湛，向后人展现了一幅反映中华五千年浩瀚历史文化的璀璨画卷。雕刻内容有人物、典故、花卉、鸟兽、琴棋书画，各俱风采。字画有福禄寿、和合二仙、四时如意、五福临门、八仙献寿、仙鹿、灵羊、雄狮、麒麟、大象、瑞鹤等，人物典故有"三官图""十八学士登瀛洲""刘海砍樵""孔子讲学""三岔口故事""梁祝故事""赴京赶考"等。木雕工艺极为考究，所选材料均为当地上乘的银杏树。从木雕的方式来看，基本上采用了线雕、隐雕、浮雕、混雕、镂空雕等。雕刻题材广泛，寓意祥和，或圆或浮，多处镂空，立体感强，人物、飞禽、走兽、花草栩栩如生，看后顿生"方疑鬼斧神工助，始信凡辈技亦精"的感叹。

饶氏庄园的雕刻集民俗民艺于一体，为清代建筑装饰"纤细繁密"风格之典范，堪称鄂西北古建筑的一颗璀璨夺目的瑰宝。丹江口木雕如图3-6所示。

图3-6 丹江口木雕

三、湖北木雕的艺术特征

木雕在发展过程中,根枝错综复杂,不是个单行的、轨迹分明的艺术个体。中国艺术具有很好的兼容性,很多造型特征、艺术手法、宗教信仰都是融会贯通的。几种形式的木雕相互影响、消化的结果,都包含着艺术美与技术美。

（一）技术美

技术美是通过其功能、形式、装饰三方面有机组合完成的。木雕具有教化功能,在现实生活中其功能性得到了充分的显示和发挥。木雕包含有具体的专业技术成分,木雕的造像、比例、设色、动态、排序、结构、线条、韵律、神态是否和谐,在整体氛围、艺术语言、精神内涵上如何融洽,这些都属功能的质感,质感的好坏,关系到木雕工艺的价值。装饰在木雕的艺术语言中所占分量较少,装饰性质在木雕的艺术内涵上有所体现但不多。主体的审美形态是通过木雕技术美的信息符号来传递的,辅助因素的重要性是由于人对审美对象的认识是从整体性来知觉的。

（二）艺术美

木雕的艺术美是"客观实在"与"主体创造"相互作用而产生的。"客观实在"即艺术家在创作的时候,面对真实存在的客观实物。艺术家在创造时表面就是描写事物的客观形态,使客观存在的现实事物再现于艺术作品中。再现固然要描绘得与客观对象相似,但再现绝不是对眼前事物刻板的真实照相,而要经过艺术家的选择、提炼、集中和概括,甚至在再现时允许有某种变形,即在再现过程中已体现了艺术家的创作性劳动。"主体创造"就是艺术家把自己对现实生活的认知、了解、评价,把自己的内心感受、思想倾向、爱与憎,把自己所肯定的或否定的情感态度,甚至自己的意志、冲动等,都熔铸于形象之中。任何作品都有内容与形式两个必不可少的因素,形式是外在的,而内容是内在的,内容是整个艺术作品的思想内涵和精髓所在。对于木雕,我们首先接触到的是它的形式,然后才会去领会其形式上的内在意蕴,即领会其内容。真正的艺术品是内容与形式的完美统一。

在强调内容的同时也不能忽视形式美,没有美的形式,也就没有真正的艺术。笔者认为,没有美的形式,不论内容有多好,都是不能与受众产生共鸣的。强调形式美,不等于形式主义。艺术的形式美是以它和内容的统一为前提的,如果破坏了内容,也就破坏了艺术的形式美。形式主义者对形式美的片面追求只能降低它的艺术价值,因为从根本上说,形式是需要准确、鲜明、生动地表现艺术内容的,若脱离内容去追求形式,就会导致创作上的失败。真正的艺术美不仅需要华丽的辞藻,更需要准确的形式、生动的表现内容,达到形式与内容的完美统一。

湖北作为楚文化的主要传承地,其木雕艺术极大程度地继承了楚美术,特别是楚式木雕的风格与艺术特征。湖北木雕空间关系复杂,善于在木材上处理各种工艺,形式多样,内容、纹样丰富。在木器的色彩、造型、技艺上都深受楚国木器、漆器、青铜器的影响。

第二节 湖北传统石雕

一、湖北石雕的萌芽及发展

湖北位于中国中部腹地,自古人杰地灵,早在旧石器时代就已经有了人类活动,而湖北石雕也伴随着人类活动而产生。旧石器时代中期,生活在湖北境内的长阳人、郧县人等原始猿人,由于生产生活需要,就已经开始制作打制石器。虽说他们所生产的打制石器工艺简单、制作粗糙,但是在制作过程中已经涉及石材选择、设计制作等问题。因此,可以看作湖北石雕艺术的先声。

进入新石器时代,湖北境内又出现了大溪文化、屈家岭文化等文明形态。虽然这一时期的石器仍然主要是一些生产生活用具,但是在制作工艺上已经显得成熟许多。这一时期的石器,在工艺上普遍使用锤、凿、磨等手段,石器整体规则细腻、对称协调,具有大气磅礴之感。

先秦时期则是湖北石雕艺术发展的第一个高峰期。在这一时期,湖北石雕工艺在门类上和工艺上都得到了较大的突破,涌现出了一大批艺术价值极高的石雕艺术作品。例如,发现于湖北省武汉市黄陂区的商代盘龙城遗址就出土了一百余件石器。其中,在遗址的宫殿区域发现了多枚石质柱础,这可以看作湖北最早出现的建筑石雕。而湖北随县(今随州市)春秋晚期曾侯乙墓出土的36件石编磬更是同时代石雕作品中的翘楚。

汉代以后,佛教传入中国,随着佛教的进一步传播,在中国广袤的大地上出现了以佛教为主体的石窟、石刻艺术。湖北地区也随之出现了宗教石雕。例如,位于湖北省恩施州来凤县的仙佛寺石窟造像(见图3-7),就是这类石雕艺术的代表之作。石窟造像主体完成于东晋咸康元年五月(公元335年)。石窟开凿于半山腰,整体布局合理,雕琢佛像为高浮雕,造像比例得当,大气典雅,显示出精湛的艺术技艺。

图 3-7 恩施州来凤县仙佛寺石窟造像(一)

唐宋之后,湖北地区的宗教石雕、陵墓石雕、建筑石雕也相继发展,出现了许多经典作品。明清时期是湖北石雕艺术发展的又一高峰期,这一时期不仅出现了许多大型组雕,还发展了案头石雕艺术,使石雕工艺从宗教领域、实用领域走向艺术领域。

同时,湖北山区产石料,为湖北石雕提供了丰富的用材。湖北省北有秦岭东沿的武当山、大别山、桐柏山,西接云贵高原,东南山地为蜿蜒于湘鄂赣边境的幕阜山脉,中部是宽阔的江汉平原。在现今的石雕艺术遗存中,以武汉宝通禅寺明代石狮、武汉江夏楚王陵石雕和钟祥市明显陵石雕最具代表性。

二、湖北石雕的主要种类

(一) 祭祀石雕

长江流域的祭祀石雕,多用于宗教祭祀场所的环境装饰。其中,用于镇守山门、村寨、民宅的石人、石狮、石虎、石兽,更是富有乡土味和生活情趣的民间雕刻艺术。

这类石雕在湖北省境内遗存丰富,在全省大多数县市均有分布。按照建造者身份的不同,可以将其分为两大类:私家小型祭祀石雕和皇家大型祭祀石雕。其中,在分布上以江汉平原地区和鄂西北山地最为集中。最具代表性的石雕作品是钟祥市明显陵石雕。

(二) 宗教石雕

自从东汉佛教传至中原之后,佛教对中国艺术的发展就产生了深刻的影响。受佛教教义的影响,佛教信徒热衷于建造佛像。在早期,这些佛像均是以石质材料为主的。同时,由于石窟寺这一传统佛教建筑的兴起,中国各地都兴起了佛教石窟造像风潮。因此,石雕艺术受宗教影响甚深,宗教石雕也因此成为石雕艺术中重要的一种类别。

湖北石雕艺术中,宗教石雕所占比例也颇大。这些石雕除了用于宗教礼拜的佛像等宗教偶像和宗教法器之外,还广泛用来布置寺院环境,烘托宗教氛围。其中最具代表性的是湖北省恩施州来凤县仙佛寺石窟造像(见图 3-8)。

图 3-8　恩施州来凤县仙佛寺石窟造像(二)

（三）建筑石雕

石雕艺术作为一种以实用功能为主的艺术形式，其最为本质的作用就是美化人们的生活。因此，石雕很大一部分是用于改善、美化人们的生活环境的。石雕的这种功能性因素，导致派生出了石雕的另一大种类——建筑石雕。

建筑石雕是指在建筑装饰中，用石雕来美化建筑中的某些石质构件。这类石雕数量庞大，种类丰富。从民居建筑到宫殿庙宇，从房屋摆设到婚嫁喜事，处处皆有石雕艺术的踪影。建筑石雕的内容主要为吉祥图案和民间传说故事。在各类题材中，数量最多的是戏曲人物、传说人物、神话故事人物、动物及花鸟亭廊等这些人们十分熟悉的题材。在制作过程中，通过匠工大胆的创意、变形和装饰，并且用各种不同的处理手法和表现风格，表现出丰富多变的艺术效果。

三、湖北各区域石雕艺术

（一）鄂东及江汉平原地区石雕——武汉石雕

鄂东及江汉平原地区主要指湖北中东部地区，这一区域地域广袤，江河密布，河网纵横，自古以来就是富庶的鱼米之乡。由于便利的交通区位优势，鄂东地区承东启西、纵贯南北、得中独厚。在历史上，这一地区还是几次大规模移民运动的必经之路和起始点。这种便利的交通区位优势和移民文化决定了鄂东地区石雕与赣北皖南传统的石雕存在许多相似之处。湖北文化底蕴深厚，中华民族的始祖炎帝的故里在湖北。春秋战国时期的楚国在长达八百多年的历史中，创造了楚文化。而自古以来的楚地"文气"，又使这里的石雕艺术极具楚风楚韵的地域特色。

1）武汉的自然人文环境

武汉地区位于湖北省东部，是长江与汉水交汇之处，它东起新洲区柳河乡将军山，西到蔡甸区成功乡窑湾村，南抵江夏区湖泗乡刘均堡村，北至黄陂区蔡店乡下段家田村，包括江岸、江汉、汉口、汉阳、武昌、青山、洪山、蔡甸、江夏、黄陂、新洲、东西湖、汉南13个区。市区由隔江鼎立的武昌、汉口、汉阳三镇组成，通称武汉三镇。

2）武汉石雕的历史沿革及艺术特色

武汉作为湖北省省会城市，自明代就已经位列四大名镇之首，成为全国经济活动的中心之一。正是这种经济上的领导地位，使得武汉成为湖北省内的艺术中心。全省优秀的民间艺人云集汉上，使得武汉在各项民间美术上都有着独特的建树。其中，石雕艺术自然成了这些民间美术中最为重要的一种。

早在商代，武汉地区就已经出现了石雕艺术。位于武汉市黄陂区的商代盘龙城遗址，是我国长江流域迄今为止发现的唯一一处商代城市遗址。在遗址中出土了一百余件商代石雕艺术作品，其中有用于生产生活的石雕器具，也有用于建筑装饰的石质柱础等建筑构件。由于当时交通运输相对落后，因此可以断言，这些石雕作品均是出自武汉当地工匠之手。这些石雕艺术作品无疑就成为最早的武汉石雕。

进入封建社会之后，由于铁质工具的发明和推广，生产力得到进一步的提高，武汉石雕得到了进一步的发展。在这一时期，武汉石雕开始摆脱由于生产工具落后而造成的许多艺术弊端，一改原始的粗犷风气，开始变得细腻、生动。例如制作于明代的宝通禅寺石质双狮，整件艺术作品体量巨大，在江南地区实属罕见，被誉为"江南第一狮"。明代古狮身高6尺5寸（1尺＝0.33米，1寸＝0.033米），基座长3尺8寸，宽2尺1寸，为江南第一对石雕巨狮，一雄一雌，造型浑厚生动。虽说体量巨大，但是在雕琢工艺上却十分细腻。特别是在对狮子神态的把握上,工匠并没有拘泥于狮子的固有形态,而是大胆夸张、变形,使整个狮子的身体呈现"S"形,生动灵活。而在狮子面部的刻画上,则表现出公狮与母狮之间的差异,公狮威严大气,母狮隽秀慈爱,十分生动。武汉宝通禅寺石狮如图 3-9 所示。

在这一时期,除了宗教石雕之外,武汉石雕还被广泛运用于祭祀和建筑装饰。位于武汉市江夏区龙泉山的楚王墓石雕就是这一时期建筑石雕和祭祀石雕的代表作品。楚昭王陵享殿须弥座石雕如图 3-10 所示。

图 3-9 武汉宝通禅寺石狮

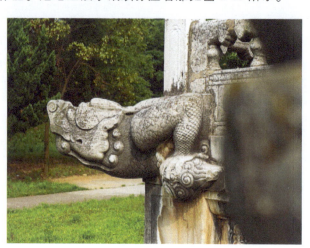

图 3-10 楚昭王陵享殿须弥座石雕

3)武汉石雕的艺术特征

武汉作为湖北省省会,是全省的政治、经济、文化中心。因此,武汉石雕在风格上杂糅了周边地区的石雕风格和特征。另外,由于便利的交通区位优势,武汉地区在明清之际成了区域性商品集散中心,各地商贾云集,他们也将其他地域风格引入武汉。因此,武汉石雕在风格上自然呈现出一种杂糅性质的艺术特征。

(二)鄂西北石雕——南漳石雕

鄂西北地区位于湖北省西北部,包括十堰市的十堰市区、丹江口市、郧县、郧西县、房县、竹山县、竹溪县,襄阳市的襄阳市区、襄州区、枣阳市、宜城市、老河口市、保康县、南漳县、谷城县及神农架林区。

鄂西北山区由于自然环境相对恶劣,多以山地、丘陵为主,适合农耕的土地面积有限,因此在经济上比江汉平原地区落后。同时,这一地区民族成分复杂,汉族与少数民族杂居生活在一起。因此,鄂西北地区的石雕艺术更为原始、粗犷。

1)南漳的自然人文环境

南漳县位于鄂西北,汉水以南,荆山山脉以东,东临荆州武汉,西连神农架,南接宜昌三峡,北依襄阳南阳;地处江汉平原的北缘,南阳盆地的南缘,秦巴山系的东缘,版图面积 3857 平方公里,总人口 60 万人。南漳县西部为海拔 750 米以上的山地,最高峰过风垭海拔 1500 米;中部和东南部多为海拔 200~600 米的低山丘陵;东北部为海拔 200 米以下的平原岗地。河流北有蛮河,南有漳河和沮河。

2)南漳石雕的历史沿革及艺术特色

南漳县的古民居主要集中在板桥镇、巡检镇境内,现存民居大都建于明清时期和民国初年。沿着深山沟谷穿行,山道边,村巷里,古民居随处可见,或规模成群,或形单影只,散布于几十公里长的山谷间,被称为"古民居廊道"。

曾家花屋位于襄阳市南漳县与宜昌市远安县交界的小漳河处,坐落于山坳中一块较平坦的空地上,三面环山,南临小漳河,选址考究。花屋外原有一溪流自上而下,流经花屋,再汇入小漳河中。现小溪虽已枯竭,但水流痕迹依稀可见。在花屋前有两株老树,后有三株银杏,高大参天,数人难以合抱。

冯氏民居始建于明朝崇祯元年(1628年),经过岁月的冲刷,依然保持着令人惊叹的恢宏与精美:留存的四座门楼的大宅一字排开;大门的台基、门柱、门楣由花岗岩石拼接而成;整个建筑群的墙基用十多万个条石构筑,条石之间相互咬合,又用桐油和石灰勾缝,三百多年来主体结构完整无损;石雕的"狮子滚绣球"镶嵌在石门上。

在板桥冯文远家族墓地,墓葬中各种精湛的雕刻工艺尤其让人印象深刻。这是一个面积上百平方米的长方形墓地,长约十二三米,纵深约十米,共有五处墓葬。墓地前是一溜青石砌成的四五十厘米高的拜台,两端立着两座守墓的石狮。拜台与墓葬间是一道墓墙,中间开有一道墓门,两边石墓墙上对称地分布着八幅浮雕,一边四幅,上面雕刻有瑞兽、花鸟、人物等图案,栩栩如生。

(三) 鄂西南石雕——利川石雕

鄂西南地区主要包括恩施土家族苗族自治州的恩施市、利川市、建史县、宣恩县、咸丰县、来凤县、鹤峰县、巴东县,以及宜昌市的枝江市、宜都市、当阳市、夷陵区、秭归县、兴山县、远安县、长阳土家族自治县、五峰土家族自治县。该区西与重庆市万州相连,南与湖南省龙山县接壤,东北与神农架林区相接,东与鄂中南地区的荆门、荆州为邻,而北面即为巫山山脉。

由于鄂西南地区民族成分复杂,主要以土家族为主,加之汉族与其他少数民族杂居生活在一起,因此这一地区的石雕艺术既有楚文化崇龙尚凤的特点,又有土家族文化神秘、薄生厚葬的特点。

1) 利川的自然人文环境

利川市在湖北省西南部、清江上游,邻接重庆市,是隶属于恩施土家族苗族自治州的县级市,总面积4602平方千米,总人口89.9万人。境内主要居住民族除了汉族以外,还有土家族、苗族等。

利川属云贵高原东北的延伸部分,巫山余脉和武陵山余脉在这里交汇,境内溶洞和天坑众多,四周山峦环绕,中部平坦,海拔一般为1000~1300米,全境地势高于相邻各县(市),是一个典型的高山悬圃。

2) 利川石雕的区域分布及历史沿革

在湖北西部边缘利川市的荒山野岭中,仍然分布着三百多座雕镂精湛、文化内涵丰富的精美墓碑石雕。利川墓碑石雕与自然环境巧妙结合,整体结构疏密有致,局部雕饰想象丰富,匠心独运,千差万别,无一雷同。这些历经浩劫而幸存的高品位人文景观,内涵丰富、工艺精湛,具有不可低估的研究价值和观赏价值。

这里的墓碑石雕,受巴蜀、荆楚传统文化和优美地理环境等因素的影响,形成了独具特色的文化艺术和建筑风格。过去利川民间普遍认为灵魂不灭,死是生的另一种表现形式,为了让死者的灵魂得到超度,并在冥冥中保佑子孙后代,必须厚葬祖先,入土为安,隆修陵墓,四时祭祀。在阴阳两界、生死轮回观念的支配下,产生了多姿多彩的墓葬文化及工艺精湛的墓碑石雕。

建造墓碑具有祈求祖先护佑、对祖先感恩报恩和光昭祖先功德等用意,是祖先崇拜观念的生动体现。在薄生厚葬观念的支配下,民间建造墓碑往往不惜耗费巨资,甚至倾家荡产。如在鱼木寨这个方圆不过1.5平方公里的弹丸之地,历史上没有修建一座像样的民居,却建造了十来座工艺精湛、规模宏大的清代墓碑群。这些墓碑均为殷实人家所建,正如土家古方志所述:"富有者石坟茔状如山中城,以碑表示家族之盛;穷者往往以草席薄棺为之。"

3) 利川石雕的艺术特色

鱼木寨从前是一座集军事、政治、经济、文化于一体的山寨,现在是湖北省的重点文物保护对象。山寨里有着奇特的自然风光、古朴的风土人情、丰富的文物古迹。鱼木寨依循其山势与地理环境,以石为基,用石铺路,依石筑墙,用石筑碑。精美的建筑装饰与雕刻,形成了鱼木寨独特的石雕视觉文化。鱼木寨石雕是通过视觉创造行为,将鱼木寨族群的价值观视觉外化所形成的一种视觉艺术形式。它具有艺术性、文化性、社会性、学科性等特性。

图 3-11 湖北利川鱼木寨石雕

寨内有古墓群、古碑林、古栈道、古寨门、古习俗等。寨上石碑数以百计,古墓有碑,路口有碑,峰顶有碑,丛林有碑。碑有塔式、牌坊式、牌楼多层式、圈顶式、平卧式等多种造型。石雕精湛,品种繁多,人物、花卉、图案皆有,人物雕刻皆取材于历史故事和民间传说,实为稀有艺术珍品。有10座清代碑墓,碑高5米以上。最大的是建于清同治五年(1866年)的成永高夫妻墓,三门二进,占地100平方米。墓前碑高5.2米,宽5.3米,刻有花鸟人物90余幅。碑林中的"双寿居"集马派雕刻艺术之大成,几百名工匠雕琢了三年,雕出了6出戏剧故事中的五百多个人物造像。所有石雕都是在整块石料上雕琢的,留下了近代书法名家各种字体的手迹和艺术珍品。湖北利川鱼木寨石雕如图3-11所示。

同时代的向梓墓,也是雕梁画栋的高大石雕建筑。墓碑用彩漆涂抹,似一座五彩楼阁掩映于苍松翠柏中。在它的石抱厅穹窿中心,有个1米见方草书的"福"字,由一对张嘴扬冠、互相鸣叫的凤首龙身图案组合而成。

进入鱼木寨,仿佛步入艺术殿堂,融入浓浓的古青石文化氛围中。青石的身影无处不在,脚下踩的是青石路,看到的是青石悬崖峭壁。散落在寨子里大大小小的石碑,或立式,或卧式,或独立成碑,或三进成碑屋,碑上的文字朱红鲜艳,碑上的人物栩栩如生,更有镂空雕刻工艺巧夺天工。房子都是用青石修的,或片石,或石砖,青青的一遍,形成一种独特的民居建筑风格。刻在青石板上的"训子篇",凿在悬崖上的古栈道,还有古城墙、石磨、石缸、石桌、石凳、石盆、石碾、石瓢、石路等,无一不是青石与鱼木寨人完美的结合。

四、湖北石雕的艺术特征

作为两千多年前楚国的核心领域,湖北民间艺术受到楚国艺术的强烈影响,在风格和选材上有着浓郁的楚风印记。

同其他民间艺术一样,湖北的石雕艺术也受楚国艺术影响,保留着想象浪漫、感情炽热、造型奇异的显著特点。湖北石雕艺术在造型上也生动奇异:两只鸟可以组成一个"太极";也允许虎只长两条腿,或两只虎共一个头;威武的龙有时长着一条鱼的身子,又有时缩短躯体,成为一截棒棒。这种怪诞夸张的造型手段,我们在出土的楚国雕塑上同样能够清晰地发现。这是湖北石雕艺术在造型上的一大特征。

同时,由于湖北特殊的地理位置,得天独厚的水路交通优势造就了湖北独特的艺术形态特征——过渡风格。好几种不同的艺术风格在湖北地区发生碰撞,之后产生融合。这种特点导致湖北全省内出现了若干不同的石雕艺术形态:在鄂东南及江汉平原地区的石雕中,我们能够清晰地发现皖赣石雕风格的遗留;在鄂西北地区的石雕中,我们又能够找到关中石雕艺术的影响;而在鄂西南地区的石雕中,又有着浓郁的川黔地区少数民族石雕艺术的韵味。

因此,我们很难用一种风格模式来定义湖北石雕的风格特征,因为湖北石雕的特征正是在这种风格的多样和风格的融合中体现出来的,它彰显出一种过渡与融合之美。

第三节 湖北传统泥塑

泥塑艺术是我国一种古老常见的民间艺术。它以泥土为原料,以手工捏制成形。或素或彩,以人物、动物为主。泥塑属于元艺术,其始源性决定了它是人类艺术最古老的品种之一。泥塑不仅记录了民俗生活,而且创造了多姿多彩的艺术表达空间。泥塑艺术因地域性和传承的稳定性,体现了民众的价值取向和审美经验。

泥塑艺术由于其原材料简单易得,因此几乎在全国各地都有生产,其中著名的产地有无锡惠山、天津"泥人张"、陕西凤翔、河北白沟、山东高密、河南浚县、淮阳及北京。各地由于地貌特征和文化习俗不同,所生产的泥塑艺术作品也略有不同。总体而言,我国泥塑可以概括地分为北方泥塑和南方泥塑。其中,北方泥塑大气磅礴,民俗意味浓郁,以陕西凤翔泥塑为代表;南方泥塑则灵秀婉约,细腻温婉,以江苏无锡惠山泥人为代表。

一、湖北民间泥塑的主要品类

湖北民间泥塑按照其功能的不同,可以大致分为宗教泥塑、民俗泥塑、小型文玩泥塑等种类。

(一)宗教泥塑

泥塑艺术从很早开始,就已经被宗教所用,开始制作大量宗教偶像,用于日常宗教活动。在新石器时代晚期,我国就已经出现了用于宗教用途的泥塑艺术作品。例如,出土于辽宁牛河梁红山文化女神庙遗址的泥塑女神像就是一件用于宗教礼拜的泥塑艺术作品。

在两汉之后,由于我国本土宗教的发展和外来宗教的引入,宗教活动用泥塑的需求量猛增。泥塑被大量用于塑造道教或者佛教的神祇形象。宗教对泥塑的利用也大大推动了泥塑艺术的发展。在唐宋之际,宗教泥塑作品就已经成熟,出现了许多珍品。例如,莫高窟中的唐代佛教泥塑,江苏苏州甪直镇保圣寺传为唐代泥塑大师杨惠之所做的罗汉群像等作品。这些作品,不仅结构准确,体态丰美,而且往往将泥塑与着色综合使用,"绘塑结合",奠定了中国宗教泥塑的基本面貌。元明清三代之后,宗教泥塑进一步发展,还出现了贴金等新工艺。这个时期的宗教泥塑在唐宋时期的基础上进一步发展,但是出现了程式化的弊病,使得许多宗教泥塑毫无生气,显得略为刻板。

(二)民俗泥塑

除了大型宗教泥塑之外,在湖北地区还广泛生产着用于民俗节令的民俗泥塑。例如武汉市,在新中国成立前,民间泥塑艺人的大多数时间都主要用于创作生产这种小型民俗泥塑。据老艺人蒋再谱回忆,旧时武汉人在旧历八月初八这一天,要用布瓦叠塔供奉泥质佛像,所谓"要得发,八月八,叠宝塔"。从这种民俗活动就能够看出民间对这种小型民俗泥塑的需求量之大。因此,在湖北民间泥塑中,多数作品也主要是这种用于商品买卖的小型民俗泥塑。黄陂县(今黄陂区)的泥塑艺人中,就有很大一部分主要生产这类泥塑作品。黄陂县(今黄陂区)木兰山附近,有这样一句民谚:"山前门神字画,山后泥巴菩萨。"这里的"门神字画"是指民间年画,"泥巴菩萨"就是供各地香客购买的民俗泥塑作品。

(三)小型文玩泥塑

由于泥塑艺术取材方便、制作简单,自宋代之后,就开始大量生产用于赏玩的文玩泥塑作品。这些作品形体简略,造型夸张,极具民俗意蕴。

湖北省大多数地区都有生产用于儿童把玩的玩具类泥塑(见图3-12)。据记载,新中国成立前后,汉口单洞门、双洞门附近聚居着大量生产泥塑玩具的民间艺人,这些民间艺人主要生产手捏成形的泥塑玩具,主要品种有大公鸡、小狗、小兔子、十二生肖及人物、储钱罐等,造型生动,色彩对比强烈。在这些泥塑作品中,民间艺人还发挥创造力,创造出了响声泥塑玩具,如能吹响的大公鸡、用手压制会发出声音的小青蛙等,深受儿童喜爱。蕲春、汉川等地也生产此类泥塑作品。例如蕲春所生产的陶制云雀叫吹,将叫吹注入清水,玩吹时会发出如鸟鸣般悦耳的声响。

图 3-12 泥塑儿童玩具

除此之外,湖北民间泥塑艺人还大量生产用于文房之中的泥质文具。例如陶制小水盂,其形制有鸭、鱼、青蛙、水牛等,可以用来盛水、插笔。作品充满乡土气味,造型生动、有趣,形态可爱,憨态可掬,而且具有实用功能,十分畅销。

二、湖北各区域民间泥塑

湖北地处长江流域中部,交通发达,九省通衢,历年来都是中国水陆交通运输的枢纽。特殊的地理位置使湖北汲取八方精华,成就了自己的一方文化——楚文化。1954年京山县屈家岭文化遗址出土的蛋壳彩陶就证明,早在四五千年以前湖北就有了陶器制作。

由于泥塑艺术历史悠久,而且材料易得,制作工艺简单,泥塑在湖北地区分布较广,在省内全境基本都有泥塑艺术。如果对这些泥塑作品进行粗略的分类,可以根据地理区域和风格差异,将湖北民间泥塑大致分为江汉平原民间泥塑和鄂西北民间泥塑。

(一)江汉平原民间泥塑——黄陂民间泥塑

江汉平原地处鄂东南地区,是长江及其支流汉水共同形成的河流冲积平原。这一区域河网纵横,土壤肥沃,自古以来就是著名的鱼米之乡,素有"湖广熟,天下足"的美誉。

由于江汉平原地区经济发达,民生富庶,手工艺发达,因此在江汉平原地区多地都有泥塑艺术。其中以黄陂泥塑、鄂州泥塑和钟祥泥塑最具代表性。

1) 黄陂泥塑的区域分布及历史沿革

泡桐镇是黄陂泥塑的发源地。黄陂泥塑主要分布于泡桐、李集、长堰、研子、姚集、六指等地,木兰山地区也有相关从事黄陂泥塑的民间艺人。黄陂泥塑艺人的创作如图3-13所示。

图 3-13　黄陂泥塑艺人的创作

黄陂泥塑起于隋唐,历史传承源远流长。一说起泥塑就与宗教活动是分不开的,黄陂泥塑的发展和木兰山的发展息息相关。木兰山道教、佛教共处一山,常年香火旺盛。木兰山的宗教活动始于隋,黄陂泥塑也是从那个时候开始的。随着宗教活动逐渐兴盛,每座寺庙殿宇少不了雕饰的神佛塑像,泥塑作品逐渐增多。木兰山"文革"前还保留有五百余尊佛像,塑像线条优美,做工精良,全部由黄陂本地人雕刻而成。

明清之际,黄陂泥塑发展迅速,艺术逐渐成熟。在这一时期,黄陂泥塑艺人不仅在黄陂地区从事泥塑创作,还影响了周边地区的泥塑艺术发展。这一时期,黄陂艺人创作了黄陂泥塑的代表作品——武汉归元禅寺罗汉堂五百罗汉群像。

民国时期,黄陂泥塑得到进一步发展,大量泥塑艺人迁入汉口,聚居于汉口单洞门、双洞门附近,主要以生产小型泥塑商品为主。此外,黄陂泥塑艺人还远赴河南等邻近省份,从事大型宗教泥塑的创作活动。

新中国成立之后,黄陂泥塑得到政府的重视,政府相关文化部门相继组织了专门的泥塑培训和研究工作,使黄陂泥塑更上一个台阶。1979年,黄陂县(今黄陂区)委批准,成立黄陂县(今黄陂区)泥塑厂,开始生产奔马、飞鹰、人物佛像等重点产品,这个时候,泥塑才真正从艺术品转为商品进入市场。1983年,武汉市黄陂泥塑工艺厂正式组建,由湖北美术学院培训设计人员,并引进新型工艺。此时的黄陂泥塑已由泥料转为膏料,通过翻制、喷漆彩绘等流水线,投入大批量生产,成为当时为数不多打入国际市场的中国特产。据介绍,当时的泥塑厂占地面积就达7600平方米,建筑面积5500平方米,有职工250人,年产量达400万件。产品行销29个省(市、区),远销亚、欧、美等17个国家。

2) 黄陂泥塑的艺术特征

黄陂泥塑作为湖北省内最具有代表性的民间泥塑艺术作品,其在制作工艺上有许多特点。

黄陂泥塑始于宗教泥塑。早在明清时期,黄陂泥塑就已经开始制作高达丈余的大型塑像,这些塑像从脱胎到干透、补裂、打磨、渡金等的数次工序需历经两三年才能完成。加之许多寺庙由于兵燹、摧拆等因素损毁后需要进行修复、重建等工程,为黄陂泥塑技艺的蓬勃发展和艺人队伍的不断壮大提供了广阔的空间。经过不断的积淀和发展,黄陂泥塑由最初制作佛像、神像发展到制作人物、动物、玩具、装饰品、装饰画,展现人物故事、历史事件等,20世纪90年代以后又发展到建筑装饰材料。

黄陂泥塑艺术是中华民间艺术的一种,民间艺人用天然的或廉价的材料,能够制作出精美小巧的工艺品,博得民众的喜爱。在珍藏时间上也极具挑战性,而且还具有收藏价值。就是说每件作品均是手工制作,皆为孤品,是世界上独一无二的。不存在仿造、复制、盗版等被侵权现象的发生,更不同于油画、剪纸、浮雕等其他艺术的表现形式。泥塑艺术具有强烈的视觉冲击效果,欣赏角度也极为丰富和多样化,更能贴近人们的生活。

（二）鄂西北民间泥塑——十堰郧西民间泥塑

鄂西北地区是湖北民族成分较为复杂的地区。这一区域内,集中生活了汉族、土家族、苗族等民族。因此,在民间艺术上,风格更为多变,许多地区的泥塑艺术具有鲜明的少数民族气息。

除了具有浓郁的少数民族气息以外,鄂西北民间泥塑还保留有雄浑大气、粗犷豪放的原始泥塑的相关艺术特征。这是鄂西北地区在地形上主要以山地为主,交通更为闭塞,文化环境相对稳定等原因造成的。

在鄂西北民间泥塑中,最具代表性的是十堰郧西民间泥塑和恩施土家族民间泥塑。

1）郧西泥塑的区域分布和历史沿革

郧西泥塑历史悠久,现主要分布在县城城关地区,在其下辖乡镇也有零星分布。

由于郧西建制悠久,因此很早就有泥塑创作活动。郧西泥塑真正形成气候是在明清时期,主要泥塑种类多为各类神像,如祖师、关帝、泰神、龙王、火神、土地爷等。高者丈余,小者三五寸,工艺制作精良传神。据民国县志载,清末,仅县城南附近就有48座大庙,各庙均塑有各类神像,数量不等。这些塑像,都是郧西当地泥塑艺人设计制作的,许多塑像都达到了极高的艺术水准。

新中国成立后,泥塑艺人积极响应民间艺术"古为今用"的号召,让郧西泥塑这支"老树"绽放出了"新芽",推动了郧西泥塑的发展。1956年,由县城东门外民间艺人詹厚安塑造的一座高1.2米的"工农联盟"彩塑,在县城"阶级教育展览会"上展出。1957年,有关人员塑造了"警卫战士""医生""新旧社会生活对比"等作品。1973年至1974年,县文化馆美工人员仿塑了《收租院》群像。1978年,又创作了圆塑《棉花姑娘》、浮塑《麻姑献寿》等,并在郧西举办的"泥塑展览会"上展出,取得了良好的反响。

2）郧西泥塑的艺术特征

郧西由于在地理位置上接近陕西,因此郧西泥塑在风格特征上吸收了陕西泥塑的某些特质。整体造型古朴、粗犷,民俗意味浓郁。在用色方面,惯用红绿、红黑、红黄等色彩搭配,色彩明快、艳丽。

三、湖北民间泥塑的艺术特征

湖北处于全国的中部地区,湖北的泥塑作品博采众家之所长,既没有陕西凤翔泥塑那样浓厚的黄土地气息,也没有江南水乡泥塑的婉约。陕西凤翔地处北方黄土高坡,其泥塑粗犷、刚劲、豪放,大多以农耕文化为主,在这样的氛围下,泥塑的色彩运用直接大胆,几乎全部都用鲜艳饱和色,如红、绿、黄等,色彩对比张扬强烈,体现了喜庆而热烈的特色。塑造出来的形态粗放、夸张;而惠山泥塑主要以泥人为主,采用手工细致彩绘,很注重色彩的搭配,讲究"红要红得鲜,绿要绿得娇,白要白得净",整体色彩明快。湖北泥塑综合了南方泥塑和北方泥塑的特性,多取材于现实生活,泥塑线条粗犷中带有细腻,色彩浓烈中带有明快。

（一）湖北泥塑的题材

湖北泥塑主要以宗教题材和民俗题材为主。其中民俗题材主要有民间吉祥图案、民间故事、历史人物等。

例如，鄂州泥塑"五福临门"就属于民间吉祥图案，黄陂泥塑"木兰从军"就属于民间故事类，黄陂泥塑"屈原"就属于历史人物类。这些题材源自民间，具有浓厚的民俗氛围。制作这些题材既可以让民众在欣赏泥塑艺术时享受审美快感，还能达到宣教作用。比如，"木兰从军"所体现出的忠、孝、义、勇，"屈原"所体现出的廉、智、信等，均弘扬了民间积极向上的优秀文化。

（二）湖北泥塑的主要技法

湖北泥塑主要靠手捏制，用大拇指、食指和手掌进行粗加工。其主要器具有：木、钢、兽骨、塑料等材质的平口铲，凹形刮刀，大、中、小号圆形、尖形、方形、三角形、弯状、直状的塑刀、雕刀、雕钎，以及棒槌、棕片、麻丝、棉絮丝、草绳、细沙、竹签、钢筋、铁丝等。其制作工序主要有：创作构思，即对要塑造的作品首先在头脑中进行构思，部分作品还要先绘画，对反映故事情节的群塑作品要先进行文字创作；选泥和泥，泥塑的主要原材料为黄泥，要求泥质松软，无砂石，黏性强，黄泥选好后加水和匀，然后以木棒、钢筋等反复锤打和熟，以上手不黏为宜；定型，按照创作构思先将泥做成小样或原样大小，并经过不断修改放大后定型，较大作品还要搭置骨架造型，用塑料薄膜覆盖保湿、保温；精加工，大样定型后，用木签、雕刀等工具进行精加工，反复补裂打磨，直至达到构思效果；上色，初期的泥塑作品大多以黄泥本色为主，部分作品根据作者设计意图着色，其主要原料是水彩颜料、国画颜料、桃胶等；阴干，作品成型后，用平板将其依序放置通风干燥处阴干，不宜暴晒，以免产生裂痕。

湖北泥塑的基本用料泥土需精心准备，一般选用带些黏性又细腻的土，经过捶打、摔、揉，有时还要在泥土里加些棉絮、纸或蜂蜜。泥塑的模制一般分为四步：制子儿、翻模、脱胎、着色。制子儿就是制出原型，找一块和好的泥，运用雕、塑、捏等手法，塑造好一个形象，经过修改、磨光、晾干即可，有些地方还要用火烧一下，加强强度。翻模就是把泥土压在原形上印成模子，常见的有单片模和双片模，也有多片模。脱胎就是用模子印压泥人坯胎，通常是先把和好的泥擀成片状，然后压进模子，再把两片压好泥的模子合拢压紧，再安一个"底"，即在泥人下部黏上一片泥，使泥人中空外严，在胎体上留一个孔，使胎体内外空气流通，以免胎内空气压力变化破坏泥胎。最后一道工序是着色，素有"三分塑，七分彩"之说。一般着色之前先上一层底色，以保持表面光洁，便于吸收彩绘颜色，彩绘的颜料多用品色，调以水胶，以加强颜色附着力。

第四章

湖北传统陶瓷

HUBEI CHUANTONG TAOCI

湖北陶器以日用陶为主。以汉川马口窑、麻城蔡家山窑、江夏湖泗窑、蕲春管窑烧制的陶器最为著名。其中汉川马口窑陶器代表作《八仙坛》,其刻花和划花技术,属湖北民间陶艺独创,国内外绝无仅有。

第一节
鄂东及江汉平原地区陶器

一、麻城蔡家山窑陶器

(一)麻城的自然人文环境

麻城位于湖北省东北部,鄂豫皖三省交界的大别山中段南麓,处于武汉、郑州、合肥三角经济区域中心。其陶器的装饰风格与随县接近,刻工精细,布局较满,整体效果显得格外绚丽多彩、如花似锦。

(二)蔡家山窑的历史沿革

麻城蔡家山窑是传统的大龙窑,据传大约于宋代,由蔡家在此建窑,但从两条旧窑地下所掘出的刻有"崇祯"字样的碾土石辊可以断定,在明代就已有陶器厂了。该窑能生产数百种日用陶器、陈设陶器。造型美观,式样精巧,图案清新,画工细腻。

(三)蔡家山窑的艺术特色

蔡家山窑陶土资源丰富,烧制的器物具有贮物保色、保味的功能,而且釉色光亮圆润、古朴典雅,有强烈的装饰效果,经久耐看。蔡家山窑以"描金刻花陶"闻名。蔡家山的工匠生产的色釉——描金釉,用铅和不同的陶土配制而成,有红、黄、黑三色,也称红釉、黄釉、黑釉。这种釉涂上胎坯,附着力极强,烧成后,抗蚀性能好,永不脱落。釉面柔和丰润、深厚古朴、晶莹剔透、光亮耀眼,像是套了一层光瓷,又像是罩了一层透明玻璃。麻城器物造型主要以中小型器物为主,图案多以花鸟鱼虫为主,并以圆雕、浮雕、阳刻、阴刻等形式表现主题,用拍印、水画、干画等方法兼工带写,达到不同的效果。拍印形成各种肌理纹饰。水画近似国画大写意,在陶坯上涂抹泥浆后用手指或橡皮作画,呈现深浅浓淡不一、韵味无穷的画貌。干画刻花,如同浮雕,花纹装饰考究,工艺要求精细,以阳刻为主、阴刻为辅,主次分明,结构洗练,有强烈的装饰效果,经久耐看。题材内容,以乡村生活、花鸟、戏曲为主。花纹图案栩栩如生。

蔡家山窑采取刻画与描金结合的刻陶装饰方法,主要部分以划花剔地的阳纹为主,次要部分以刮花阴纹做陪衬,主次分明,题材多反映花鸟虫鱼,地方风格鲜明突出,刻工细致传神。这一特色使蔡家山窑陶器在湖北别具一格,并影响着半个湖北的制陶业。

蔡家山窑真陶(见图4-1)作为民间传统艺术珍品,曾在亚洲、非洲、拉丁美洲的许多国家展销。蔡家山出产的双底青蛙炉、金瓜小火炉、四季花鸟坛、刻花扑水坛、花鸟小提桶、八方花盆、鸡形酒壶、刻花茶叶筒、花瓶式扑水坛,很受外宾欢迎。

二、蕲春管窑陶器

(一) 蕲春的自然人文环境

蕲春地处鄂东边陲,大别山南麓,长江中下游北岸,素有"吴头楚尾"之称,历为水陆交通要道,商品集散中心。蕲春北倚大别山,南临长江,风光秀丽,景色宜人,气候温和。素有"窑州"之称的管窑镇位于蕲春西南,傍长江,江边有深水港码头,境内有通长江的赤西湖,对江即黄石地区,水陆交通方便。赤西湖周围散布着棋子一样大大小小的村落,历史上不少村民以制陶为业,村子以姓氏为陶窑名。管窑镇是湖北历史悠久的著名陶产区,1987年获湖北"陶器之乡"称号。

图 4-1 蔡家山窑真陶

(二) 蕲春陶器的历史沿革

蕲春陶厂位于长江纬元口对岸的赤西湖边,这里生产陶器历史悠久,在新中国成立前分为管窑、李窑和卢窑三个产陶基地。新中国成立后三个陶器生产基地合并,于20世纪60年代初期在长江沿岸岚头矶建立了新厂,现已成为蕲春陶器的主要生产基地。据《蕲州志》载:"苏釉泥出挂口。"这里生产的工艺陶器,造型稳重浑厚,美观大方。图案上的民间剪纸花纹具有乡土气息,画面上的山水、花鸟、龙蛇、鱼虫,形态逼真,栩栩如生。器具外面饰有橘红、墨黑、金黄、木绿化妆土,衬托以白色、紫色的底胎,鲜艳明快,器具形体庄重、朴实,质地细腻,图案别致,既有使用价值,又有欣赏价值。蕲春陶器种类繁多,工艺造型采用刻化与塑形结合的方式,自然生动;题材内容上,以实用为主,多为花鸟虫鱼;制作方法、手法、步骤与蔡家山窑陶器大致相同,以拉坯成型为主。成型器物胎薄,体积饱满,边口和底足细致耐看。刻花笔筒和"寿"字罐如图4-2所示。

图 4-2 刻花笔筒和"寿"字罐

(三)蕲春管窑的工艺特色

蕲春管窑使用灰釉。灰是采用上等的"南漳灰",栗树灰经过淘洗、过滤,去掉灰中碱性物,然后加入河泥,按照8∶2的比例配置,研磨成釉。上釉陶器晾干入龙窑在还原气氛中于1280~1300 ℃烧制。烧成的器物釉面呈现黄绿相间的雨滴状,深沉、稳重而明亮,是令人十分喜爱的暖调。荷叶坛和对狮如图4-3所示。

图4-3 荷叶坛和对狮

蕲春管窑在成型上采用古老的手辘轳成型,即就地挖一坑(约1.5米深,直径约1.2米),用藤编成筐,呈圆柱体形,下大上小;然后外面敷泥,中间用木棍支起,利用杠杆和惯性原理,拉坯时由拉坯师傅用木棍搅动、旋转,在旋转中做成器物,十分方便。器物完成后,经过晾干可以进窑烧制。然后,人工担挑进窑,劳动强度很大。装窑的窑位很重要,根据火的强度和气氛,不同的窑位放不同的器物。一般为节省空间,采用大套小的办法,装好后用泥封窑,留出大孔,然后由下而上点火烧窑。烧制一窑约需三天时间,火候的掌握,全靠窑工的经验。

蕲春管窑主要供应当地人民使用的日用器皿,如饭钵、厨房用具、酒吊、水吊等(见图4-4)。这里目前尚保留有一定数量的手工成型的陶车(手辘轳)。蕲春最擅长制造小件器皿,拉坯手法细腻,操作精细,底部有的保留有螺旋纹的痕迹。传统产品中成型难度很大的酒吊子、水吊子、手炉等产品,这里都可以制作。蕲春生产的陶器有两种类型:一种是造型实用、不加任何装饰的日用品,如饭钵等;另一种是以刻花为主要装饰手段的日用品,如手炉。这里刻花的传统方式是厂外加工,如管窑镇的妇女常以刻陶为副业,妇女们把平时刺绣方面的技艺运用到陶器装饰上,并且将赤西湖常见的景物作为素材,如鱼和花鸟等,逐渐形成了生动活泼的装饰风格。

蕲春管窑,民国时期流行使用铜粉、玻璃粉混合做釉,由于柴窑的特殊性,烧出的绿釉斑驳不匀,与近邻湖南铜官的绿釉大不相同,湖南铜官绿釉光洁透彻。蕲春绿釉让你怀疑它的技艺是否成熟,如一自然界的累累伤

图 4-4　刻花筷笼和酒壶

痕的顽石,又如春日贫乏红土上发出的春草,开始你会因它的粗糙而排斥它,而久看后,你会有意外的惊喜。如图 4-5 所示的三件器物均为蕲春管窑的产品无疑,左边的狮形烛台,因它的别出心裁而让人爱不释手;中间的酒壶,在造型上把上部的口前移前倾,让出后面提梁的空间,不可不谓新颖,下部密集的弦纹,除却功能上不易打滑外也衬托出宝石般的绿釉;右边的绿釉水花坛,朴素而不单调,寥寥数笔的兰,如微风吹拂的水波。

图 4-5　狮形烛台、酒壶、绿釉水花坛

三、江夏湖泗窑陶器

(一) 江夏的自然人文环境

江夏区,地处中国中部地区最大城市武汉市的南大门,地理位置优越,素有"楚天首县"之誉,东接鄂州,南通咸宁,西临长江。湖泗瓷窑址群就分布在湖北省武汉市江夏区南部的梁子湖和斧头湖一带。在南北长约 40 公里、东西宽约 30 公里的范围内,迄今已发现窑业堆积 145 处。已查明烧制青白釉瓷的窑堆 98 座。窑堆一般高约 5 米,最大的高达 9 米。湖泗瓷窑址群规模大、分布范围广、延续时间长,在长江中游地区的古代窑址中实不多见。该窑址的发现,填补了长期以来宋瓷研究中"湖北无瓷窑"的空白。

梁子湖周围规模如此巨大的古代瓷器生产区,与它所拥有的环境资源是密不可分的。这片地区,境内河网密布,水运发达,数条大、小河流交织于平原与山丘之间,更重要的是此处邻近长江,具有天然的水上交通优势。梁子湖湖面开阔,湖水较深,利于航行。武汉周边地区大量宋墓都出土了青白瓷,而且多是梁子湖系产品,如黄陂祁家湾镇宋王山上宋墓群出土的多种影青瓷器全部来自梁子湖窑系,显然与其通达的水路有关。

考古发掘,环绕梁子湖、斧头湖、团墩湖、鲁湖的山丘地带蕴藏着高岭土和其他多种制瓷原料,以及陶器烧造所必需的燃料。另外,乌龙泉也有优质的石灰石、白云石,八分山出产石英矿。

(二)江夏湖泗窑的历史沿革

湖泗窑址群的梁子湖窑址兴起于五代末年,随后逐渐发展,至北宋中叶后臻于鼎盛时期。此时,其他窑也都得到发展,且大多聚集在北宋鄂州东南的这片湖区,表明宋时此地得到了大力开发与利用,同时表明北宋以鄂州为中心的地区经济发展速度之快。

陈家垅窑生产的炉、瓶等陈设用器造型优美。黄陂铁门坎宋墓中,出土过一件湖泗窑瓷碗,"釉面平滑,青白二色结合完美,色泽光亮莹润,影青效果相当好,胎质细密近白,胎体薄而平整,映日几能透光",体现了湖泗窑细瓷的上乘水平。

(三)江夏湖泗窑的造型特征

梁子湖窑瓷器有青白釉瓷器和青釉瓷器两种,瓷器的种类均为壶、罐、碗、盘、碟等日常生活用器,造型规整匀称,胎以灰白色为主,釉面晶莹,有的器物的内外壁还刻画有菊瓣、莲瓣等花纹。出土的影青釉瓜棱执壶极为精美。

梁子湖窑瓷器以青白瓷为主要特色,种类较丰富。以王麻窑为例,其出土了大量日用器,如碗、碟、盏、盘、钵、壶、五管瓶、枕、熏炉、罐等,日用器是其出土得最多的器物,其中碗盏类器物多以大、中、小系列配套生产,根据口沿的变化可分数种,有葵口、莲瓣口、直口、敞口、撇口、侈口等;从腹部的变化来看,有直腹下收、斜直腹、折腹大平底等形式;从圈足的变化来看,有假圈足平底,卧足,高、中、矮圈足,平底内凹等式样。不仅如此,单就一种器形来说,也呈现出较多变化,如执壶,器大多呈大口,依口沿变化可分为喇叭口、杯形口、直口等,腹部变化呈现出时间上的变化,早期为瓜棱腹,中期为鼓腹,往后鼓腹上移,腹部和肩颈施两道凹弦纹。采用凹弦纹分割棱形腹的做法在北宋中期产品中比较常见,其斗笠式碗、瓜棱执壶等极具地方特色。

(四)江夏湖泗窑的工艺特色

梁子湖窑系的青白瓷产品主要是采用浸釉法施釉,也称蘸釉,是古瓷施釉的一种基本方法。明以前陶器大都用浸釉法施釉。其原理是将坯体浸入釉中片刻,然后取出,利用坯的吸水性使釉浆附着于坯上。釉层厚度主要是由坯的吸水性、釉浆浓度、浸渍时间来决定的。工作过程应该是这样的:手持坯体浸入釉浆中,待坯体表层挂釉,然后取出。一般来说,用这种浸釉法施釉的器物,器物底部都留有握器部位未施釉的露胎痕迹。梁子湖窑系正是如此,大部分产品圈足和器底不上釉,也存在高圈足外壁挂釉的做法。其釉色多为青白色,白中闪青,釉层较薄。釉层厚的产品或有些器物积釉的部位釉色温润,呈翠青色或湖青色。大多数产品的釉质光泽透明,釉面开细小冰裂纹。胎质则多为灰白胎或白胎,少数呈灰褐色,多杂质气泡。

梁子湖窑瓷器的烧制方法有仰烧、支烧两种。窑具包括匣钵、支具和火照三类。纵观北宋早期各窑口,可知当时普遍使用仰烧法。由于仰烧器物釉面光洁无瑕,没有叠烧的支钉痕迹,因此大大提高了产品的质量和审美价值,从而为人们所喜爱。但是梁子湖窑早期烧制的青白瓷唇口碗、葵口碗等,造型简单,瓷胎较厚,釉色偏灰或米黄,多数无纹饰。

梁子湖窑的支烧器物有较大的缸、罐等民用青瓷器。在制造过程中,多采用一匣钵装烧一器物,匣钵与器物之间垫以厚薄不一、直径略小于圈足内径的垫饼做中介,然后把已装好的匣钵套装起来,在最上面的一层盖上匣钵盖,根据窑炉的高低叠放入窑。

梁子湖窑瓷器主要使用刻画法和画线法。在一些执壶的肩腹部外壁,多采用浅刻双线弦纹装饰,用刀刻线作为轮廓,其间饰篦纹,技法娴熟,线条纤细流畅,多用于碗、盘等器物的内壁,少数施于其外壁。题材有卷草纹、折枝荷花、菊花、菊瓣、梳篦水草纹或波浪纹,还有蝴蝶、婴戏等纹饰。此外,梁子湖窑瓷器中还有一种曲腹撇口葵口碗,是在碗口处的内壁,用白色的料浆画出五至六条垂直的竖线,表示花瓣形,然后上釉。在北宋时期,全国各个窑口都流行这种画线法,梁子湖窑将它广泛用于碗、盏、盘、碟等器物,使产品显得轻灵精巧,富于美感。

四、汉川马口窑陶器

(一) 汉川的自然人文环境

湖北省汉川市位于富饶的江汉平原,地处汉水之滨。在地方志的记载中,历史上的汉川陶器业分布在其制陶名镇——系马口镇(现为马口镇)。

据明《汉阳府志》记载,"系马口"因三国时期蜀将关羽路经此地系马小憩而得名,至今大约1700年,当年还有系马时用过的马桩、马槽和马厩。马口镇历史悠久,人杰地灵,文化底蕴深厚。它东邻武汉,北依汉水,地形独特,山清水秀,风光绮丽。小丘、山冈林立,湖泊星罗棋布,带汉江而引荆夏,拔三山而瞰五湖,夏观荷花之纯秀,冬领雪岭之苍茫。而挺拔的龙霓山,郁绿的梅子洞,清澈的白石湖更是美不胜收。清代邑人曾用"渺渺群山一水围,孤舟尽目冷清晖"来赞美它。

马口窑陶器生产能延续至今、久盛不衰,还有一个重要的原因是这里有得天独厚的泥土资源。马口镇虽属江汉平原,但其以南大片地区都是山地丘陵,黄土资源可谓是取之不尽,当地出产一种含有丰富钾、钠、钙、铝硅酸盐的泥土,特别是附近的英山、猫子山的窑子泥、糙泥、黄腊泥、胶壳泥,质地细腻而不含沙粒,各具特色,适宜制作不同用途的陶器,并且烧制出来的陶器坚固耐用、不怕酸碱,用以贮存食物,不腐、不烂、不变味,腌泡菜三年不坏,既可盛放食品,又可作为观赏物。因此,远在千里的四川榨菜要专用马口窑陶坛腌制。由于马口窑陶器耐水耐酸,其在工业上也有用处。

(二) 汉川马口窑陶器的历史沿革

马口窑陶器的生产有着悠久的历史,汉川县志记载,马口窑始于明代隆庆年间(1567—1572年)。马口镇周围的许多村名如今仍带有一个"窑"字,就是这一带村民烧制陶器的历史见证。民国期间,马口窑新集周围的龙窑最多时达36条,均由私人合股经营;每条窑的股东多则30人,少则5人。新中国成立前,马口镇有喻家窑、土家窑、刘家窑、熊家窑、张家窑及惠家岑窑等12条龙窑,产坛、壶、罐、缸、盆、烘炉等日用陶器。

新中国成立初期,在汉川马口铜水湖边发掘了一个宋代建的旧窑址,从中发现做陶器的工具并有所记载,旁证马口建窑也有700余年的历史;据《汉川图记征实》记载:"其器较他处为坚。其法得自前明隆庆年间有应山县老人来镇授之……历经五百余年,工日益精。"2005年12月17日,在汉川的垌冢镇兴隆村刘家岭又新发掘出了一处新石器时代环壕聚落遗址,南北长约200米,东西宽约130米,专家称其为5000年前的一制陶人家。湖北省文物考古研究所李桃元称:"该遗址为屈家岭文化的重要组成部分,距今约5000年,是江汉平原北侧、环大洪山地区考古的又一重要发现,将为研究江汉平原文明的起源提供重要依据。"

(三) 汉川马口窑陶器的造型特点

马口窑陶器以坛类最负盛名,其造型朴实大方,肩部线条转折明确,体形挺拔简洁,题材以人物、动物见长。

如"八仙坛"上的人物,画工们并无画稿,信手挥刀,操作自如,寥寥数笔,简练概括,线条流畅,神态浪漫(见图4-6)。

图4-6　汉川马口窑刻花酒坛(一)

八仙坛作为酒坛,主要用来贮酒,其造型丰肩矗立,上大下小,有梅瓶的神韵;短颈广口又不同于梅瓶,显得更加大方有力。造型集雄浑、壮阔、秀美于一体。坛器身部分长,画面垂直分割为四个部分,分别采用剔地刻画。每坛有四个画面,每个画面刻画一人;两坛为一对,画面共刻画八个人物。人物与人物之间用双竖线分隔,构图饱满;人物比例极其夸张,头大身小,若三个头长。人物刻画寥寥数笔,形神兼具。成品的八仙坛,胎土成暗红猪肝色,釉面分为黄、绿两种,湿润半透。近观有雨滴状釉珠及流淌痕迹,这是器物在松柴窑里经高温形成的特殊形态,也是陶艺家十分钟爱与追求的"质感"。此类器物在日本曾大受欢迎,称"系马口陶",专业的地图上还标有"系马口窑"标识。

马口陶的造型样式,尤其是装饰方法和整体效果的形成,更是和湖北民间陶器的生产工艺有着密切的关系。马口陶装饰大致可分为坯体装饰、釉料装饰等,而每种装饰手法和装饰效果都体现了湖北民间陶器的工艺特征,有些装饰和陶器的成型工艺有关,是与造型同时产生的。

以马口陶烧制的"茶罐"为例。现在江汉平原一带,仍有农忙时送茶的习俗,茶罐这样的生活器具,寄托着人们对生活的热爱,对理想生活的憧憬和向往。马口窑烧制的茶罐,高33厘米,腹径20厘米,肩以上有"山"型提梁,其造型吸收了当地的木桶造型。与提梁垂直肩前有出水口,后有进水圆孔。壶面凸起封闭,分割为前后两部分,其上为剔刻花叶纹。壶嘴为细颈小口,腰部为回纹和万字纹。万字纹中用双圈隔开,分别刻"美、味、香、茶"四字。字挺拔遒劲,刻痕深入胎泥中,极有力度,回纹刚正、交接分明、清晰明确。下面近底足部为斜莲瓣纹,如垂叠山形,近底有弧形边,底部有线割痕,内凹,胎为深红色。

茶罐上剔刻的万字纹,为左旋万字纹。它的源出十分古老,既是一个逼真的图形符号,又是一个汉字,直接以其自身的形状展示含义,不论中外,这都是一个吉祥的符号,含义为良好、幸运。这样一件农家日常生活使用的陶制品,可以想象得到在南方炎热的夏日,用它来盛凉茶解渴是何等的惬意。

(四)汉川马口窑陶器的装饰手法

"刻花"是马口窑陶器的主要装饰手法。首先在半干的陶坯表面,浸一层均匀的白色化妆泥,稍干后,即用竹刀剔除图案以外的部分,露出底色,留下白色阳文图样,然后在留下的部分,用简练的线纹刻和划,以增强表现力(见图4-7)。

不难看出,民间陶器在艺术创造中的独具匠心和对生活的情感。无论是其构图、技法,还是其造型、装饰、功能,都不是民间艺术家的主观臆造,而是他们凭借对生活的热爱,从生活中来,到生活中去,反映生活、服务于

图 4-7　汉川马口窑刻花酒坛（二）

生活和美化生活的表现。

经过几百年的发展与实践，马口造就了一代又一代的能工巧匠，他们用铁皮自制成胡须刀、画笔刀、宽扁刀、牙子刀等刻画刀具 10 余种。马口陶艺人并无画稿，擅长信手挥刀，操作自如，寥寥数笔，在坛面上飞快刮刻出花卉人物，刀法老练，线条流畅，简洁概括，虚实相生，神形各异，意到刀不到，足以看出匠人们把握大场面和经营画面的能力。代表作有《八仙坛》《十八学士坛》《空雕双层龙坛》等。

（五）汉川马口窑陶器的烧制技术

烧成是制陶活动中最主要的一个环节。不烧则不成陶，有了原料，有了造型，但如果不经过烧成这一关，最多只能算是一件土器。不同条件的地方，有着不同的燃料资源，有草、木、煤、气、油、电等。而燃料的不同，也决定了窑炉构造和烧成工艺的不同。马口陶一直使用灰釉。灰是采用上等的"南漳灰"，栗树灰经过淘洗、过滤，去掉灰中碱性物，然后加入河泥，按照 8∶2 的比例配置，研磨成釉。器物完成后，经过晾干可以进窑烧制。然后，人工担挑进窑，劳动强度很大。装窑的窑位很重要，根据火的强度和气氛，不同的窑位放不同的器物。一般为节省空间，采用大套小的办法，装好后用泥封窑，留出大孔，然后由下而上点火烧窑。烧制一窑约需三天时间，火候的掌握，全靠窑工的经验。

在成型工艺上，汉川马口窑以拉坯成型为主，拉好的陶罐，干燥到 70%～80% 时施用白色化妆土。马口的化妆土采自汉阳县（今蔡甸区）陡埠头，这里的白色观音土（高岭土）细、白、耐高温，可做优质化妆土的原料。在浸化妆土后，烘干即可刻花纹和人物，刻好后再罩上透明的灰釉。

第二节
鄂西地区陶器

鄂西地区陶器以丹江口均窑陶器为主。

（一）丹江口的自然人文环境

丹江口市位于湖北西北部，鄂、豫两省交界处，踞汉江之滨，依武当山下。丹江口市前身为均县，均县与均陶有着千丝万缕的联系。均是一种制陶专用工具，即转轮，这种由木质或石质材料制作的可以旋转的圆形托盘装置可推动泥胎陶器均匀受力而至成型。这种传统工艺,早在新石器时代就空前发展,并一直沿用至今。浪河镇发现的陶窑为长方形,堆积有红烧土块,推测为窑废弃后坍塌所致,从而证实浪河镇是陶文化的发祥地之一,出土了鬲、盂、罐、豆、盆、瓮等陶器,以夹砂陶为主。丹江口市浪河镇的泥胎陶器制作技艺,仍然原汁原味地保留着传统工艺。据说浪河镇境内含沙质的黄土尤其适合制作陶器,烧制技艺在家族内代代传承。其中制陶业中最大的家族黄氏家族的制陶作坊有8家,在浪河镇河口村(原博家湾)发现的陶罐、生活器具陶遗址正是黄氏家族祖传的手工制陶、烧制技艺的实物见证。

(二)丹江口均窑陶器的工艺特征

丹江口均窑陶器的特征是:个体较大,鼎足形态较丰富,器盖钮多花边;既有中原文化特征,又有江汉地区文化因素,反映出汉水中上游文化因素与周边文化此消彼长、相互交融发展,形成一种混融性地域文化特色。丹江口均陶制作工艺流程主要是:过滤、调浆、和泥、揉搓、拉坯、晾晒、修形、雕刻、压(抛)光、烧制等。均陶是以黏土为胎,经手捏、轮制、模塑等工序加工成型后,在龙拱窑(即爬坡窑,形状像龙)800~1000℃的高温下焙烧而成。均陶有细陶和粗陶、无釉和有釉之分,色彩有灰、红、白、黑等。

(三)丹江口均窑陶器的装饰特点

丹江口均窑陶器以素面为主,纹饰中常见凹凸弦纹、瓦楞状凸弦纹、绳索状与带状附加堆纹和镂孔,有少量划纹、压印菱格纹、蓝纹和彩绘。彩陶一般为泥质黄陶,有橙黄、红、灰和黑色陶衣,有的是两种陶衣重叠,以黑陶为主,少数为橙黄色、红色和紫黑色,多是两三种色彩兼施的复彩。除在器表饰彩外,也有在器内壁饰彩的。彩陶器有碗、杯、壶形器、罐等,多是薄如蛋壳的彩陶,有的彩陶杯、碗胎厚仅0.5~2毫米。彩绘有平行线、菱形方格、网格、圆点、漩涡纹、横排方格内分嵌卵点纹、平行方格内加小方框、横条纹下挂垂帐纹等。有些彩陶不用线条,采用晕染法饰彩,显出浓淡层次,犹如彩云。

第三节
湖北陶器的艺术特征

陶器艺术以其特有的形态,把艺术领域中一些古老而常新的、难以说清的理论课题,非常鲜明地表现了出来,或者说把一些复杂的问题以"简单"的方式突显了出来。比如,艺术性与工艺性的关系、审美性与实用性的关系、感性与理性的关系、内容与形式的关系等。在这些关系中,首先涉及的实际是一个需要从哲学高度解决的认识问题,即陶器的学科与艺术的关系。

自陶器出现以来,就已形成它造物的艺术,也就是说,民间陶器具有工艺的特点。从发生学的角度说,陶器中的"科学"即工艺,它是器物创造制作的过程和手段。从哲学的角度说,自民间陶器出现后,它的制作中就包含了"科学"与"艺术"两个方面,包含着生活美、艺术美、科学美诸要素,它涉及艺术本质论。

一、陶器的创意特征

人对陶器的最早创造,并没有艺术意识,是从实际出发的,这时,它的艺术目的性与实用功利性密不可分。而当人们按照自己的意愿制造陶器时,当人类要尽力把它制造得美观时,就意味着艺术因子的出现、艺术意识的产生。

研究民间陶器最初的产生的意义,首先是它的科学史的意义,它使人类第一次将固有的自然物质按照人的意志变成了另一种物质而载入人类发展的史册。原始初民的生产首先考虑的是它的"科学性",是它的功能而不是它的美感。但是,正是在这个过程中,人逐渐把握了陶土的性能和烧制的火候,使陶器的制作既合目的又合规律,获得了自由感,使人从中看到自己的本质力量对象化。当然,原始人并不知道什么是人的本质力量,但是,他们在自己制造的产品中对象化了自己,看到了自己的成果和力量,使自己对物的那些不可言说的理想、期待等精神的内容得以物化、固化,从而获得一种"自由"的感受,一种美妙的体验,一种我们后来称之为"境界"的状态。这大概是人类最先的真、善、美的统一的历史实践。

民间制陶人世代生活在故土故地,与那里的文化生态、自然生态环境已经形成了密切的关系。乡土文化与草根信仰相融的山乡地区生活习俗丰富,民间制陶人通过完善对陶器功能效用的合理结构形态、装饰的程式性具有关键意义的造型元素、比例尺度、点线面的构成关系等,逐步形成了符合当地民众精神的审美取向,民间匠师将乡土习俗与自身的创造精神相融,参与建构出地方性文化的审美风格。其审美的共性特征如下。

一般民间陶器所采用的原材料是粗糙的,材料又决定了器物的质地外观,因此,马口陶的观感特征具体为胎质粗糙且涩,做工不精细,釉面不光滑,或有开裂、剥落,纹样不精美等。然而以上的描述换个角度理解可以转换为另一层面的意思:胎质粗涩代表材质天然,做工不精细传递出纯手工技艺的质朴,釉面不光滑或有开裂、剥落是肌理效果,纹样不精美则是不造作、随意、简练的体现。它所提供的是一种明确唤起我们经验感觉的观想,那是与自然、原始、人类童年生活有关的景象,裸露的河床、苔类的色彩、水草的游动、斑驳的岩壁、植物的形状、动物的形态等,愉悦感便通过那些放大的具体概念回归到体验;我们内心深藏的感情与这些民间陶器有一种特殊的关联,它们表现了任何时候都存留于我们内心的某种愿望——回归自然、返璞归真。

二、陶器的造型特征

在我看来,工艺美术这一约定俗成的概念也有模糊性,有关它的美的特殊性不能不影响美术工艺的特殊点。但绘画、雕塑也不是没有技术因素的。至于实用与美观的联系更是显得普遍。这一点,也表现在20世纪50年代对山东民间陶罐的称赞。它是农民下地劳动,当成容器带到田间来盛粥和盛水用的。有距离相等的四耳,用来系绳以便提携。为了实用,所以对四耳提出了均衡的设计。但这四耳在供人静观时,可能引起四耳对称的美感。由此可见,民间陶罐那物质性的实用价值与审美主体的精神需要是相适应的。所以,许多年来,在说到美术工艺的实用性时,往往用"适用"二字代替"实用"二字。

美感来自一定的形式,民间陶器艺术则是以功能效用的合理形态结构呈现出美感和实用相结合的民间陶器特征的。反过来说,单纯、简朴的形态充分显示了民间陶器的实用性与自然的理念,展现出一种朴素中的巧妙变化,一种务实而简约的比例尺度。由此可见,陶器的功用性为探索艺术的实用性与审美性的关系提供了理想的角度。

民间陶器艺术的形式美同样传递出各地不同的礼俗风貌,带有鲜明的民俗艺术特征。如陶壶造型的大小、高低、收放及构件的位置等，都随各地生活习俗的各自特点而呈现出不同面貌：壶体有圆柱体、圆球体、橄榄形或是球体重心向上、下移动的形态；壶口部或自然展开，或呈漏斗状，或有流。而所有不同的造型，却都有便于盛装、倾注液体的共同特点。民间陶器艺术的审美凝聚着各地方人们由生活习俗、文化心理等因素所形成的审美意识和审美观念，体现着不同地域的文化、风情和资源，同时也体现出道德观与伦理观。

工匠们重视原材料的天然品质，能有效利用其属性因素来发挥作用，并在技艺的加工下使材料凸显出材质美。民间陶器的粗正是顺应了材料的性质，保存了材料原有的魅力。再者，粗还体现出民间实用陶器物品务实的目的意识：满足日常生活的基本需要，为生活带来方便。因此，粗又是平常的美，所指既是民间陶器器物的常态，又是乡村百姓的生活状态——与世无争、平静从容。

三、陶器的装饰特征

在民间陶器中，大多数产品并没有刻意的装饰，有些装饰本身具有实用的目的，还有些装饰和陶器的成型工艺有关，是与造型同时产生的。由于受生产性质和生产工艺的影响，民间陶器的绘瓷装饰也具有一些明显的特征。

（一）重复性

民间陶器的一大特征便是通过大批量的生产，来满足广大民众的需要。与之相适应的是民间陶器的装饰也是大量重复描绘的。在民间窑场，制坯和绘坯是各有分工的，制坯师傅一天拉多少坯，绘坯的师傅也需要完成相应数量的绘坯任务，长久下来，这种重复性的描绘使得画工的绘瓷手艺变得非常熟练、自由和灵活。他们以惊人的速度、流畅的手法进行着准确的描绘，正是由于这种不断重复而变得异常熟练的描绘，让我们感受到一种潇洒的美和率意的美。民间陶器中大写意风的形成，正是这种生产观念的体现，也体现了民间陶器不事雕琢的艺术特色。

（二）程式性

民间陶器彩绘不同于个人画家的艺术创作，大量重复描绘的生产需求和面向大众情趣的审美标准，需要民间陶器彩绘有一定的规范，遵循一定的法则，而这些规范和法则最终形成一种程式。程式是一种公认的标准，程式有一种共性的美。有了一定的程式，大量的复制才会变得容易。

（三）装饰性

陶器的装饰是依附于陶器这个主体的，它不可能脱离主体而单独存在。而民间瓷绘的装饰性则是指瓷绘内容的要素化。装饰性的实现往往需要用提炼、归纳、组合的手法来完成。民间瓷绘为了能更概括、更集中、更规范地表现瓷绘的内容，便常用装饰性处理，使瓷绘的内容能更加有机地与被装饰的陶器相结合、相协调。装饰性的结果表面上看起来是变形了，但并不是随意的、任意的变形，而是强调了事物的本质；它不是对生活原型的照搬照抄，而是表现出一种更精练、更深刻、更接近本质的美。

对吉庆、圆满、幸福和安定的向往主题是传统民俗文化的主要内容，这一大众意识形态反映在民间陶器纹饰上，则表现为追求生生不息、乐观进取等寓意与民俗民风相结合的情感愿望，这些装饰纹样不仅仅是为了达到美观效果，更重要的是它承载了民间文化的本质。同时，也反映了勤劳的民间工匠丰富的想象力和对美的追求，传达出湖北荆楚之地的文化观念和审美趣味，展示出民俗文化观念的生活底蕴和情感依托。

（四）简约性

民间陶器服务的对象是平民百姓，其造价一定要低廉，而只有大量、快速的生产才能降低成本。批量化的生产不允许彩绘者在一件作品上进行反复雕琢和仔细描绘，久而久之，彩绘的内容便形成了一定的程式和规范，彩绘的方法越简单便越好。长期的手工描绘由于师徒传承、移步换形，一些装饰的内容不断演变，只存装饰效果而舍其形，逐步进入到抽象装饰的境地。大量的反复描绘，熟练的彩绘技巧，形成了民间陶器简洁、精练的艺术风格。民间陶器彩绘普遍以写意手法来表现，挥洒自如，点染成趣，装饰风格上多趋于简约豪放。民间陶器装饰简约、洗练的艺术风格的形成，也正是为了适应大量手工绘制的要求。

第五章

湖北传统纺织

HUBEI CHUANTONG FANGZHI

第一节
湖北传统纺织概况

一、湖北纺织艺术的文化背景

生产劳动为造型类非物质文化遗产的发展指明了方向,这与其产生的背景有密切关系。历史长河中,先民渴望从繁重的劳动中解脱,便因地制宜地发明、制作了劳动工具。在生产力提高后,原始人以朴实的审美观与造型观开始装饰器物,审美意识的出现促使各类劳动工具的外在形式发生改变。造型类非物质文化遗产中诸如竹编、纺织工艺、制瓷技艺等传统手工艺都是先民在长期劳动中总结的经验与传统审美观的集中体现。

中国文化以其独特性立于世界民族之林。民间文化是中国传统文化范畴内的重要部分。张道一认为,"民间"这一词并没有确定的内容,而是相对意义上的概念,即区别于古代所谓"官方"的职能部门在文化艺术上的界定。同时,应将民间文化区别于现代社会背景下的"大众文化"与"流行文化"。他认为,从性质上说,民间文化是属于大众的、通俗的和即时即地流行的,但后者一般不标以"民间"二字。之所以被称之为民间文化者,是指在一个国家民族有较长的流传历史,并形成了一种文化传统,而大众文化、通俗文化、流行文化则是现代文化生活的产物。①

各类纺织工艺与民间文化有着密切的关联,各式各样的民间美术品都直接或间接地表达了一定的民间文化观念,或深受民间文化观念的影响,使民间美术与民间文化在形象与含义、内容与题旨的关联中,民间美术顺理成章地充当了民间文化观念的传播媒介。②

民间文化观念大多表现为百姓"趋利避害"的功利心理。吕品田从民间造型中概括出三种功利倾向:希冀宗族门姓承传延续,家眷亲属增寿延年;盼求日常生活丰衣足食,门第居位显赫高贵;期望社稷农事免灾无害,家人牲畜平安无恙。③ 这些民间文化观念寄托着百姓的纯粹愿望,并外化形成一系列与之相关的神话传说、民俗活动与传唱歌谣。

总之,民间文化观念植根于广大的农村社会之中,影响着造型类非遗的发展,同时在借助造型类非遗进行物质化转变时,传播了非遗文化,扩大了造型类非遗的影响力。

二、湖北纺织艺术的主要种类

纺织艺术与我们日常生活有着直接的联系。中国古代的纺织与印染技术具有非常悠久的历史,早在原始社会时期,人们为了适应气候的变化,已懂得就地取材,将自然资源作为纺织和印染的原料,并制造了简单的纺

---

① 张道一. 张道一论民艺[M]. 济南:山东美术出版社,2008.
② 唐家路,潘鲁生. 中国民间美术学导论[M]. 哈尔滨:黑龙江美术出版社,2000.
③ 吕品田. 中国民间美术观念[M]. 南京:江苏美术出版社,1992.

织工具。直至今天,我们日常的衣物、某些生活用品和艺术品仍都是纺织和印染技术的产物。

湖北纺织艺术的主要种类也与日常的衣食起居有着密切的联系,在此,我们按照地区进行分类,主要有:江汉平原地区传统纺织(如武汉的汉绣、天门的蓝印花布)及江汉平原传统民间服饰;鄂东地区纺织艺术,如黄梅挑花、红安绣花鞋垫;鄂东南地区传统纺织,如阳新布贴;鄂西南地区传统纺织,如恩施来凤土家族西兰卡普与恩施土家族传统民间服饰。

这些纺织艺术是传统技艺的结晶,而传统技艺背后的思想是造型类非遗的核心,这与非物质文化遗产的特点有直接关系。物质文化遗产以物质的形态凝固了历史的痕迹,而非物质文化遗产的历史痕迹则以隐性的方式——传统技艺背后的思想,呈现在世人面前,反映的正是非物质文化遗产来源于民间文化观念。

第二节
湖北各地纺织工艺的具体种类

一、江汉平原地区传统纺织

(一)汉绣

1. 汉绣工艺的历史沿革

汉绣分布于武汉、荆州、洪湖等地,以楚绣为基础,融南北特色,表现富丽堂皇、充实饱满之美。武汉作为湖北的窗口城市,地处江汉平原东部,地形开阔,城内湖泊众多,水、陆交通便利。汉绣来源于楚绣,又深受湘绣的影响,构图严谨,色彩鲜明,各种针法富于表现力,尤其是注意刻画物像的外形和内质,竭力表现其特征,惟妙惟肖,张扬热烈。

先秦时期,楚国的丝织业就代表着当时我国丝织工业的最高水平。楚文化氛围下民间戏曲的发达、巫风巫术的盛行又为刺绣走向民间提供了条件。湖北江陵马山楚墓出土的对凤对龙刺绣、龙凤虎纹刺绣残片,证明了早在先秦时期,湖北刺绣就已经诞生萌芽,并达到了一定的高度。这些早期刺绣可以看作汉绣的萌芽。

汉绣的鼎盛期是清末民初。清嘉庆年间,江夏、夏口因刺绣民间艺人聚集而初具行业规模。清代咸丰年间,官方"织绣局"于汉口集中省内民间绣工绣制官服、饰品等。1860年,武昌汉绣店铺因订货业务量大而开辟了第一个刺绣加工基地。1862年,武昌郑氏兄弟携艺在汉口长堤街开设绣铺,其后大夹街、万寿宫一带陆续开设数家绣铺,汉口绣业因发展需要,在武昌白沙洲又开辟了第二个汉绣加工基地。自此,汉口绣业兴旺于武昌绣业,刺绣重心移向汉口。

之后,在光绪年间,汉口万寿宫附近有32家绣货铺,形成汉口绣花一条街,"绣花街"从此得名。当时,武昌、汉口两地的绣铺已有绣工近两千人。因此,白沙洲一带流传着"男会驾船,女会绣花"的说法。宣统元年,汉口彩霞绣品公司的绣画、美粹学社的绣字参加武汉劝业奖进会,获项目一等奖,并奖"镶金银牌一座,褒奖状一张"。此时,因太平天国军队在武昌作战,武昌吴氏之子辈吴家福为避战乱举家迁往洪湖。

民国七年,汉口警察局商户调查表记载"有绣货铺169家"。1943年,汉口绣花街、大夹街一带绣铺因毗邻日军汽油库而毁于战火,汉绣生产从而中断。抗战胜利后,汉绣艺人重操旧业,万寿宫一带恢复绣铺12家。

1949年后,汉绣重放光彩。城市乡村歌舞戏曲极为兴盛,戏剧服装用品供不应求。1955年,生产合作化运动开始,三个刺绣联营社(除第二刺绣联营社部分人员之外)组成武汉市第一工艺刺绣生产合作社,由生产低档戏衣,转而为专业剧团、名演员定制戏曲服饰。当时任本荣先生(1935年生)设计出了工艺极佳的"八仙"挂屏,获得一致好评。1957年,任本荣先生被选送至中央工艺美术学院高级图案班学习。

2. 汉绣的工艺特征及艺术特色

汉绣以楚绣为基础,融汇南北诸家绣法之长,糅合出了富有鲜明地方特色的新绣法。它的用针有别于四大名绣,采用一套铺、平、织、间、压、缆、掺、盘、套、垫、扣的针法,以"平金夹绣"为主要表现形式,分层破色、层次分明、对比强烈。追求充实丰满、富丽堂皇的热闹气氛,绣品可以枝上生花,花上生叶,叶上还可出枝,充分体现了"花无正果,热闹为先"的美学思想,呈现出浑厚、富丽的色彩。

与苏绣、湘绣、蜀绣相比,汉绣工艺有自己的绝活,尤以铺、压、织、锁、扣、盘、套这七种针法的变化运用而著称。汉绣下针果断,图案边缘齐整,名之曰"齐针"。绣品多从外围启绣,然后层层向内走针,进而铺满绣面。除"齐针"的基本针法外,汉绣还根据绣品不同的质地和花纹,灵活运用诸如垫针绣、铺针绣、纹针绣、游针绣、关针绣、润针绣、凸针绣、堆金绣、双面绣等针法,在绣业中独树一帜。汉绣作品的制作如图5-1所示。

图 5-1 汉绣作品的制作

汉绣历来重视构图,汉绣喜爱以具象的花草树木、人物器皿为主要图案,充分运用圆格、条纹组合的芦席片、万字锦、冰竹梅、竹龙锦等图案来构图,以表现装饰图案的夸张变形,描绘大胆想象中的人物花鸟、瑞兽祥云,从而使绣品呈现敦厚古朴、浓重热闹的强烈效果,显示出汉绣特有的构图特色。

从图示元素来看,大致可以分为金线人物、花草禽兽与文字形图案三大类。花卉性图案元素有牡丹、石榴、灵芝及梅兰菊等;动物性图案元素有鸳鸯、龙、凤、麒麟、蝙蝠、鱼等;人物性图案元素有佛教人物、戏曲人物、文学故事人物、民间神话传说人物等;文字性图案元素多是些如"福""禄""寿""喜""吉祥如意"等祝福与纳吉性质的汉字。

具体来说,汉绣的构图方式分为对称式、均衡式、综合式这三种类型。对称又称均齐,即在假定的中轴线或者中心点的两侧或上下配置同型同量的纹样,并呈现出形式相同、分量相等的纹样或色彩。对称又有左右对称、上下对称、三面对称、四面对称及多面对称之分。汉绣中,在装饰花边中经常出现对称式图案,花卉禽兽元素多以对称式呈现。汉绣在对称的纹样中一般会掺入一些细小的变化,比如任本荣先生参与编著的《经典织绣》中所提到的"双龙戏珠"图案,两条龙的形状、大小、动态基本一样,一条龙盘踞在右上角,一条龙盘踞在左下角,首首相对,共视一珠,但右上的龙绘有云纹,左下的龙绘有水纹,让画面充满了情节感。如图5-2所示为任本荣先生汉绣作品《金玉满堂》。

图5-2　任本荣先生汉绣作品《金玉满堂》

均衡也称平衡,是对称结果在形式上的发展,由形的对称转化为力的对称,体现为"异形等量"的外观。也就是一种不等形、不等色、不等量的图形配置,使视觉上感受到量的均衡感。均衡式构成形式,静中有动,动中有静,是一种比较自由、活泼、轻松的形式。在视觉上偏向于灵活和感性。汉绣的均衡式纹样构图饱满圆润、疏密得当、聚散有致、主次分明,体现为一种异形等量的平衡外观。

综合式是指汉绣中还有很多纹样形式是以对称式与均衡式联合起来构成一个画面的。例如,纹样的上下或四面是对称式纹样,中间又是均衡式纹样,很好地将两者形式美的要素结合起来,使得画面既平稳又生动,既有很强的装饰性又灵活多变。

(二) 天门蓝印花布

1. 天门的自然人文环境

天门市位于湖北省江汉平原腹地,上通荆沙,下接武汉,南濒江汉黄金水道,北枕三峡过境铁路。天门古称竟陵,自古以来就是人文荟萃之地。天门濒临长江,土质、气候对棉花的种植尤为适宜,植棉业的不断发展带来了地方棉纺织手工业的兴盛,进而推动了织染业的发展。从明代起,天门就已开始大量种植蓝草,为染制蓝印花布提供了染料来源。

据《天门县志》记载,乾隆六十年(1795年),山(西)陕(西)帮商人在岳家口收购棉布,销往陕西、山西、甘肃等地。岳家口蔡云昌经营的棉布被陕帮商人誉为棉缎。道光元年(1821年),天门县城有郭复兴、刘茂盛、唐茂盛等作坊大规模生产蓝印花布。后来,岳家口、干镇驿、皂市、渔薪河等地也相继兴起印染业。天门自明代开始就是织锦手工业重地,虽然蓝印花布在很多地方都有生产,同为手工业时代的产物,其制作工艺大都一样,但在其他方面却不可避免地带有地方色彩。湖北天门蓝印花布则以强健大胆、沉着朴素、清新明快、抒情性的乡土魅力拨动着人们的心弦。

2. 天门蓝印花布的工艺特征

蓝印花布是湖北地区广为流传的民间工艺制品。天门蓝印花布在制作过程中要经过制版、挂灰、染色、固色、晾晒、刮灰、上浆等步骤。具体流程是先将坯布用骨胶液浸湿卷在木棍上,放于枕形石上,用三五百斤(1斤=500克)重的元宝石压住,工匠踏在石滚两翼上,利用体重和惯性,使石滚在滚轴上往来滚动,将布碾平,再以油皮纸刻成的花板蒙在白布上,用石灰、豆粉和水调成防染粉浆刮印,晾干后,用蓝靛染色,再晾干,刮去粉浆即成。

"蓝印花布在制作工艺上受雕版局限,主要以点、线、面为造型,有很强的平面装饰效果。天门蓝印花布上的纹样,一般采用的是'漏版'刮印。因此不能使用太长的线条,只能多加切断,用点组成。因此,蓝印花布上的线,看起来是一根线,实际上为一连串的珍珠点。这样使得花布上的两个纹样之间形若分离,实为一体;说是一体,实又分离。从技术上看,这是蓝印花布的劣势,而从纹样的设计上来分析,设计者恰巧利用了这一劣势,创造出了笔断而意不断的艺术效果。"[①]如图5-3所示为天门蓝印花布。

图 5-3　天门蓝印花布

以点成线的艺术处理,使纹样遒劲而秀丽;以线成线的纹样则挺拔而温婉;点线结合使纹样更加和谐、醒目。除此之外,还可以通过线的断续和点的疏密使画面产生种种层次。

3. 天门蓝印花布的艺术特色

天门蓝印花布以古拙的楚风见长,广泛采用各种吉祥图案,在构图上追求饱满。在色彩上,天门蓝印花布或白底蓝花,或蓝底白花。常被用做被面、床单、门帘、帐沿、包袱、围腰、衣料等。色调清新明快,风格鲜明,别具风采。

首先,天门蓝印花布的构图方式是在构图上追求完整。

蓝印花布纹样铺满整个画面,在饱满中留有无限遐想的空间。同时,在内容和形式上也追求完整。如在蓝印花布上表现莲花,一般都要画出藕、荷、叶、莲,或与"鱼"构成"连年有余"。表现牡丹,大多连枝带叶,与凤一

---

① 张巨平.湖北天门的蓝印花布[J].装饰,2006(1):91-92.

起构成"凤穿牡丹"。表现兰花,一般会画出根、叶、花。表现鸟,通常都是成双成对。在形式上,大量运用完整的方块和圆。有的方中套圆,有的圆中套圆,除给人以温柔亲切之感之外,也象征着自始至终、十全十美、团团圆圆。

江汉大学的马兵林认为,天门蓝印花布构图饱满,在饱满中留有无限遐想的空间。天门蓝印花布讲究线面结合,注重疏密变化,其图案形式很好地体现了形式美的原理法则。马兵林将天门蓝印花布的构图规律归纳为五个方面:变化与统一,条理与反复,对称与平衡,对比与调和,节奏与韵律。其中,在条理与反复这条构图规律上他认为:"天门蓝印花布的图式主题很多,从单个物象来讲,提炼出一个花瓣的造型,进行有序的规律性排列,就可以得出一朵朵形态各异的花的造型。通过对诸如老虎、狮子等动物身上毛纹的规律研究,将其纹理做重复有序的规整与排列,就会得到一个栩栩如生的老虎、狮子形象。"[1]

其次,天门蓝印花布的图案纹样不仅素材丰富,而且大多反映了民间文化中趋利避害、追求吉祥寓意的方面。

天门蓝印花布中直接表达人们祈福驱邪愿望的有:行书的"福"字表示祝福;篆书的"寿"字表示祝寿;麟背童子表示盼望"送子";长命锁意在锁住儿童的性命,希望孩子无病无灾;老虎与五毒(蜈蚣、蛇、蝎、壁虎、蟾蜍)表示在端午节辟邪驱毒。还有许多单纯反映人们审美情趣的花纹,如孔雀开屏、狮子滚绣球等,间接表达愿望的花纹又可分为象征、比喻、寓意、谐音四种。

1) 在象征方面

如用梅花的五片圆瓣象征"梅开五福",传统文化中的五福是指寿、富、康宁、攸好德、考终命。菊花象征延年,源于六朝时盛传服菊有延年之效;北宋《宣和画谱》花鸟叙论中已有"花之于牡丹芍药,禽之于鸾凤孔翠必使之高贵"之说,至今用"凤穿牡丹"象征吉祥富贵;传说瑶池王母种的蟠桃,三千年一熟,所以桃象征长寿;石榴象征多子,有"榴开百子"之成语;由于古人称平安家信为"竹报平安",所以竹象征平安;松鹤也象征长寿,所谓"松鹤延年"。

2) 在比喻方面

深秋之后,许多植物叶落花谢,唯有苍松翠竹经冬不凋,梅花耐寒开放,因此人们把松、竹、梅喻为"岁寒三友";兰花清香、菊花傲霜,梅、兰、竹、菊也被比作具有高尚品德的"四君子";鱼、龙、龙门构成的"鱼跃龙门"比喻由平凡变为高贵。

3) 在寓意方面

褥面上的盘长、方胜等框格花纹,有"金砖铺床头,吃穿不用愁"之意;回纹、中国结等的横向与纵向连续,寓意"富贵不断头";凤是鸟中之王,寓意"不落无宝之地";用石榴、佛手、桃子组合在一起的"三多"图案,寓意多子、多福、多寿。

4) 在谐音方面

桂花谐"贵"之音;葫芦谐"福禄";佛手谐"福寿";喜鹊登梅枝谐"喜上眉梢";猫蝶音同"耄耋",泛指高寿;大鸡谐"大吉";蝠鹿谐"福禄";莲鱼谐"连年有余";金鱼谐"金玉";瓶谐"平安";双钱谐"福寿双全"。这些图案均取其自然形象的谐音,以巧妙的构思和组合,艺术地表达了特定的隐意。

旧时天门的蓝印花布,用途广泛,如包袱布、门帘、衣服、被褥、桌布等。从实用的角度来看,它是物质产品;从装饰的角度来看,它又是精神产品。因此它选取的花纹素材,除了形象美好之外,往往还含有某种意义,直接或间接地反映民族共同的心理状态、传统的民间风俗、审美情趣等。

---

[1] 马兵林.浅析形式美法则在天门蓝印花布图式构成中的运用[J].美术大观,2015(2):73.

最后,天门蓝印花布的审美价值是基于浓厚的乡土文化的,用色明快,风格质朴。江南蓝印花布以温文尔雅著称,而天门蓝印花布则强健大胆、沉着朴素、清新明快,富有浓郁的乡土气息。带有淳厚、真实、乐观向上的感情色彩的天门蓝印花布,是普通劳动人民生活中最质朴的艺术思想和艺术语言的体现。蓝印花布是手工业时代的产物,作为一种传统文化、一种艺术品,蓝印花布的艺术价值将会为越来越多的人所熟知,民间艺术也会成为人们精神生活的重要组成部分。

(三) 江汉平原传统民间服饰

1. 江汉平原传统民间服饰的基本概况

江汉平原位于长江中游、湖北省的中南部,西起宜昌枝江,东迄武汉,北自荆门钟祥,南与洞庭湖平原相连,是我国主要的农业生产区域,自古以来就有"两湖熟,天下足"的说法。在江汉平原地区,有着丰富多彩的手工布艺作品,这些手工布艺作品跨越了艺术与生活的界限,采用言传身教的形式,造型多样,风格多变,特色鲜明,色调艳丽但淳朴,轻巧实用,呈现出清新质朴的地方民俗风情。

2. 江汉平原传统民间服饰的形态特征

江汉平原地区湖泊星罗、河网纵横,是我国著名的水乡泽国。正是这种独特的地理环境,使得在这一区域渔业成为经济生活的重要组成部分。因此,在这一地区,民间服饰的形态较之鄂东地区有所区别,这里的民间服饰往往为了能够适应渔业生产的需求,进行了相应的改良,在形态上也呈现出独特面貌。

江汉平原地区男性服饰的主要形态为:上身着短装,圆领,对襟;下身着敞口长裤,裤长较短,至脚踝处。由于江汉平原湖泊众多,夏季蒸发量大,空气湿热,因此男性夏季上身着对襟无袖背心,下身着敞口单裤,脚着草鞋。这种款式的服装穿脱方便,便于下河进行捕捞作业,同时,宽松的衣裤湿水之后更易风干,因此能够更好地适应渔业生产。

江汉平原地区女性服饰的主要形态为:上身着短装,大襟,右衽;下身着敞口长裤,裤长较短,至脚踝处,脚着绣花布鞋。头发一般挽至脑后,用银质发簪固定。在进行相关生产活动时,有时会头戴方巾,用以防晒和固定头发。

江汉平原地区儿童服饰的主要形态为:上身着短衫,大襟,右衽;下身通常着长裤,裤长较短,头戴童帽。童帽一般用刺绣进行装饰。脚着各色童鞋,有虎头鞋、猪头鞋、鼠头鞋、蚌形鞋、鱼形鞋等样式,鞋底多用彩线挽花,双喜、花卉、动物是常用图案,鞋面有贴花或绣花,鞋头做成各种动物造型,形象逼真,穿着舒适。幼儿会在颈项部佩戴银质或金质项圈,手足部有时也会佩戴银质或金质镯子。

3. 江汉平原传统民间服饰的艺术特征

江汉平原地区独特的社会经济生活方式,造就了其独特的民间服饰形态,其艺术特征也具有特殊性。在江汉平原的民间服饰中,最能够代表其艺术特征的就是用于装饰衣物的刺绣图案。其刺绣图案主要有吉祥汉字、S曲线、抽象后的花卉、动物形等。做成针法一致、图案清晰、结实耐用的鞋底,要有好的手工技艺。刺绣式样会随时更新,一般不加装饰,花形有固定的图案,如龙、凤、荷、莲等。仅绣花鞋图案就多达数十种,多为一圈花边中间绣制饱满连续的图案,如菱纹、回纹、米字纹、十字纹等。这些图案有着丰富的文化内涵,表达出人们对喜庆、幸福、长久、福寿等美好事物的渴望与追求。

二、鄂东地区纺织艺术

（一）黄梅挑花

1. 黄梅的自然人文环境

黄梅县具有得天独厚的区位优势，水陆交通便利，素有"七省通衢"之称。黄梅县位于湖北省东部、长江北岸。东邻安徽省宿松县，南隔长江与江西省九江市相望。地处大别山丘陵向长江冲积平原过渡地带。

黄梅还有着深厚的历史人文底蕴。禅宗四祖、五祖在此驻锡，开宗弘法；六祖慧能在此受戒，并得六祖衣钵。历史上，黄梅是吴楚分界之地，与江西省九江市仅一江之隔，自古便有"吴头楚尾"之说。因此，在艺术形态上，黄梅地区呈现出明显的过渡形态。

黄梅挑花被国内许多民间工艺研究专家称为彩挑。黄梅乡下百里棉区的彩色挑花更为精美，花样丰富多彩，地方特色浓郁。当地有俗谚说："黄梅有女皆挑花。"蔡山、新开、孔垄等地的挑花工艺最为兴盛。

2. 黄梅挑花的艺术特色

黄梅挑花属挑、补、绣这一民间刺绣的范畴，是在湖北省黄梅县民间长期广泛流传的一种民间工艺，其内容丰富，品种繁多，图案精美，色彩富丽，具有浓郁的地方风格和民族特色。经过一代又一代农家妇女的精研细作，这门工艺日臻完善，以明快的色彩组合、精巧的图案构想凸显出独特的艺术表现力。我们也能看到楚风遗韵的影响，刺绣图案的背后有楚国艺术的折射。

黄梅挑花以面料粗糙、做工精细、图案质朴、色彩鲜亮而独树一帜。黄梅挑花取材广泛，戏曲人物、传说故事、花卉动物、诗文对子、生活器具等几乎无所不包。

图案分团花、边花、填花、角花、花边几大类。团花有福寿双桃、丹凤朝阳、鲤鱼穿莲、喜鹊登梅等；边花有二龙戏珠、福禄寿喜、天女散花、七女送子等；填花有瓶插莲花、斑鸠石榴、莲花骨牌、蝶戏金瓜等；角花多以"万"字、柏叶、莲花为主体；花边则多用"万"字、蝴蝶、水鸭、云纹等。构图布局多变，常见的有对称式、旋转式、向心式、放射式，另有一些表达某种故事情节的图案，如辕门斩子、七女送子、穆桂英挂帅等，则根据需要，花随意出，不拘一格。绣品以宝蓝色做底，花形图案以白色做基本骨架，以大红、桃红、小红、浅红等暖色调为主，使色彩冷暖相宜、沉着而流畅。黄梅挑花广泛应用于被面、床单、门帘、帐沿、枕套、围腰、披巾、袜底、鞋垫及幼儿所用之抱群、涎围、肚兜、鞋帽等，深得民众喜爱。

3. 黄梅挑花的传承情况

黄梅挑花起源于唐宋时期，成熟于明末清初。据《黄梅县志》记载，早在宋代，黄梅就有了十分讲究的挑花工艺。1958年，在黄梅县蔡山脚下发掘的明朝嘉靖四十一年（1562年）墓葬中，墓中女尸头上搭有彩线挑绣的"福寿双桃"方巾，可以证明黄梅挑花这门民间工艺距今已有多年的历史。

十四世纪，黄梅挑花经土耳其传到欧洲，恰逢欧洲文艺复兴时期，黄梅挑花因针法简单、表现力强而迅速风靡欧洲各国宫廷。中西文化的持续交融使得黄梅挑花的针法、图案、花色在欧洲得到进一步发扬，黄梅挑花也因以十字交叉针法为主，被欧洲译为"cross-stitch"，即交叉绣。

黄梅挑花作为一种扎根于民间的美术门类，百余年间一直在民间有序地传承着。具体而言，黄梅挑花主要以"母女相传"的模式在农村妇女群体中传承。新中国成立之后，黄梅挑花作为优秀的区域性民间美术作品受到了政府相关部门的重视，黄梅县成立了相关的挑花制作工作室，专门从事挑花的设计、制作和培训、教学。最具代表性的黄梅挑花传承人是黄梅县的石九梅(见图5-4)。

石九梅,1951年7月出生在湖北省黄梅县挑花之乡新开镇邹桥村一个挑花世家。十三岁时开始学艺至今,已从艺四十余年,可制作挑花品种二十余个,花色近百个。还收集和挖掘了一批濒临失传的挑花花色和品种,制品多次参加县级、省级、国家级和世界级民间工艺美术展览。母亲梅金定(已故)、大姐石艳梅、二姐石春梅都是挑花行家里手。石九梅于20世纪70年代把挑花技艺传授给小妹石玉梅,20世纪90年代传授给女儿陈昭君,2005年又传授给在武汉工作的儿媳妇张燕。

黄梅挑花能够制作的作品有被面、方巾、帐沿、挂幅、围裙、台布、窗帘、门帘、坐巾、鞋垫、服装、背包、钱袋、椅搭、手帕、床单、书包、枕头套、垫肩套、抹腰、拖鞋等二十几个品种。如图5-5所示为石九梅女士作品。

图5-4　黄梅挑花国家级传承人石九梅(中)

图5-5　石九梅女士作品

(二)红安绣花鞋垫

1. 红安的自然人文环境

红安原名黄安,位于鄂东北大别山南麓,邻接河南省。全县均为半山半丘陵地区,地势北高南低,县北的老君山海拔840米,天台山海拔817米,最低处杜家湾海拔30米,气候较为温润,夏季较为炎热。

红安的历史底蕴深厚,在地理位置上是经江西入鄂的必经之路。而历史上著名的由官方执行的移民运动"江西填湖广",红安便是此项远动路线之中的重要节点。

在纹样的题材选材上,倾向于传统文化中的传统纹样。楚文化的浪漫、灵巧、充满想象与中原美术的写实、严谨、雄浑、庄严肃穆相互浸润,构成了丰富多彩的红安绣花鞋垫的题材内容。因而,红安地区的民间艺术与荆楚文化有着紧密的联系并呈现出杂糅性的风格。

2. 红安绣花鞋垫的艺术特征

红安绣花鞋垫是地道的民间刺绣,历史悠久,始于东汉光武年间,兴于唐、盛于清,是鄂东地区源远流长的民间工艺,集日用与审美于一体,为鄂东地区颇具地域代表性的民间女工技艺。

在美的形态上,红安绣活表现为朴实美、明快美,反映出浓厚的乡土气息。在山区生活的人们经常接触大自然,以红花绿叶表达对大自然的质朴情感。花朵类型多样,红色与绿色相互协调,色彩艳而不俗。这些纹样题材内容与构图共同反映了创作者的审美追求。

红安绣花鞋垫的制作也离不开几代人的口传心授。过去,在农村,红安姑娘出嫁之前都要绣上几双绣花鞋垫,出嫁时带到婆家。人们以鞋垫的数量、做工的精细、纹样的繁复来评判姑娘的聪慧与灵巧。另外,每逢佳节,红安鞋垫也会作为亲朋间的交往礼品,传授心意,反映了红安人民的勤劳创作与智慧。过去农村人都穿布鞋、布凉鞋或草鞋,垫上一双鞋垫,又舒适又吸汗,因此鞋垫是家家户户的必备品。红安民俗,姑娘出嫁前要绣上多达数十双的鞋垫,择其最好的给意中人作信物,余为嫁妆,图案以寓意男女媾和、夫妻恩爱较为普遍。

3. 红安绣花鞋垫的纹样

民间手工艺的生长土壤是当地的社会文化背景,与本土的民情风俗、自然环境、社会环境密不可分,红安绣花鞋垫就集中反映了红安地区的风土人情与历史脉络。

红安鞋垫的纹样题材有四大类。

一是装饰类,如花鸟虫鱼、山水风光,大都选择有吉祥寓意的花卉与鸟类。例如,象征连年有余的鲤鱼图案与有高洁寓意的莲花图案相互映衬。还有独立枝头的喜鹊,寓意吉祥。自遥远的古代起,中华民族与喜鹊的关系就超越了一般的观赏层次,跃升到了文化境界。人们赋予喜鹊喜庆、吉祥、好运的含义,将美的愿望寄托于它。如图5-6所示为红安绣花鞋垫的花卉纹样。

二是祝愿类,旨在通过鞋垫传递对亲朋的情感。例如,针对不同人群有不同纹样,祝福青年人有"喜上眉梢""鸳鸯戏水""游龙戏凤"等。其中,鸳鸯因总是出双入对被中华民族视为爱情的象征,经常出现在古代汉族神话传说及文学作品中。另外,龙和凤代表着吉祥如意,构图对称、均衡,极富装饰趣味,这也反映了楚文化的印记。湖北江陵马山一号楚墓曾出土一批丝织品及《人物龙凤图》,刺绣纹样便是龙与凤,反映了楚地尚"凤"的习俗,以及楚人追求"无碍于物"的精神自由。另外,"龙"与"凤"题材的广泛运用与民间手艺人追求的吉祥寓意与趋利避害的思想密切相关。

三是情感类,赞美情操的有人们熟悉的"梅、兰、竹、菊"四君子与"梅、竹、松"的图案,有时还赋予诗句咏诵。还有赞美大自然的"凤穿牡丹""蝶恋花"等。

四是祈愿类,用以求神祭祖,如"富贵平安""麒麟送子"等反映了人们的美好愿望,这类图案大都有抽象意味。如图5-7所示为红安绣花鞋垫"步步生莲"。

图5-6 红安绣花鞋垫的花卉纹样

图5-7 红安绣花鞋垫"步步生莲"

红安绣活纹样的造型密切贴合构图,根据不同的构图需求,造型也有所不同。红安绣花鞋垫纹样题材的丰富多样,决定了构图的多样性。

总的来说,红安绣花鞋垫纹样的造型大致有以下三种。

(1)写实性题材。例如,红安鲤鱼纹样的刺绣鞋垫上部的大鲤鱼与下部的小鲤鱼相互对应,两者之间又形成左右对称,加之中部的石榴果实图案,整幅刺绣构图饱满,左右均衡,极富美感。

(2)混合型题材。例如,红安绣花鞋垫中的典型代表"凤穿牡丹纹刺绣鞋垫",凤凰作为古代传说中的鸟类,为百鸟之王,牡丹则为现实生活中的百花之王,两者交相辉映,寓意富贵。其中,以牡丹为中心,凤凰围绕牡丹向上盘旋,S形的构图让画面显得灵巧、生动。

(3) 写意性题材。红安绣花鞋垫的创作者根据自己的审美意识从自然中提取某些要素,辅助主图案表达主题思想。例如,有时取物品的谐音,如鱼象征连年有余、生活富足,还有梅、竹、松与诗句搭配,相得益彰。

红安绣花鞋垫作为湖北民间刺绣的品类之一,历史悠远,传承有序。尤其是鄂东地区楚风受吴地影响,艺术风格偏向写实性,作品大多形态具象,构图饱满,作色艳丽,富有几何图形的形式感,给人一种古朴、自然、恬淡天真的古拙之美。

三、鄂东南地区传统纺织

(一) 阳新布贴

1. 阳新的自然地理概况

阳新县位于长江中游南岸,幕阜山脉北麓,湖北省东南部,土地面积约2780平方公里,辖16个镇、1个经济开发区、3个国有农场。悠久的历史、优越的区位、丰富的资源、优良的环境,使阳新如一颗璀璨的明珠镶嵌在荆楚大地上。阳新县现隶属于湖北省第二大城市——黄石市。

2. 阳新布贴的艺术特色

布贴亦称补花,是刺绣的一种形式。它利用做衣被剩下的边角碎料,按照人们的意图在底布上拼成各种图案,先用糨糊粘牢,再用针线沿着图案纹样的边锁绣,将其固定。鄂东南阳新一带农村姑娘出嫁时,大都随身携带一个别致的"布角包",内装缝制嫁衣嫁妆时余下的各种布头。过门后,利用空闲时间为未出世的小宝宝缝制布贴衣物、抱裙、涎兜、鞋帽等,不用花多少钱,而且做出的东西漂亮、结实、耐磨。

布贴独特的刺绣制作方式,使它更注重整体的局部和变化,不拘泥于烦琐的细节。阳新布鞋如图5-8所示。

图 5-8 阳新布鞋

阳新的农家女孩,大多在十二三岁时,便在母亲或祖母的指导下学做布贴。布贴的用途十分广泛,可贴画幼儿衣饰,如抱群、罩衣、涎围、肚兜、马甲和枕头等,也可贴画虎、猫、狮等布制玩具,还可贴画新娘的莲花披肩及相关的嫁品。常见的布贴图案有麒麟送子、龙凤呈祥、榴开百子、福寿双全、鲤鱼穿莲、狮子盘球、猫儿扑蝶等。阳新布贴自由奔放、不拘一格，依据布料长短及所需造型，随方就圆、点到为止，"说得过去"就行，但求"神似""好看""热闹"即可。布贴不到者，如眉、眼、口、鼻、毛、发等处，还可佐以针线，既可增强布贴的坚牢度，也可增强其艺术感染力。

阳新布贴艺人最擅长的便是通过对自然界中的花鸟虫鱼进行大胆的想象与合理的变形，形成别具特色的装饰纹样。他们往往通过自己的想象力，将手中的各种图案进行夸张化的处理，追求把握事物的主要神态和特征，并不拘泥于生活中真实形象的一些细节刻画。阳新布贴具有原汁原味的楚文化风格，执着、古朴、野逸，题材传统，色彩浓烈，造型稚拙，构成浪漫。

四、鄂西南地区传统纺织

（一）恩施来凤土家族西兰卡普

1. 来凤的自然人文环境

来凤县位于湖北省西南部，地处湘、鄂、渝交界处，西南邻重庆市酉阳县，东南邻湖南省龙山县。来凤历史悠久，素以凤凰落脚栖息的美丽传说而得名。来凤是湖北省重要的少数民族聚居地，全境内居住着以土家族为主体的少数民族。

在土家语里，卡普是花，西兰是被面，"西兰卡普"意为土花被面。土家姑娘织的"西兰卡普"又称"花铺盖"，它是一种土家锦，以其独特的工艺和美妙的构图被列为中国五大织锦之列。在土家人聚居地酉水河畔，西兰卡普土家锦产地最早分布在湖北省来凤县河东，湖南省龙山县苗儿滩、坡脚、靛房，永顺县对山、双峰等地。

作为土家族最具代表性的手工艺品，西兰卡普历史悠久，距今已有千年历史。在历史上，西兰卡普被称为"溪峒布"，这是因为土家人聚居地为"九溪十八峒"，便以地名取之。土家族长于织作的悠久传统一直保留下来，直到改土归流前后，不论男女，还保持着"喜斑斓服色"的习俗。

2. 来凤土家族西兰卡普的艺术特征

西兰卡普最醒目的艺术特征是丰富饱满的纹样和鲜明热烈的色彩。西兰卡普图案纹样包括了自然物象图案、几何图案、文字图案几大类，其共同的特点是几何图案占着较大的比例，即使是那些取材于自然物象的描写性较强的图案，为适应彩织也化成了由方形、三角形、直线等图形和线条所剪裁组成的几何图形。

西兰卡普的图案纹样富于变化。纹样的主题喜用吉利、喜庆的寓意和山区花草、鸟兽的母题。"凤穿牡丹"象征荣华富贵，"野鹿衔花"象征寿考千年，"万"字以祝人万福万寿，"龙"以喻高贵显要，"福禄寿喜""长命百岁""富贵双全"等文字图案的立意就更为明显了。从中可以看到勤劳智慧的土家族人民对生活的热爱，对自己所生活的自然环境的深厚感情，以及对美好生活的强烈向往。

在色彩上，西兰卡普图案的色彩鲜明热烈。在色彩调配上颇有讲究，有一首三字歌诀唱道："黑配白，哪里得。红配绿，选不出。蓝配黄，放光芒。"表明了西兰卡普喜用对比色，用黑白衬托钩提。各种钩状、锯齿状、梳齿状、缝合状、连锁等边饰，加上各种多角形的小花作为点缀，又以黑色衬底，以白色镶边。于是，主次纹样由于黑白的衬托而显得既界限分明，又连成一体。西兰卡普喜欢用暖色，大橘黄之类为基调，用于主要部位，具体配色又是变幻无穷的。如图5-9所示为阳雀花的纹样。如图5-10所示为马毕花的纹样。

另外，西兰卡普的传播范围存在一定的地域局限性，这与鄂西南地区从古至今较为闭塞的地理位置与不太便利的交通条件有一定的关系。

图 5-9　阳雀花的纹样（刘寒拍摄）

图 5-10　马毕花的纹样（刘寒拍摄）

（二）恩施土家族传统民间服饰

1. 恩施土家族传统民间服饰的基本概况

恩施土家族苗族自治州是鄂西生态文化旅游圈的核心区。这里有两百多万年前"建始直立人"留下的世界最早的"古人类文化"，有与楚渝文化交相辉映的"巴文化"，有精美绝伦的土家织锦西兰卡普。如此丰富多彩的文化造就了绚烂的恩施土家族民间服饰。

2. 恩施土家族传统民间服饰的形态特征

恩施土家族男装如图 5-11 所示。

老年男子穿长袍，冬为棉，其他三季为单或夹。短领；右斜衽，至腰间转直衽，斜衽钉布扣，直衽无扣或部分有扣。腰间缠布腰带，腰带上挂布烟包或牛皮烟包，别竹蔸或竹竿铜头烟袋，走路和劳动时将长袍右角掖入腰带，便于腿脚活动。穿棉长袍时，有的在上身再穿一件棉领褂。头包白布或青布帕子，长约八尺到一丈，成圈形盘在双耳上方，露头顶，巾头向下留于左边。鞋子分冬夏和劳闲时转换，冬穿深口蚌壳口棉布鞋，春夏秋穿小圆口夹布鞋，劳动时穿偏耳或满耳草鞋，一般不穿袜子，打白布裹腿；天冷时用棕皮包脚，再套上草鞋；有的人家备有牛皮钉鞋，供雨天穿用。中青年男子不穿长袍，不穿棉衣，穿单或夹对襟短衣，矮领，下摆两边缀无盖口袋，装烟包或其他杂物；有的打"过肩"，即在背部上方肩颈部另缀一块布，用针线缝实，使衣服耐磨耐穿；头缠白布头巾，圈纹露巾头，将烟袋插入头巾中。不穿棉鞋，在家闲时穿小圆口布鞋，外出和劳动时穿偏耳草鞋。不穿袜子，打裹腿，与老年人不同的是，裹腿纹路除圈纹还打人字纹，显得人精干雄健。

所有成年男子都不习惯穿内裤，只穿单层大裤腰、大裤脚便裤，俗称"一二三"，裤腰喜用白色。腰系一根带子固定裤子，大多数人睡觉时也不取下这根带子。有的人干脆不系裤带，将裤腰折叠卷一下掖住就行了，以便于穿脱。有近身活路做时，围围腰，称"水围腰"，用长方形布块在上端两头缝或系上带子，围系在腰间。有的用一包袱布，将上端两角系于腰后即成。

恩施土家族女装也别具特色。如图 5-12 所示是在举行重要的嫁娶仪式时当地的女性所穿的服饰。

在日常生活中，女人皆不穿长袍而穿斜衽短装，卡腰。年长的女人衣身长一些，至腹下，卡腰小一些，显得庄重；年轻女子衣身短一些，至腹上，卡腰大一些，将细腰、高胸、凸臀显现出来，人就青春娇媚一些。上衣的领口、袖口、衽口、下摆在制作时，用同色布条镶边，这样便形成曲直协调的带状隐形花边，加上扣子多用琵琶形，增加了衣服的美感。

女人爱系围腰，这种围腰不同于男子围腰只是为了劳动，而是除方便劳动外，还为了增加服饰和整个身段的美丽,其形制较长,上至颈部,下至腹部,上小下大;上端用系带系于颈后,中部用系带系于腰后;上部因小窄只遮住胸间,露出乳部;中部系紧后,突出了乳房和腹部,虽与前面所述上衣一个调式,但使女人的特点展露得更充分。

当然这种围腰除方便劳动和彰显女人的美丽外,还有方便女人哺乳的功能,围腰上部因未遮住衣服的衽口,将衽口扣子解开便可给小孩喂奶。讲究的女子会在围腰上绣上花草动物,绣得不多,只是恰到好处的点缀,显得干净利落而不花哨。恩施土家妇女喜穿的"三滴水",即里外几层衣裤,里边长,外边短,层层露边,这也许与露富心理有关,过去土家人贫穷,难得添置新衣,逢年过节或赶场走亲戚时,就穿"三滴水"展现给外人看。

恩施石灰窑一带的土家族姑娘,在农历七月十二"女儿会"这一盛大的传统节日里,都会穿上自己最漂亮的衣服,按衣裤的长短,从里到外,依次重叠地穿,佩戴上自己最好、最珍贵的金银首饰,打扮得格外美丽俊俏。

如图5-13所示为恩施土家族儿童服饰。

恩施土家小孩的服饰中最讲究的帽子,按小孩的年龄和时令季节确定帽型,夏季带冬瓜帽、蛤蟆帽,冬季带虎头帽、冬瓜帽、风帽等。这些帽子的帽面,除用五色丝线绣有种种花鸟虫鱼外,还钉有文八仙、武八仙、十八罗汉等装饰品。再就是小孩穿的"虎头鞋",其造型稚拙、憨厚、质朴,有着浓郁的乡土气息和传统的装饰风格,它以情感为纽带,以事物固有的性格特征为核心,通过特定的、极度夸张的外形特征,张扬事物的真、善、美,舍弃老虎的威猛凶暴,以猫温柔可爱的品格取而代之。颈项戴痰枷,以接涎水,还戴有项圈,圈上系银质响铃和"百家锁"等饰品。胸前围有花兜儿,手脚杆上戴银圈,圈上系有银槌、银铃。脚穿"粑粑鞋""猫头鞋",鞋上均绣五色花卉。不管是帽子还是鞋子,既可以看出年轻妈妈的刺绣水平,也体现出母亲对孩子的内心情感,希望自己的孩子无病无灾、健康快乐地成长,表达了对孩子的美好祝愿和护生的民俗心态。

图5-11 恩施土家族男装

图5-12 恩施土家族女装

图5-13 恩施土家族儿童服饰

3. 恩施土家族传统民间服饰的特点

恩施土家族有句俗语叫"人是树桩,全靠衣裳",土家人对穿着打扮历来十分讲究并且非常注重实用。如有一种称为"背褂子"(马甲)的服饰,深受土家族男女老少的青睐,穿着它可避免背篓磨坏衣服,春秋穿夹背褂,冬天穿棉背褂,富裕人家则穿皮背褂。还有土家男人系裙的习惯,一般系三幅围裙,这是一种由三层重叠的蓝布或白布构成的特殊围裙,能起到挡风保暖、保持衣服整洁的作用,或在抬重物时用作垫肩,或在地里劳动休息时垫坐。在土家族中流传着一句顺口溜:"三幅围裙白布腰,打得粗来进得朝,棉花织的家机布,人不求人一般高。"生动地描绘了三幅围裙的功用和穿着者的自豪感。

图案是恩施土家族服饰的重要组成部分,起着传情达意的作用。在恩施土家族服饰艺术中,无论是图案纹样还是装饰的图画,其寓意的中心主题都是"吉祥"。朴素装饰纹样的吉祥主题不仅表明了土家人对未来的希望和理想,而且以寓意的方式表征着土家人改变生存环境的艰苦努力和征服困难的伟大意志及不屈的力量,它既是理想性的又是现实性的。

恩施土家族的传统文化心态与其他民族一样,崇尚吉祥、喜庆、圆满、幸福和稳定,这一理念反映在服饰图案上,则表现为追求饱满、丰厚、完整、乐观向上、生生不息的情感意愿,通过图案造型,向人们展示民俗文化理念的深层底蕴和生命情感。如喜欢在作为嫁妆的鞋垫、肚兜上刺绣鸳鸯戏水、喜鹊登梅、凤穿牡丹、富贵白头、并蒂莲、连理枝、蝶恋花及双鱼等民俗图案,以隐喻的形式,将相亲相爱、永结同心、白头到老的纯真爱情注入形象化的视觉语言中,反映了朴素、纯洁的民俗婚姻观。

色彩是恩施土家族服饰视觉情感传达的另一个重要元素。服饰色彩语义的传达依附于展示媒体,通过视觉被人们认知,不同的色彩其色彩性格不同,作用于人的视觉产生的心理反应和视觉效果也不尽相同,恩施土家族服饰色彩的形成和传达,在很大程度上受独特的人文意识的渗透和民族习俗的影响,土家族服饰文化最突出的特点是穿着尚简朴、喜宽松、重喜色。男子日常服装常以青、蓝、白三色为服饰主色调,表达一种质朴浑厚、洁净爽朗、简朴素净的自然之美;女子服装色彩丰富,将布染成"鹿子闹莲""喜鹊闹梅""双凤朝阳""蜻蜓点水"等喜庆的图案,在使用面积、色彩冷暖和肌理纹饰等方面,既形成强烈的艺术对比,又协调统一,体现出精神意义上的审美品格。

恩施土家族服饰的表现材料多种多样、异彩纷呈。其运用、发展和终结,与本民族服饰的民族审美意识和民族经济发展相关。土家族先民从采集树叶与兽皮为衣,发展到以葛麻类植物为织物,到后来用蚕丝作织物,经历了漫长的过程。材料的更新替代,始终以审美信息传达为中心并为之服务,式样、色彩、纹理、结构等构成元素的变更,产生了诸多不同的艺术交流语言,这些艺术语言即构成了本民族特定的造物文化。

4. 恩施土家族传统民间服饰的文化内涵

自古以来,土家族人民始终追求吉祥、美满的生活理想。在服饰艺术中,无论是图案纹样还是装饰的图画,其寓意的中心主题都是"吉祥",这是一个延绵千万年的永恒主题。吉祥是中国人对万事万物希冀祝福的心理意愿和生活追求,它也从一个侧面反映了装饰至善至美的本质。

恩施土家族服饰上吉祥符号的出现源于吉祥意识的产生。先民们对人类自身疾病、瘟疫和死亡充满迷惑和畏惧,以为是魔鬼侵入体内作怪,需要借助某一物或神帮助他们向妖魔发起进攻,驱鬼逐妖,消灾灭害,保佑平安。因此,他们举行规模宏大的舞蹈仪式,创造出他们认为魔鬼们害怕的形象,作为他们家庭、氏族的保护神。

土家族人的宗教分为信仰土王、信奉梯玛和崇拜自然三类。如土家山寨普遍建立的土王庙,供奉有八部大王、彭公爵主、向王天子、覃后王等。梯玛(土老司)则是民间的"活神仙",凡驱邪赶鬼、治病救人、禳灾还愿等,必请梯玛。对土地神、四官神、五谷神、灶神、白虎神、猎神、树神等,更是顶礼膜拜。在此基础上,图腾出现了。图腾的实体是某种动物、植物、非生物或自然现象,甚至是人为创造出来的形象。土家人最初将图腾当作祖先崇拜,再后来将图腾认作保护神。因此,图腾是宗族的祖先,同时也是保护神。继而土家人有了自己的图腾圣地、图腾仪式、图腾物象、图腾色彩、图腾音乐、符号图形等,这一点与当今的现代企业形象识别系统的内容,如企业精神、行为规范、企业标志、吉祥物、标准色、象征图形等在形式上是非常接近的,与现代企业所追求的企业内部员工的凝聚力和互助精神及追求的品牌个性也是一致的。

第六章

湖北传统编织

HUBEI CHUANTONG BIANZHI

第一节
湖北编织艺术概况

一、编织工艺的基本概念

编织是指利用植物的茎叶按照一定的编织方法将其经纬相交制作各类用具的工艺形态。由于这种工艺取材方便、操作简单,在我国各地都可以看见编织工艺的踪迹。各地的劳动人民就地取材,用各种植物茎叶编织各种器物用品,以满足自身生活和审美需要。

编织工艺又可分为天然植物纤维编织工艺和丝织工艺。我国的编织工艺,根据其所用材料,主要有竹编、草编、苇编、柳编等不同种类。湖北天然植物资源丰富,早在春秋战国时期已有竹藤器生产。湖北民间用竹丝、苇叶编制的昆虫、禽鸟等工艺品,十分生动可爱;竹编农具具有朴素的情趣和接近自然的审美韵味,在中国的编织史中占有重要地位,同时也是劳动人民审美创造的智慧结晶。

同时,我们应注重保护传统的手工编织技艺。非物质文化遗产的自身价值表现为尊重传统技艺的原生性。传统技艺的传承并没有超出家庭、行业门派的范围,未形成如近代西方社会中的机械化大生产的规模。但是从另一个角度看,却使这些传统技艺在历史长河中保存了原貌,在相对封闭的环境下呈现出原生性,这亦契合了中国传统的"父子相传、传宗接代"的家庭观念与自我循环的师徒门派关系。

二、湖北编织艺术的主要种类

湖北编织的艺术历史悠久,用途广泛。按照具体编织作品的实际用途可以将其划分为以下三类。

(一) 生产用编织作品

编织工艺作品由于其原材料容易获得及造价低廉等,被大量用作生产用具。作为生产用具的编织作品也占据了湖北编织艺术作品的绝大部分。例如,在麻城、监利等鄂东及江汉平原地区,生产用编织作品主要有筐、篓、簸箕、筛子等。

同时,由于湖北河网纵横、湖泊星罗,湖北编织还被大量用于制造渔具。鱼篓、鳝鱼篓是这一类编织渔具中最为普遍的代表器形。

(二) 生活用编织作品

除了用于大量制作生产用具之外,湖北编织工艺还被广泛用于制作生活用具。生活用具是除了生产用具之外最为普遍的编制种类。在湖北,这类生活用编织作品主要有笼屉、竹椅、藤椅、扇子、食盒等。

(三)赏玩用编织作品

最后一类湖北编织作品是赏玩用编织作品,这一类编织作品主要用于制作儿童玩具,其中以草编为主。由于农村物质资源相对匮乏,因此在农闲时期,许多家长会利用编织这种相对简单而且材料易得的工艺来为孩子制作一些简单的编织玩具。这些玩具主要是利用剑草编织的昆虫、动物,其形态可掬,具有简约、概括的艺术特征。

第二节 湖北各地竹编工艺

一、湖北竹编工艺概述

竹子原产于中国,不仅品种众多而且分布范围较为广泛。在中国,主要分布在南方地区,如四川、湖北、湖南等。同时,中国也是世界上产竹最多的国家之一,竹类约有200多种,分布于全国各地,以珠江流域和长江流域最多,秦岭以北雨量少、气温低,仅有少数矮小竹类生长。

湖北地区主要以丘陵为主,地势起伏较小,土层较厚,宜农宜林,林牧业用地资源较为丰富。竹类喜温暖湿润的气候,不太适应寒冷和干旱的气候。

"据调查,湖北乡土竹14属65种,以刚竹属、箬竹属、慈竹属、筇竹属、短穗竹属和巴山木竹属为代表;现存竹类21属171种;现有竹林13万公顷,居国内第8位,是中国竹产区的重要组成部分。湖北竹类区系较复杂,竹亚科植物东西渗透,南北交汇,集散生竹区、混合竹区和丛生竹(慈竹)区于一体,是毛竹分布的东缘和北缘、慈竹分布的东缘、孝顺竹分布和单竹栽培的北缘。"[①]由此我们可看出,湖北地区竹子资源丰富且品种繁多,这些先决条件为湖北的竹编工艺提供了良好的创作原材料。

另外,湖北竹编工艺历史悠久,早在新石器时代,湖北地区就已经出现了编织工艺,在湖北境内发现的屈家岭文化遗址、大溪文化遗址等新石器时代的文化遗址中都有发现早期编织工艺作品。人们在当时的生活实践中,不断地积累经验,发现竹子的特性,譬如干脆利落,开裂性强,富有弹性和韧性,而且能编易织,坚固耐用。于是,竹子便成了当时器皿编制的主要材料。据考古资料证明,人类是先有编织工艺,而后才掌握的制陶工艺。先人用竹藤编制的器型作为模型,而后在其内外糊上泥,制成陶坯。

自古以来,湖北的编织工艺相当发达。早在新石器时代的相关文化遗物中就发现有陶片上清楚地印有绳纹、编结纹。同时,根据相关考古发现,在当时已经有竹编器具存在。战国时期,编织工艺有了长足进步,湖北楚墓出土了彩色竹席和竹篾,编织工艺十分精巧。

---

① 熊德礼,吴志庄,冯祥成,崔鸿侠,葛武清,陈文武.湖北竹类的自然分区研究[J].世界竹藤通讯,2012(2) 作者简介:熊德礼(1967—),男,硕士,副研究员,主要从事竹类研究,来自湖北省林业科学研究院。作者论文发表年份为2012年,数据有待更新。

之后,在隋唐时期,湖北的编织工艺得到长足的发展,出现了一批闻名全国的优质编织产品。特别是鄂东的蕲春(古称蕲州)所出产的蕲竹编织,更是风行一时,是当时著名的优质地方产品。

明清之际,由于社会生产力的不断提高,湖北编织工艺得以进一步发展。这一时期,编织工艺作品的门类更加完善。除了制作日常生产生活用品之外,还出现了大量编织细活。这些作品往往从选材到制作都精益求精,反映出极高的工艺水平。

二、湖北竹编工艺的具体分布

(一)湖北武穴章水泉竹器

1. 章水泉竹器的从艺简历及历史沿革

章水泉竹器是驰名中外的民间手工艺品,至今已有七十余年历史。章水泉祖辈以竹器手艺为业,从其祖父章景辉到其父章永兴(又名章桂和),皆以"章泰和"为牌号,专制竹椅凉轿自产自销。

章水泉自幼随父学艺,以大件家具为主,制作一般桌、椅等实用品。他思维敏捷,聪慧过人,数年后技艺超过前辈。民国初年,曾为县长张某订制"能坐、能躺、能卧"的三种功能的竹轿,又匠心别具为浙商制作了全套宁波式的竹制家具,皆为前所未有的独创竹器,工艺精巧,从此他声名鹊起。民国四年(1915年),章水泉制作的两把小花竹椅在巴拿马太平洋万国博览会上获一等奖。

章水泉集明代传统竹器艺术之大成,将制作木器家具工艺运用到竹器工艺制作上,拓宽竹器、竹编、竹雕共二百多个竹艺品种。他制作的竹器家具和工艺品,具有不易散架、不易变形、不易发裂、无破损、无虫蛀、精致美观、经久耐用的特点。

2. 章水泉竹器的工艺特色

章水泉竹器选料考究,多为湖北广济的广竹和江西瑞昌的金竹及各地的毛竹、紫竹,含糖分较少,不易生虫。

在造型上,章水泉突破前人陈规,吸取我国明代木器的风格并将其巧妙地运用到竹器工艺之上,自成一绝。他制作的花竹梅,四脚用整竹围口,以紫竹做衬,再将小竹芽拼成透空龟纹。靠背两边,由对称的斜形"万字格""古老钱"拼成,中间是一色正米字格作支托力量。竹椅呈黄色,支撑为紫色,两色相衬,分外鲜明。用竹芽拼成透空民间图案,好似竹篾编织而成,显示了竹的特色,给人以清新灵巧之感。

章水泉首创的竹制六方桌、八方桌等,设计新颖,玲珑剔透,是实用与欣赏相结合的竹器珍品。1959年,章水泉及其徒刘四久精心制作了一堂竹制家具,陈列于北京人民大会堂湖北厅。

制作精细、结构严密、经久耐用是章水泉竹器的又一显著特点。他用小竹片拼成的椅面、桌面,密实合缝、光洁平滑,并且不夹衣,不透水。他还能将竹筒展开成整块三夹板一样的椅面。有的竹椅已历经半世纪,被汗水浸渍得泛起一层暗红色,却依然牢实如故,不散架,不变形,不发裂。

牢固而不粗笨,精巧而不单薄,富有装饰而又不流于烦琐,这正是章水泉竹器的可贵之处。

3. 章水泉竹艺的传承

章水泉是在周恩来的关怀下从民间发现的。1954年,周恩来出席日内瓦会议期间,从外国友人处听到中国竹器曾在国际赛会获奖之事,非常高兴。回国后,即委托李先念查询此事。

1956年初,章水泉应邀列席湖北省第一届人民代表大会第三次会议,接着又出席湖北省首届工农业劳动模范代表大会。当时的湖北省省长张体学曾亲切接见章水泉，并决定请他来汉传艺。同年4月，章水泉携家来汉定居和传艺，并从武穴带来章四生、刘四久、陈忠发、许光畅四名艺徒。武汉市手工业管理局特组建了竹器工艺生产合作社（即第一竹器生产合作社），邀请章水泉带徒传艺，并兼任当时的武汉市工艺美术联社副主任。

他先后培训三批艺徒20人，并继续钻研技艺，创新品种，在1956年湖北省美展和武汉市生活日用品展览会上，章水泉竹器分别获得甲等奖和荣誉奖。同年11月，武汉市人民政府授予章水泉"老艺人"称号。

4. 章水泉竹艺传承的后续影响

章水泉老艺人不仅自身技艺超群，而且培养出了一批后继的传承人，为武穴章水泉竹艺的发展提供了后续人才队伍。"利用章水泉竹艺品牌和丰富的竹资源优势，组织了章水泉二代、三代传人范道正、刘国安、甘建国等老艺人，利用武穴纸厂改制后闲置的厂房，创办了武穴市竹艺制品有限公司。投资400万元，于2009年5月开始动工筹备，7月份正式投入生产。"[①]

章水泉三代传人毫无保留地传授技艺，创造出了与竹编、竹雕、竹器相关的新工艺及一系列的竹艺新产品。其创新产品主要有仿明清竹艺家具和竹器、竹雕、竹编三个系列产品，共约300多个品种，其中仿明清竹艺家具在国内独树一帜。

（二）蕲春竹编

1. 蕲春的自然人文环境

从总体上看，在自然条件方面，蕲春北倚大别山，南临长江。在地理环境上，这一区域以河流冲积平原和丘陵为主，发达的水系，使这一地区河网密布、湖泊星罗，拥有沛充的渔业资源和交通区位优势。在经济形态上，这一区域主要以平原农耕经济和湖区渔业经济为主。此外，由于得天独厚的交通优势，这一区域还是中国重要的商贸通道，有发达的商品经济基础。在文化传统上，这一区域深受楚文化影响，作为楚文化圈核心区域或辐射区域，鄂东蕲春传统技艺都流露出浓郁的"浪漫诡秘"的楚风。[②]

发达的交通区位优势和复杂的文化构成，使这一区域的文化呈现出多元化发展形态。特别是大别山区的竹、柳、草等植物资源丰富，为鄂东蕲春地区提供了丰富的编织原料，加之悠久的竹类资源利用史，鄂东蕲春地区诞生了发达的竹编工艺。

2. 蕲春竹编的历史沿革

人类历史文明在蕲春大地上已经延续了五千余年。蕲竹是蕲春著名的土特产之一，与蕲艾、蕲龟和蕲蛇并称"蕲春四宝"。明代弘治《黄州府志》载："蕲竹，亦名笛竹，以色莹者为簟，节疏者为笛，带须者为杖。"因为它产在蕲地，其性能状态与一般竹子不同，故名蕲竹。一般竹子为环节，蕲竹为绕节，节与节之间辗转相绕，组成一个个的菱形，壮如罗汉肚。蕲春竹编就是以这种当地特殊的蕲竹为原料来进行编织的，这种编织艺术有着悠久的历史。

据说，早在两晋时期，蕲春就已经出现了以蕲竹为主要原料的编织艺术。由于色泽晶莹，有如琉璃、美玉，质地坚韧，劈篾如丝，用于做簟，柔软如绵，折叠如布。

到了唐宋时期，蕲春竹编艺术发展到了第一个高峰时期。这一时期，蕲春竹编风行全国，特别是利用蕲竹所编织的"蕲簟"，成为夏天时上流社会的一种高级卧具，被唐代宫廷列为贡品。同时，在唐宋时期，除了用蕲竹来加工制作一些生活用竹编工艺成品以外，蕲竹还被大量用于制作乐器。据文献记载，用蕲竹做的竹笛、箫管，

[①] 程道炳,余辉.章水泉和他的武穴竹器工艺[J].世纪行,2015(5):40-43
[②] 张昕.湖北造型文化遗产审美论纲[M].武汉:武汉大学出版社,2014

音质清幽柔和,有细水下幽潭、珍珠落玉盘之妙。

明清时期,蕲春竹编进一步发展,在技术上达到鼎盛,工艺日臻完美。据《蕲春县志》记载,明清之际,蕲春竹编的作坊匠铺有的已经具有了相当的规模,并且日趋兴盛。艺人们在了解了蕲竹的材料质地后,将其分解,再根据自身需要将其重新组合起来。继而,变成另一个兼具实用和审美的生活用品或玩具、器皿。这一时期,蕲竹被大量用于编织凉席、凉枕、竹椅、竹床等生活用品。

3. 蕲春竹编的工艺特点

由于蕲春竹编在制作过程中所使用的材料是特殊的蕲竹,因此在编织过程中,蕲春当地工匠充分利用了蕲竹的各种物理特性,将这些蕲竹所具有的特征充分发挥,使蕲春竹编与其他地区的竹编有着明显不同。蕲春竹编的制作环节有制篾、修篾、染篾、编织、修整、打磨、抛光等,其中最为特殊的是蕲竹编织工艺独特的制篾和染篾编花技艺。

制篾是竹编工艺中最基础也是最为关键的一环,所谓制篾,是指按照竹子的纤维结构,将其切分为纤维薄片。在这个过程中,改变竹子的物理形态,使竹子纤维化,从而能够进一步运用这种纤维化的竹子来进行编织。由于蕲竹密度高、纤维韧度强,蕲春工匠在制篾过程中就能够切分出更加细腻、柔软的竹篾。据相关文献记载,顶尖的蕲竹工匠能够制出细如发丝的竹篾。正是蕲春竹编在制篾时的这一工艺特点,才使得蕲春竹编能够产生"柔软如绵、折叠如布"的独特效果。

除了独特精湛的制篾工艺以外,蕲春蕲竹编织工艺第二个显著特点就是染篾编花技艺。所谓染篾编花技艺,是指将制作好的竹篾利用天然着色剂进行沾色处理,之后在编织过程中,将复色的竹篾进行穿插编织,从而形成图案的制作工艺。这种工艺吸取了纺织工艺的相关艺术处理方法,丰富了竹编艺术的艺术语言和表现形式。

另外,大多数竹编工艺依旧采用手工编织,蕲春竹编的编织方法千变万化。在制作过程中所使用的材料是蕲竹,由于蕲竹本身的韧性较好,竹编的方法也多种多样,有的甚至上达百种,依据不同用途又发展出相异的方法,基本可分为四边编法、六边编法、八边编法、弧形编法、网状编法等,甚至有编出文字、立体编织、混色编织的方法,若是几种编法交织使用,那更可用"吾编无尽"来形容。

4. 蕲春竹编的工艺审美特征

鄂东地区,由于地理环境、经济类型和文化传统等因素趋同,故而在传统技艺的审美特征上,具有高度同一性。概括而言,鄂东蕲春地区的竹编工艺主要表现为过渡、对冲和折中。

秦岭淮河一线,是中国南北地理分界线。此线南、北,无论是自然条件、农业生产方式,还是地理风貌、生活习俗及文化特征,都有着明显的不同。而鄂东地区,正好处于南、北分界地带,成为南北过渡的重要地区。另外,鄂东蕲春地区又正好处于长江中游的过渡地区,上衔川渝,下接吴越,中国东西文化沿长江流动,并在长江中游地区交汇、冲突。因此,长江中游鄂东地区竹编工艺在审美特征上有明显的过渡风格。具体可概括为:南北过渡,承东启西,色彩折中,刚柔并济。[1]

另外,由于历史积淀与当代生活的巨大落差,在传统工艺的认知与形态上,长江中游各区域也不尽相同,存在强烈的观念对冲。长江中游的鄂东地区,作为我国重要的南北东西过渡区域,不同的文化在这里交融、碰撞。随着这种碰撞的发生,不同的审美认知与美学形态也在此汇聚,并且不断碰撞、对冲。[2] 其直观表现就是,长江中游各区域在审美认知与传统技艺和民间美术中表现出具体风格上的不同。鄂西北地区与鄂东地区在传统技

---

[1] 肖世孟. 先秦色彩研究[M]. 北京:人民出版社,2013.
[2] (美)鲁道夫·阿恩海姆. 视觉思维——审美直觉心理学[M]. 滕守尧,译. 成都:四川人民出版社,1998.

艺的审美形态上所表现出来的差异性,就是审美认知与形态对冲的结果。

(三) 麻城竹编

1. 麻城的自然人文环境

麻城市位于湖北省东北部,大别山中段南麓,长江中游北岸。麻城市是一个人文荟萃、历史悠久的风水宝地。麻城历史悠久,相传早在春秋战国时期,大将麻秋奉旨在此筑城,故名"麻城"。

由于地处鄂东地区,麻城自古便有"吴头楚尾"之称。正是这种独特的地理位置,使得麻城成了文化缓冲地带。加之历史上几次大规模的政府移民运动,麻城都处于移民起点或必经之地,使得这里的文化更具兼容性。

2. 麻城竹编的品种分类

麻城竹编从功能上大致可分为日用品、生产工具、家具和工艺观赏品四大类,它们都各具特色,竹编生产工具包括簸箕、篓、笼、筐、筛、箩等。

1) 簸箕

竹编的簸箕既是生产劳动工具,也是农家用具。如图 6-1 所示为铲状簸箕,主要用于淘米、洗菜,或是煮饭时过滤米汤。铲状的簸箕较为扁平,做工较粗糙,篾匠通常用塑胶充当竹篾,混合编制而成。提梁部分以竹条弯制,呈三角三点式固定,底部以竹篾编制,呈盛土肥铲状,既便于扁担挑运,又便于倾倒,主要用来收集垃圾。还有一种竹篾编织的圆形簸箕(见图 6-2),外沿是竹条,内部是平整有光泽的箕斗,容量较大,通常用来加工谷物,碾米,扬场,填磨。虽然现代材料的用具不断更新,竹编簸箕却依然在农家生活中发挥着作用。

图 6-1　铲状簸箕

图 6-2　圆形簸箕

而另一种簸箕,编制耗时,技术含量高。窝深,三面立起,一面敞开,不撒粮食和簸物,比较厚实,转角处的圆滑造型,既起到固定的作用,操作起来也很方便,不会弄伤手。当地人常说凭手艺吃饭,凭力气干活,手艺娴熟者,每天可以编制三个,造型周正好看,且质优耐用,美观大方,曾有"簸箩不漏水""簸箕盛半斗"之说,价格在二十几元左右。簸箕的特点是不怕水、耐用,保存得法可使用十几年。

2) 箩

常用的箩有两种,一种是箩筐,圆口方底,每两个一对,用扁担挑着运送粮食。另一种是扁箩,圆而扁,直径近 1 米,用于晾晒粮食,腌制食品等。箩筐的容积较大,多以竹和藤两种材料混合编织。麻城的箩筐多为方底圆口,筐口造型接近正圆,器型的腹部向外鼓,与酒缸的造型十分相似。箩筐高 50 厘米左右,筐底呈四角正方形,编织者考虑耐用的因素,在编织的时候整体采用加固的手法,将竹篾削薄削细,箩筐底部和四周比竹筛密,筐底厚实、耐用美观且承重力强。如图6-3所示为箩筐。

竹箩编织,从选材到成品,工序细腻,编织过程有起底、立脚、织箩身、绞口、缠箩口、上耳、固足等工序。每道工序都不能马虎,尤其是起底、立脚、织箩身,与竹篾是否美观实用息息相关。各个环节处理好了,一个上圆下方、口径约为60厘米、深约50厘米的竹箩才算完工。从整个加工过程来看,工序烦琐,全用手工制作,特别是竹篾中的上品,大小一致,色泽柔和,如同用机械模具制作的一般。又因为水土的原因,麻城的竹篾不易生虫。这些竹箩实用性强,结实耐用,无毒无害,装蔬菜、果品、粮食尤为方便。

3) 竹筛

竹筛是用竹子编的网状的农用工具之一,竹筛比簸箕小,筛底部是细小的孔,用以分离物的粗细。民间称之为"竹筛子",用于粮食、面粉的加工筛选,谷物的去尘、去沙等。如筛糠、筛米等,用筛子来回摇晃谷物,一前一后,这样无用的沙和杂质就会被筛出去。如图6-4所示为竹筛。

图6-3 箩筐

图6-4 竹筛

4) 晒席

晒席实际上是竹席的一种,即用来晒谷物的席子。外形似竹席,但比坐卧的竹席宽大,供一年四季放在地上晒谷之用。以长方形为主,长6米,宽2.5米左右。用竹篾或是芦苇编成。麻城属于亚热带季风气候,梅雨季节,阴雨绵绵,而且全年雨量充沛。人们可以利用晒席,将谷物平摊于席面,在室内晾干,以免谷物变质发霉,等天气渐好时,可在外晾晒。

5) 晒盘

晒盘是用竹篾编制而成的一种圆形晾晒盘,它的形制和晒席有所不同。据《农政全书》载:"晒盘,曝谷竹器,广可五尺许,边缘微起;深可二寸,其中平阔,似圆而长;下用溜竹二茎,两端俱出一握许,以便扛移。"麻城当地的村民们每到丰收季节,都会用晒盘晾晒农作物,色彩鲜艳的农作物摆在大小不一的晒盘里呈现出一幅壮丽的景象。

6) 竹篓

竹篓包括鱼篓、提篓、背篓、筷子篓多种。在南方交通不发达的地区,背篓是农民主要的运载工具,不论是下地劳动、上山采摘,还是走亲串友,都用背篓驮运东西;早期的时候,山区快递员也是全靠背篓运送邮件和货物的。背篓与人体的接触面积相对大于挑担和提篮,爬山或走小路都比担挑、肩扛更省力气。大的背篓上身后能高出人头两尺。现在,交通发达,道路畅通,运载工具不断进步,背篓也逐渐被淘汰,使用范围越来越小,不少背篓已经被送进了民俗博物馆。如图6-5所示为背篓。

7）竹笼

竹笼分两类，一类是盛装禽类或昆虫的容器，如鸡笼、鸟笼等。鸡笼在宋代大足石刻中已有发现，是农家副业生产的工具。鸡笼的形式很多，有固定式鸡笼，不能挪动；也有提携式鸡笼，可以搬动挪移。有的鸡笼装有活门，以便开启、关闭。

另一类是笼具，用于支撑或罩盖的用具，如烘笼、熏笼。烘笼用于烘干，罩在火炉或炭火盆上，上面铺盖需要烘干的被褥衣物或烟草、蔬菜，靠火力将水分烘干。熏笼也叫香笼，用于熏香衣物。还有一种罩笼，呈半球形，竹编骨架，表面缀铁丝纱或塑料纱，用于罩盖食品。又有竹编筷子笼，通风透气性比较好，盛装筷子可保持干燥。如图 6-6 所示为竹笼。

图 6-5　背篓

图 6-6　竹笼

8）渔笼

在渔业方面，当地渔民多用一种长形、小头、敞口的竹编渔笼在河流湖泊中捕鱼。笼口内有逆向的竹篾"倒须"，笼内置鱼饵，鱼进入竹笼，在倒须的作用下不得复出。这是一种古老的捕鱼工具，古代称之为"笱"。

3．麻城竹编的制作工艺

竹编工艺开始编织之前大体需经历采竹、削节、破竹、劈篾、刮篾这五个步骤。

竹编编织工艺使用的竹材是严格地从竹林中间开始挑选的，选择竹节较长的一年青竹，竹子要求无划痕、无色斑，砍竹后将新鲜的竹子浸泡 24 小时使其缩水，并在三日内进行削节、开片。

削节也称为"卷节"。刚采下的竹子有明显凸起的竹节，在竹编工艺里被称作"节峰"。破竹之前，必须先把节峰削平，在不断循环转动竹筒的同时逐步切削，也可以用手刨刨平节峰，使竹节和整支竹竿表面达到一定的平滑。

破竹则是根据用料需求将整支竹材分段截取为若干段，从竹材的根部相对较粗的一端下刀，将刀刃向下对准竹断面的直径，用木槌敲击刀背，把削平的竹材一分为二，劈较短竹材时，刀背向上放在工作台上，使刀刃劈入竹材。

劈篾是将破好的竹条处理成细薄而有韧性的竹篾，这个步骤为"劈篾"。劈篾有两种方法：一种是沿着竹材直径方向下刀，也就是纵向将竹材劈成细条，每根竹篾都保持着竹材从外到里的所有成分，即有竹皮、竹肉和竹黄；另一种则是沿其圆周方向下刀，也可理解为横向处理，最外面的一层竹青称为头篾，第二层为二篾，余类推，最里面的一层是竹黄，头篾的韧性、光泽度最好，二篾、三篾递减。

刮篾是进一步加工劈好的竹篾，使其宽窄、厚薄达到相同的程度，且光洁均匀，从而达到编织要求。手工艺人最常用的方法是使用"斜角刀"，让两把斜角刀的刀刃相对，调整好两刀的距离，刀尖钉入木板或工作台的台面。把竹篾从两刀之间插入,用力拉出,使之宽窄一致。或是使用篾通器,把竹篾穿入孔洞,用钳子夹住竹篾的端头,用力拉出,强迫竹篾通过孔洞,反复几次,竹篾即成为光润均匀的圆柱形竹丝,这种刮篾法叫"拔丝"。

经过以上五个步骤之后,便可以进行编织。在整个编织过程中,以经纬编织为主,在经纬编织的基础上,还可以穿插各种技法,如疏编、插、穿、削、锁、钉、扎、套等,使编出的图案花色变化多样。

4. 麻城竹编的编织特征

1) 平面编织

(1) 十字编织。

平面编织中较为常见的是十字编织,将竹篾以经纬线方式垂直编织,在经线下穿三根纬线再压在经线竹篾上,一经一纬、一横一竖形成十字纹样。如图6-7所示为十字编织。

(2) 凌纹编织。

用四根经篾交叉,在交叉处编入纬篾,形成六边形。斗笠、背篓等都是采用的这种编织方法。

(3) 人字编织。

将经篾收拢在一起,编纬篾时,抽两根经篾后间隔两根经篾再抽两根经篾,以此类推,编织时每根经篾都要收紧,编出人字形条纹。如图6-8所示为人字编织。

图6-8　人字编织

图6-7　十字编织

(4) 绞纹编织。

此编织法是用篾丝与经篾做挑压交织,呈现出有规则的自身绞压,因此称为"绞纹编织",也叫作"绞丝编织"。绞纹编织的最大优点是能够使竹编产品牢固、紧凑、美观,主要用于竹编工艺中的收口、收边、收脚等。

(5) 六角编织。

这种编织方法所采用的经纬线都是宽窄、厚薄相同的竹篾,从菱形的上下两个角出发,从中横穿一到三根经纬竹篾,成六角形编织的空心图案。如图6-9所示为六角编织。

(6) 螺旋编织。

螺旋编织又名"鸡笼顶"。螺旋编织是指多向篾交织之后编成一个圆形口,这个圆形口整齐美观,交织的各个夹角都相等。螺旋编可以分为疏编(即单层螺旋编、双层螺旋编)和密编。如图6-10所示为螺旋编织。

(7) 圆面编织。

圆面编织即用篾丝围绕一个中心进行编织,圆形产品的盘底和盘盖通常采用此种编织方法。

2) 立体编织

立体竹编算是一个庞大的体系。立体编织按造型和用途可分为篮类、筐类、盆类、灯罩类等,如竹筐、竹笼、

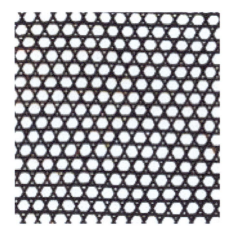

图 6-9　六角编织　　　　　　　　　　　图 6-10　螺旋编织

竹篮等,有底、有壁、有提梁,还有盖。

立体竹编通常都需要一定的模具,编织是分阶段性的,大致流程是起底、编织、锁口等。各个步骤既是不同的阶段,又是相互联系的,动手编织之前会做一个整体的外观设计,计划各阶段的步骤和程序。有些竹器各部位的编织组织有很多不同的变化,有经纬平编、经纬斜纹编、经纬绞编、经纬多编、经纬异数编等。经纬的宽窄也可以发生变化,有宽经窄纬、窄经宽纬、宽窄交替等。也正是因为编织结构有如此丰富的变化,才能创造出种类繁多、异类纷呈的竹器。

5. 麻城竹编的艺术特色与审美价值

麻城竹编所呈现的编织图案以几何纹样最为常见。所谓几何纹样,就是用各种直线、曲线等构成的规则或不规则的用作装饰的纹样。几何纹样是在装饰纹样中出现得最早也最多的纹样,并且在原始的图案中具有普遍的性质。监利竹编农具上的图案,点、线、面以及正方形、长方形、多边形等按一定的方向、角度、距离有规则地重叠、排列、交错,连续构成具有审美价值的图形。如图 6-11 所示为抽象化构成点、线、面。

图 6-11　抽象化构成点、线、面

麻城竹编具有"复合化构成"的特点,指的是运用"互渗性"的原理,将不同的且具有一定内在规律、联系的动物或植物等形象,通过幻想、联想等造型方式,使形与形之间相互重合、相互关联、相互串接,从而构成一种新的形象。如六角编织所创造出的三角形图案,疏密有致,在平衡的基础上,静中有动、动中有变,以一种比较轻松、自由的形式呈现出来。

另外,平面性是麻城竹编最好的演绎方式,在麻城竹编制品的图案中是最直接的表现方式之一。如竹编斗笠上的纹饰,以中心向四周呈放射性扩散,图案中方形、圆形等相互交叉融合,整个图形被统一在和谐之中。再如竹筛上的图案,零星点缀,点和线排列得恰到好处,在随意之中又能找出变化的规律,不像机器编织那样死板,反而使规整的图案更加耐看。

(四) 监利竹编

1. 监利的自然人文环境

监利区域位置优越,位于湖北省中南部,江汉平原南端,洞庭湖北面。

监利县北临潜江、南临岳阳、西接白鹭湖、东沿洪湖。陈彬认为,监利地区具体在区域上如监利南部、监利北部存在一定的差别,因此,监利竹编农具的审美形态是一个大的融合。"又因为监利处于汉江流域,位于我国中原部位,其文化审美特征即可看作汉江流域文化特征。人们以功能为目的,是一种真诚、淳朴的生活创造,形式上以生活为主,源于生活的要求并且服务于生活,且按照美的规律,产生了对称、均衡、光滑等形式美的因素,丰富和发展了人们的生活和审美的意识。"[①]

2. 监利竹编的历史沿革

监利县历史悠久,据考古发现,监利县早在五千年前就有了人类生存的足迹。监利的称谓,是由三国时期东吴政令中称"令官督办""监收鱼盐之利"而得名。由此可见,自古以来监利都是江汉平原地区重要的农产基地,农耕文明十分发达。

监利作为江汉平原上重要的粮食产区,自古以来都是湖北中南部地区重要的农桑之地,农耕文明发达。在三国时期,赤壁之战之后,监利地区就划归吴国管辖。由于此地"土卑沃、广陂泽""地富鱼稻",西北境内又有盐矿,于是东吴政权便"令官督办""以监鱼盐之利",至此监利单独建县,成为当时重要的鱼粮产区之一。监利竹编也伴随着农事生产活动的广泛开展而兴盛起来。

在地理区位上,监利位于江汉平原地区,靠近荆州,属荆州管辖。监利在文化传承上深受楚文化影响。楚国作为南方最主要的诸侯国家之一,其在艺术领域颇有建树,特别是其编织工艺,更是独领风骚。在荆州地区的楚墓中,就有发现春秋战国时期的篾编器物。紧靠楚都纪南城的监利地区,在这一时期深受楚国的影响,也出现了篾编工艺,这可以看作监利竹编的滥觞。

之后,随着生产力的进一步提升,农业活动愈发发达。这种社会经济生活的变化,使得监利竹编得以不断发展。监利竹编开始用于广泛生产各类农业生产工具。特别是在明清时期,监利竹编逐渐趋于成熟,出现了固定的器具样式和编织手法,形成了现在的艺术形态。近代之后,监利竹编工艺进一步发展,逐渐成为一个独立的产业。在晚清,监利地区从事编织行业的手工艺人就已经人数过百,每个自然村基本上都有专门从事编织工艺的"篾匠"。

3. 监利竹编的工艺与艺术特征

监利竹编作为一种乡土民间美术作品,其主要用于生产农村日常所用的生产和生活用品,因此在工艺上相对而言较为粗糙。监利竹编工艺的制作过程具体可以分为锯竹、卷节、剖竹、开间、劈篾、劈丝、抽篾、抽丝、刮篾

---

① 陈彬.监利竹编农具形态设计研究[D].湖北美术学院,2012.

和刮丝十个步骤。

锯竹是指编织者可根据竹编产品的用料要求,先对选取的竹料进行分段截取,这个步骤又称"下料",手工下料的工具是手锯或者框锯。卷节指竹节的节环突起,影响了篾片竹丝的制作,必须卷去,使竹节和整支竹竿基本上达到圆平,这个步骤叫"卷节"。剖竹指把卷节后的竹竿一劈为二。开间指按篾片宽窄的需要,对半圆形的断面,纵向等距离分间剖开。劈篾指间子开好后,对竹条进行劈篾处理。开间成条是纵向处理,劈篾成片则是横向处理。劈好的篾片称"毛篾","劈丝"的工序是在毛篾上纵向劈成细条,并且要进行抽丝处理。抽篾则指根据产品的要求,对篾片进行规格化处理,使篾片的厚薄宽窄一致,且两边光而直。抽丝是对篾丝进行规格化的处理,使劈好的篾丝光直均匀,达到预定的要求。刮篾指为达到编织的要求,通过刮篾,使篾片厚薄一致且光洁均匀。刮丝又名"浑丝",通过刮丝操作,去掉棱角,使篾丝粗细匀净。

虽然监利竹编主要用于生产生活和生产用具,但是其本身仍然具有一定的艺术表现力。在艺术表现上,监利竹编充分利用编制艺术经纬相交的制作工艺,大胆追求抽象化构成之美。监利竹编所呈现的编织图案中,以几何纹样最为常见。如图 6-12 所示为监利竹编竹篮。

图 6-12 监利竹编竹篮

监利竹编农具上的图案,点、线、面以及正方形、长方形、多边形等按一定的方向、角度、距离有规则地重叠、排列、交错,连续构成具有审美价值的图形。几何纹样大多数是抽象的,这种图案经久不衰,在今天的设计中仍被广泛应用。此类纹样和工艺竹编的图案有明显的区别,它不以自然的物象为基础,古朴耐看,具有一定的规律性,别具地方特色。

4. 监利竹编工艺的传承情况

监利竹编自其诞生以来一直传承于民间,在监利地区的广大村镇中,现在还能够偶见从事编织工艺的民间艺人,在乡镇集市上,也能够发现编织类商品的踪迹。但是,由于现代生活的冲击,许多年轻人已经不再使用编织类生产、生活制品了,这对监利竹编工艺的传承产生了一定的负面影响。

(五) 松滋竹编

1. 松滋的地理位置及自然环境

松滋市位于湖北省西南部,东临荆州,西连宜昌,南接武陵,北滨长江,华实蔽野。境内山地、丘陵、岗地、平原兼有,素有"六山一水三分田"之说,自然条件优越,因此境内十分适宜林木生长,为松滋竹编提供了天然的保障。

2. 松滋竹编的审美价值

每一件竹编制品只要质料合适、结构合理,能以实用体现合规律性和合目的性相统一的美的尺度,就具有了一定的美的因素。

从松滋竹编工艺品本身来看,它们形状各异,色泽光亮,乡土特色浓郁。松滋竹编工艺品已经被当地人们自觉地利用物品本身的功能、结构上的特点,在形式上进行了审美处理,因而具有了强烈的艺术感染力,获得了较高的审美价值。

另外,由于松滋处于湖北西南部,属于湖北省西南山区与江汉平原的过渡地区,因此松滋竹编呈现出山地编织向平原湖区编织过渡的独特形态,这种特征主要体现在松滋竹编的器形和装饰特征上。在器形上,松滋竹编兼具东、西,既有鄂东及江汉平原地区的竹编样式,如鱼篓、鳝鱼篓,又有鄂西南地区的竹编样式,如背篓、花箩。

(六)咸宁竹制工艺品

1. 咸宁的地理位置与自然环境

咸宁为湖北省地级市,位于湖北省东南部,长江中游南岸,与湖南、江西接壤,素有"湖北南大门"之称,是武汉城市圈成员城市之一。咸宁东邻赣北,南接潇湘,西望荆楚,北靠武汉。咸宁竹资源丰富,是湖北省竹子主产区,咸宁因竹而绿、因竹而美、因竹而名、因竹宜居,在全国享有"楠竹之乡"的美誉。

2. 咸宁竹制工艺品的历史沿革

湖北盛产竹子,产区主要集中在咸宁、黄冈地区。咸宁的竹子种类丰富,总量庞大。咸宁市有悠久的楠竹栽培历史,素称"楠竹之乡"。明代便有诗人朱廷立"云归桥转万竹连,石屋云关生翠烟"的诗句,佐证了咸宁深厚而悠远的竹文化。

楠竹质地洁白,纤维细长,坚韧且富有弹性,是制作各种竹制品的理想材料。从事生产、制作竹制工艺品的手工业者遍及咸宁各个地区。

3. 咸宁竹制工艺品的文化属性

竹文化内涵十分丰富和独特,影响着中国人的审美观和审美意识以及伦理道德,对中国文学、绘画艺术、工艺美术、园林艺术、音乐文化、宗教文化、民俗文化的发展,有着极其重要的促进作用。

咸宁竹文化传统包括两个方面:一方面是物质的、自然的,包括竹子的种植、加工、利用成果等内容;另一方面是精神的、人文的,包括民俗民风、民间文艺等各个方面。如何把这笔巨大的财富挖掘整理出来,推广普及开来,形成具有地方特色的文化品牌,是咸宁人今天亟待研究的课题。

三、湖北竹编的总体工艺特点

中国第一部与设计思想相关的理论著作《考工记》中记载着"天有时,地有气,材有美,工有巧,合此四者,然后可以为良",指出了"天时""地气""材美""工巧"是达成优秀的设计物品的四个要素。"天时"是指设计者的设计思想不能一成不变,而要能顺应时代的变化。"地气"指的是工艺品的制作不能违背一定的自然规律,诸如地理条件与自然环境。"材美"指的是工艺材质的自身条件,因为材料的质量是直接与工艺品达到的设计美相关的,也是体现物质载体的特性与设计美的重要因素。而最后的要素"工巧"则是指别具匠心的设计构思。在确定好特定的时间、空间和优质的材料后,考虑设计的独特性成了重中之重。

而湖北竹编则顺应了《考工记》提出的四大设计要素,并结合湖北有利的自然条件与湖北手艺人的巧妙构思,形成了别具一格的湖北竹编工艺品。总体的工艺特点是工艺精心、造型大方、结构严谨、款式新颖。此外,在防止成品生虫、发霉、变形等方面也取得了显著的成绩。

竹编工艺包含于中华博大的竹文化之中,一方面显示出普通劳动人民在生产实践中总结出来的智慧与经验,另一方面折射出中华文化朴素无华的外在表现力。劳动人民在长期的生产实践和文化活动中,把竹的生物形态特征总结升华成了一种做人的精神风貌,如谦逊有礼与坚持气节等,被列入人格道德美的范畴。竹已成为中华民族品格、中华美学精神的重要象征。

第三节 湖北各地其他的编织工艺

一、草编

(一)湖北草编工艺发展概述

湖北草类资源比较丰富,但以前多是野生,主要是就地收集,就地编制草帽、篓、篮等日用品。1949年以后,外贸出口对草制品的需求量日益增加,各地在充分利用原有资源的同时,又大力发展人工植草,增加产品产量。艺人们采用钉串、平纹、编辫、披羽等方法精心编制,品种有地席、门槛席、枕、垫、帽等5大类,100多个花色品种。其中湖草地席、沙经席、"榻榻米"花席主要是供给出口,进行外销。1958年,生产企业发展到9家,产值一千多万元。20世纪90年代,按照国家保护生态的要求,收回良田,改为湿地种草。因而,草编原料生产锐减,原有大部分企业停产转向,草编制品的数量也大幅减少。

(二)湖北草编工艺的具体分布

洪湖的新滩区域内有白斧池,北洲大片为淤滩沼泽地带,水域面积达38 000亩。其间,茅蒲繁茂,取之不尽。新滩草编厂主要有湖草编制地席、门槛席、餐桌席和其他盛装杂物器具等十种品类。草编的原材料植物朴质,原形原色,保留着鲜明的民族特色。对草编的材质不进行过度的修搓,造型粗犷,甚至近原始。

二、柳编

(一)湖北柳编工艺发展概述

柳条属于杨柳科,杨柳属灌木。柳编制品在过去主要是手工编织,采用剥了皮的柳条来编织各种样式的篮子。

湖北的柳编与工艺柳条的产地密切相关。湖北的监利、洪湖、嘉鱼、襄阳、谷城等地适宜柳条生长。柳编工艺在湖北民间流传已久。以前人们把柳条扦插在房前屋后或田地、菜园的四周当作篱笆和田界。如今，随着机械运输的普遍运用，以及柳编制品需求的不断增大，我国目前的柳编产品已远销海内外。河南省信阳师范学院美术学院讲师卢敏认为，当下的柳编制品在器形特征上呈现出多系列的趋势，这主要与现代社会的多种需求有关。"产品运输环节所产生的相关费用在产品设计环节均需考虑，因此，产品的体型呈现出大套小的组合关系，器形出现较多系列化特征。这一特征在家具组合和日用品组合中显得极为明显。例如，当前在市场上流行的柳编收纳筐，不论方、圆，往往是以大套小的三件组合或四件组合，在产品尺寸的大小上有明显的设计意识。相同设计风格、形式的产品系列化生产不仅降低了消费成本，而且有利于满足不同的消费需求。"①

（二）湖北柳编工艺的具体分布

湖北主要分布的柳编工艺代表为嘉鱼柳编与襄阳程河柳编。

1949年后，嘉鱼县的簰州湾镇成立了篾柳厂，利用本地优质柳条资源，编织提花篮、吊花篮、面包篮等。监利县抓住江汉平原民间特色，编制盘、盒、多栏餐具、各种盛器，组织出口，打开了销路。20世纪70年代末，轻工部投资，湖北省政府批准，划拨了长江滩地，建有柳条基地3000亩，后来扩大到8000亩。因为在1998年长江曾发生过大洪水，簰州湾镇溃口，失去原料基地，企业损失严重，生存困难，继而生产转向。

程河柳编迄今已有300多年的历史，程河不仅种植柳条，还流传着"家家是工厂，个个是编工"的说法。传统编织技艺不断改进，已由原来的三种发展成了穿编、定编、平编、拧编、精编、木编六种基本技法，产品涵盖篮、盘、篓、椅、桌等居家用品及花瓶、屏风、画框、书箱、摇篮等工艺品，形成了植柳基地和柳编产业群。

20世纪80年代中期，程河柳编制品的销售就开始由内贸转向外贸，最辉煌的时期，生产规模颇大，产值数额巨大。进入21世纪后，经过多年发展的程河柳编迎来了新的发展阶段。当地人利用独特的地理风貌、稳定的气候特征以及优越的人文环境，抓住机遇，组织农民开展生产柳编制品的致富工程。规模由小到大，品种、技艺在发展中创新，在创新中提高，形成了品种齐全、品质优良、品味高雅、物美价廉和绿色环保的出口创汇产品。

三、藤编

（一）湖北藤编工艺概述

藤编以藤类植物茎秆的表皮和茎芯部分作为编织的原材料。张婉萍认为，藤编的历史悠久，可以追溯到唐代。

藤编工艺品以其环保材料的特性，与现代日常生活密切相关。"生命的能源"是2015今年米兰世博会的主题，这也是世博会史上首次以食物为主题，希望能够紧扣人和自然的关系。而藤编的原材料藤条就取材于大自然，恰好大沥藤编能用藤条编织成水果产物，更具回馈大自然之意。

藤材是一种很好的家具材料，其柔韧度、硬度都非常好，又轻质耐用，这些特点使工匠们可以设计出多种不同的外观造型。藤条不仅可以用作家具的一部分，也可以用现代的机器切成薄片，或者由手艺人手工编织成工艺品。编织的方法丰富多样，具体方法也可以根据编织物最后成形的样式或手艺人的自主创作产生变化。

---

① 卢敏.浅析柳编工艺美术品造型的时代特征[J].美术大观,2012(2):72.

藤编的原材料是藤,藤广泛分布于东南亚的热带雨林里,印度尼西亚和马来西亚是藤分布最广、种类最多的地区。而在我国,藤主要分布于云南、贵州、四川等地。用于编织的藤条可分为竹藤、白藤和赤藤,其中竹藤又叫玛瑙藤,是上等藤材,被称为"藤中之王",其材质富有弹性,有很好的防水性能,密度高,耐用;而赤藤一般用来做藤编家具的架子,档次较低。[1]

（二）湖北藤编工艺品的具体分布

湖北的藤编工艺品以恩施地区与荆州地区分布较多,同时谷城县古藤树根家具也具有代表性。

恩施来凤藤编厂的杨立叶师傅利用山区青藤编制的箱、书架、椅、床头柜、各式果品等,运销西德、意大利、澳大利亚、美国等国家。

荆州地区的监利、洪湖、嘉鱼等县的黄连柳编,搜集柳枝、藤条、黄荆条等植物,编制形状各异的篮、筐、篓、盘、笼、桌等器具,广泛用于生活的各个方面,在餐桌上盛放面包、糖食、水果,在书房里放置报刊、公文,在卧室内插饰鲜花,或摆设于客厅,以增加田野气氛。藤编制品手工精细,用料新颖,轻便耐用,行销美国、德国、澳大利亚和坦桑尼亚等十多个国家和地区。它把实用与艺术、自然气息融合在一起,颇受人们喜爱。

谷城县古藤树根家具在湖北藤编工艺中独树一帜。谷城县地理位置优越,在方位上位于湖北西北部,隶属于湖北襄阳市,地处襄阳西部,汉江中游西岸,武当山脉东南麓。同时,谷城也是古隆中、武当山、神农架旅游线的连接点和中心点。谷城地貌特殊,处于鄂西北武当山神农架边缘,中部又有大薤山,山多、林茂、竹翠,因而拥有丰富的根雕资源。谷城县旅游资源丰富,山清、水秀、洞奇、寺古、林幽。谷城山多林茂,根资源丰富,许多树根生在山石的缝隙间,裸露在山坡上,天长日久,水沙冲刷,风雪侵袭,树根就被大自然的鬼斧神工雕琢成千姿百态,为制作根艺作品和古藤树根家具提供了天然的半成品。这些半成品经过谷城工艺美术大师们的雕琢,艺术品位极高,具有不可替代的学术研究价值和旅游文化开发价值。

谷城县在明清两代就有"根艺之乡"的美誉。从传承情况上看,二十世纪七八十年代,谷城的藤根家具和根艺作品在全国大放异彩。天然的古藤树根经过高温烹煮、杀虫灭菌后,制成古朴典雅的家具和艺术品,供不应求,远销十多个国家和地区。对当年的鼎盛之况,72岁的湖北根艺大师周莹山记忆犹新。然而,随着发展步伐放缓,谷城根艺陷入低迷。彼时,云南、福建、吉林等地根艺产业持续扩大,谷城根艺风光已大不如前。一批手艺人或离乡谋生,或改行创业。目前具有代表性的根艺传承人是周莹山,他是谷城老一辈的根艺人,和树根、木头打了大半辈子的交道。其徒弟申欣,目前经营着中南地区规模最大的根艺企业。申欣的徒弟曹远杰,也在业内小有名气。周莹山出生于1943年8月,城关镇人,根雕艺术家。1971年创作的套六沙发、套七梅花园桌、龙凤几桌、古藤屏风等工艺品在广交会成交。1979年创作的《八仙过海》《万马奔腾》《木兰从军》《仙女散花》《草船借箭》等木雕工艺品远销欧美、东南亚各地。其中《万马奔腾》送美国俄亥俄州博物馆收藏,获全国第八届根艺展览会金奖。1999年,历时三载创作出的《巨龙永腾》,在60公分(1公分=1厘米)的黄杨树根空间,从原始的射猎、采桑、耕织,到神话女娲补天、大禹治水、诸子百家,直至现代的航天,将浮雕、微雕创造性结合,凝固了中华民族几千年的文明史。2003年,周莹山被补评为国家级根艺美术大师。[2]

藤编制品作为中国传统器物的重要组成,充分继承了传统器物造型的特点和精华。我国传统器物的特点是质朴与简洁,而藤编的材质天然,属于自然主义的材质表现方法。同时,因地制宜、就地取材的制作原则也在藤编工艺上得到了完整的体现。

---
[1] 曹悦.让生活回归自然——藤编家具的设计与推广[J].现代装饰(理论),2014(5):115-116.
[2] 谷城县文化馆.周莹山的"四派"黄杨木雕艺术[EB/OL].http://www.gcxwhg.com/a/fybh/mftx/2016/0612/334.html,2016-06-12.

第七章

湖北民间剪纸
HUBEI MINJIAN JIANZHI

用普普通通的纸张,靠几把剪刀与刻刀,或剪或刻或镂,就能形成各种奇巧玲珑、丰富多彩的图案和花纹,这就是剪纸——我国民间流传范围最广、乡土气息最为浓郁的艺术形式之一。它伴随着各类民间习俗而产生,并广泛应用于日常生活的诸多方面,不仅营造着视觉欣赏的美感,还传达着当地民众的观念、信仰与情感,是我国民间艺术中的长盛之花。

剪纸在荆楚地区又称"雕花"或"花样",技法上以刻为主,剪刻并施,阴刻阳雕兼用,破刀工整,构图丰满,线条流畅,具有俊秀而优美的风格。从实用角度看,大致可分喜花、礼花、灯彩花及刺绣花样几类,其侧重点又是为刺绣提供底样的"花样",品种繁多,构思巧妙,雕工也非常讲究。

第一节
湖北民间剪纸概况

一、湖北民间剪纸的历史源流

早在南北朝时期,梁代江陵人宗懔所著的《荆楚岁时记》中就有关于湖北民间剪纸的描述:"正月七日为人日,以七种菜为羹,剪彩为人或镂金箔为人,以贴屏风,亦置之头鬓,又造华胜以相遗。"又说,"立春日悉剪镂为燕以戴之,贴宜春二字"[①]。这里的"剪彩为人或镂金箔为人"是指人日这天,用剪刀和刻刀在彩色丝绸或薄金属片上剪制或镂刻成人形。至唐宋时,纸张普及,剪制和雕刻人形的材料即以彩纸代替。剪制或雕刻成人形的叫"人胜",成花、鸟形的叫"华胜",亦称"花胜",还有两个相交的方菱形的叫"方胜"。将其贴于门户、屏、帐上,或佩戴于头鬓,并相互馈赠。人日节戴胜最初为楚地风俗,唐宋以后风行全国,且隋唐以来还流行在立春之日剪彩幡为燕子的"迎春"习俗,连皇帝在立春日接见群臣时也要以春幡相赠。唐代招魂人胜如图7-1所示。

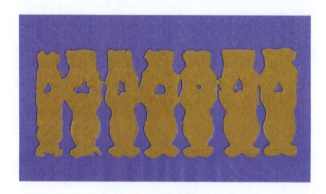

图7-1 唐代招魂人胜

杜甫在安史之乱中写下"暖汤濯我足,剪纸招我魂"的诗句,晚唐诗人李商隐则有"镂金作胜传荆俗,剪彩为人起晋风"的佳句。这些点滴的史料折射出古代荆楚大地剪纸镂金的遗风,说明湖北的雕花剪纸有着深厚的历

---

① 王光敏.中华传统文化书系——剪纸文化[M].呼和浩特:内蒙古人民出版社,2006.

史渊源。经过漫长岁月的积累和沉淀,终于形成了极富地方性民俗特征的剪纸艺术。

据新中国成立初期的文献资料显示,旧时湖北雕花剪纸的流行范围非常广泛,几乎各县都有以雕花剪纸作为专职或副业的民间艺人,俗称"卖花样的"。剪纸艺人超过百人的有武汉、黄陂、孝感、沔阳、监利、新洲、鄂城等地,且在清末民初就成立了剪纸的行会组织,这在全国都是少见的现象。其他乡镇多则几十人,少则十人、数人。他们身背花样箱,手摇拨浪鼓,闯江湖、跑码头,串游城乡卖花样。他们手中叮咚作响的小鼓以不同的鼓点节奏告诉人们卖花样的来去动向,每当"呼呼锵"的锣鼓点在村头巷尾响起,姑娘媳妇们就成群拥来,将花样箱团团围住,你挑我选。各地农村妇女中也有不少剪花样的巧手,剪出自己喜爱的花样贴在窗户、门板、家具上,主要是为了自家欣赏。

据湖北史料记载,1905年和1935年湖北夏口、汉口分别成立了"雕剪花样帮"和"雕剪花样职业工会",群众性的剪纸创作活动蓬勃发展。新中国成立后,文化部门在剪纸艺人比较集中的地方组织了雕花剪纸研究会,开展对剪纸艺术的继承和发扬的探讨,1953年至1954年选编出版了《湖北民间雕花艺术》和《湖北民间雕花剪纸》。1956年,武汉、孝感、沔阳相继成立了剪纸艺术生产合作社。城镇乡村都有不少雕花剪纸的业余爱好者,创作了很多反映现实生活的作品。雕花剪纸的运用范围也日渐扩大,可用作会场布置、墙报装饰、报刊宣传、书籍装帧等。湖北民间剪纸已经成为一种具有广泛群众性的业余艺术活动,为政治与生产、为美化人民生活服务。这段时期是湖北剪纸创作的高峰时期,一大批高质量的作品享誉国内外,且推进了国际文化艺术的交流。仙桃市老艺人杨长发创作的《八仙图》被法国《欧罗巴》杂志连载。英文版《中国民间雕花剪纸集》的21种花样中,湖北的占8种。湖北剪纸从1955年开始批量出口,远销20多个国家和地区,品种有刺绣花样、喜花、窗花、灯花四大类,纹样数以千计。

二、湖北民间剪纸的主要种类

湖北民间剪纸从民俗事象及存在形式和功用来看,大体可分为节日剪花、人生礼花和装饰剪纸三大类,每大类又可分为不同的小类。

(一) 节日剪花

1. 窗花

湖北地区有民谣道:"二四扫房屋,二七、二八贴花花。"贴窗花装饰居室环境已成为春节喜庆活动的一个重要内容。从题材、创作手法、剪刻技艺各方面来看,窗花无疑是剪纸艺术中最有代表性的典型门类之一。其造型因适应各种不同窗棂构架而形成较丰富的构图格局,常见的有方形、圆形、条形、菱形,以及团花四角式、自由式等。窗花的外轮廓与窗架之间要求疏密有致、布局均衡,除装饰美化的因素外,还能起到防寒、采光和透风流通的实用功能,百姓们称之为"气眼"。作为土木构架建筑的中国民居,其窗棂密度较大,为追求清新、亮堂、明快的室内装饰效果,窗花剪纸多用细线造型,达到镂空玲珑的视觉效果。窗花剪纸的题材比较丰富,常见的有五谷丰登、人畜两旺、喜庆吉祥、历史神话传说故事,以及辟邪五毒、神仙道士、花卉禽兽等。

2. 门笺

门笺(见图7-2)是过年时贴挂于门檐、外窗檐、神龛、中堂、树干、橱架等处的形似幡旗的剪纸形式,又称"挂笺""挂钱""吊钱""过门笺""纸帘""萝卜钱"等。剪刻内容大都是吉祥用语、十二生肖、瑞兽祥鸟、民俗故事之类。吉祥用语以四字为多,如"四季平安""福禄寿禧""连年有余""五谷丰登""万事如意""鹿鹤同春"等,还有"迎春""鸿喜""福""喜"等文字。门笺的张贴多为单数,大门一般张贴五张,也有一张、三张或七张不等,颜色或单色大红,或大红、绿、黄、粉红、深紫五色,或每张以五色搭配张贴。

图 7-2　门笺

(二) 人生礼花

1. 生辰礼花

十二生肖是中国的纪岁传统,也是民间艺人剪纸创作的重要题材,以剪纸的形式表现民众对"生辰"崇拜的延续和对生日的纪念。农村的孩子出生后,如是虎年就剪个虎贴在床头、龙年就剪个龙贴在床头,这种民俗形式中渗透了深沉的母爱。还有一种以"福""禄""寿""禧"文字与人物生肖和十二兽类形象相组合的图案剪纸,多用于祝寿、贺喜、出生等民俗活动,较多程式化的形式,剪刻精致,大者一尺上下,小者不足三寸,十二幅为一套,按自己的生辰或送长者、亲友的属相选择。

2. 婚俗喜花

喜花也称婚礼花、喜字花、嫁妆花、洞房喜花等,以"喜""禧""囍"各种喜字及谐音、寓意的喜上眉梢、鸳鸯戏水、凤戏牡丹、双喜临门等花鸟人物为题材,表达对新人幸福美满、早生贵子的祝福。它不但可张贴在顶棚、窗户上,还可用于婚礼时装饰妆奁家具、被褥等各种器物,也有时摆放或悬挂而不粘贴。与其他种类的剪纸相比,喜花更注重对吉祥文字的运用和寓意爱情题材的选择。造型上求整体,有意制造"形中有形"的轮廓;工艺上求严谨,剪镂粗放,少用细线雕镂,表现出以简练剪刻而突出主题的个性特征。如喜花外形既有八角形、圆形、方形、椭圆形,也有桃形、葫芦形、石榴形、菊花形、荷花形、牡丹花形、花瓶形、银圆形、孔钱形、如意形等,均有完整独立的外轮廓和形状,反映出民间美术造型形态中的花套花、形套形的阴阳造型观念。

3. 丧俗剪纸

剪纸魂幡和化纸钱的丧俗以固定仪式流传于民间各地,表达着人们对死者的哀思和悼念。魂幡多用白纸或蓝纸剪成,中间文字用黄色或金银色纸剪镂。其形状大小不一,大者丈余,小者四尺许。有的魂幡用折叠纸形式做成,剪好展开即成条式连续图案。也有将幡糊成原白纸,再以刀雕刻图案的形式。纸钱多用烧纸即萱草纸剪刻而成,托以招魂和送钱之意。纸钱的形式简单而随意,一般模仿圆形方孔铜钱,有的刻上年号文字,有的则剪成装饰性吉祥图案和阴曹地府的形象。另外还有一些丧俗剪纸用于出殡、鬼节、祭祀中纸扎人物的装饰上,这类丧俗剪纸采用金银箔纸和彩纸材料,其图案构成严谨复杂,人物服饰多为花卉纹饰、水纹、云纹,供装饰纸扎选用。

(三) 装饰剪纸

除了春节窗花、门笺剪纸,顶棚花、墙花、家具贴花等也是用于居室装饰的剪纸形式,只是节日特征不突出。还有用于刺绣底稿的花样,更是随处可见。它们广泛渗入平常百姓的日常生活中,装饰着其生活的每一个角落。

1. 顶棚花

顶棚花(见图7-3)多贴在用高粱秆扎成的"顶棚"上,北方称"糊纸"。顶棚裱糊要求整洁,底色多为白色。顶棚花的图案与色彩多种多样,由于应仰视的要求,图案构成联系密切,视之无始无终,可以起到扩大室内空间的作用。一般的新居样式则较为自由,团花可用圆形、方形及其他不规则形状,角花和边花则以三角花、二方连续蝙蝠等图案较为常见。

图7-3 顶棚花

2. 墙花

墙花一般贴在炕周围,与窗花相呼应,北方人又称"炕围花"。其题材多以戏曲人物为主,也有一些民间故事。图案构成朴素大方,拙味十足,与人物及环境极为协调。逢传统节日,还要剪刻一些吉语图案贴在炕边、墙上、灶头。有的用汉字,有的借物寓意、借景抒情,有的用象征、谐音、会意等表达手法构成图案,达到民众心理和视觉上的满足。

3. 家具贴花

家具贴花用于室内装饰,图案要求富有寓意,与环境相呼应,如贴在厨房家具上多用象征"五谷丰登""生活富贵"等的内容;若贴在橱、柜、条几、妆奁台、床头,则剪刻成"福""禄""寿""禧"等寓意性图案。从家具贴花与居室环境设计的总体布局可以看出人民群众喜装点、善美化的文明习俗。

4. 花样

用作服饰及其他什物上的剪纸装饰纹样称为花样,也称"花样子""刺绣花""剪花样"。过去人们服饰及其他什物的装饰纹样一般以剪纸为底稿,这类剪纸花样包括用于鞋底、鞋垫、鞋帮装饰的鞋花,衣服装饰的领花、袖口花、裤口花、裙花、围涎花、绣袍、绣花衣、绣裙、兜肚、帽子、围涎,以及婚嫁用的物品、车轿顶头、帐沿、枕头、手帕等。

第二节 湖北各区域民间剪纸

鄂东南江汉平原区湖汊纵横,沃野千里,是全国著名的"鱼米之乡",经济条件较为发达。而鄂西北山区多以山地、丘陵为主,适合农耕的土地面积有限,由于自然环境相对恶劣,经济上也相对落后。同时,这一地区民族成分复杂,汉族与少数民族杂居生活在一起。由于地理环境、经济条件的差异,两大区域在文化传统、民俗习惯上也呈现出不同的特征,表现在民间艺术的形式和风格方面,江汉平原地区的剪纸风格细腻,鄂西北山区的剪纸更为原始,整体感觉更加粗犷。这两大不同的剪纸风格,共同构筑了湖北剪纸的基本面貌。

一、江汉平原民间剪纸

江汉平原的剪纸明显受楚文化的影响,用线流畅而秀美,刚柔结合、奔放神奇,不难看出楚国漆器纹样的某种气韵。图中人物与乐器采取平视体的变形处理,富于装饰特色,很多民间剪纸花样都采用了这种平视体的构成法则。

(一) 武汉剪纸

1. 武汉剪纸的区域分布及历史沿革

武汉剪纸区域分布较广,城区主要分布在汉口、青山,郊区则以黄陂、新洲为代表。早在1935年,汉口就已经成立了"汉口雕花剪纸职业工会",这种独立的民间美术行业工会在全国尚属首家,这足以见得武汉地区剪纸艺术的发展规模和普及程度。

武汉剪纸最初作为女红在城乡区域都有着广泛的群众基础。到了清道光年间,武汉地区逐渐出现了以剪纸为业的职业剪纸艺人,主要经营刺绣花样、节庆剪纸、婚丧剪纸等品类。武汉剪纸逐步从女红行当中分化出来,成为一门独特的民间美术形式,得到了快速发展。之后,由于得天独厚的地理条件,武汉迅速成为剪纸艺术的中心区域,大量周边县市的剪纸艺人涌入武汉,带来了各地不同的剪纸风格和形式,随着这些不同风格、形式的不断融合,逐渐形成了兼收并蓄、独树一帜的汉派剪纸艺术。

民国之后,武汉在政治地位和经济地位上都得到了提升,剪纸行业也进一步发展,并且形成了若干个剪纸集散地。在全市境内,以汉口的剪纸行业发展最为繁荣。汉口于1935年就成立了"汉口雕花剪纸职业工会",成立之初,入会会员就有二百余人。汉口雕花剪纸职业工会为民间提供了大量的新花样,许多作品进入国际市场,声誉极好,订货多达万件,对中外文化交流起到了积极的作用。1938年日军侵占武汉后,雕花剪纸业日渐凋敝,至抗战胜利后又见兴旺,会员达二百余人。1948年,武汉地区知名剪纸艺人蒋再谱任职业工会主席,会员有戴振鹏、刘文玉、刘敦勤、李砚田、范蔚发等人。[1]

新中国成立之后,民间手工艺人的社会地位得以大幅提升,这也激发了他们的创作热情。1951年,湖北省美术工作室分别在武昌文化馆、硚口文化馆等地组织艺人学习,开展业务辅导,积极扶持民间雕花剪纸、木版年画等民间工艺的发展和创新。同年,成立"武汉雕花剪纸研究会",入会者百余名,分别在武昌文化馆、硚口文化馆定期召集艺人学习,并收集了大批的老花样进行研究和学习,为荆楚地区的雕花剪纸的研究起了不可估量的作用。1952年,武汉剪纸作品参加了抗美援朝剪纸义卖捐款展览会、中南区土特产物资交流会、工农业展览会等。1954年,在全国工艺品出国展览会上,武汉雕花艺人创作新样品20余种5万张,并有9人荣获展览会纪念章和奖金。1955年,国家文化部组织中国剪纸作品赴日展览,武汉蒋再谱、戴振鹏等人的作品首次出国展出。1956年,在合作化运动中,江汉区成立了雕花剪纸生产组,业务逐渐扩大,满足了武汉剪纸市场的需求。还有不少剪纸出口,并可直接对外宾销售,接待来自苏、波、罗、比、匈、德、智、墨、阿根廷等的工艺美术家、画家、记者、外交官多人参观访问,获得一致好评,他们称赞武汉剪纸是"崇高的艺术"。20世纪60至70年代,武汉剪纸艺人归口到武汉民间工艺厂,组成雕花剪纸组。1966年发展到三十余人,1973年至1975年剪纸出口量逐年增长,每年销售额近六万元,远销二十多个国家和地区。

20世纪80年代以后,雕花剪纸的专业艺人减少了,但业余队伍仍在扩大,如武汉钢铁公司(简称武钢)就成立了剪纸学会,开展群众性剪纸活动,形成了厂矿职工剪纸创作群体,持续数十年。武钢剪纸学会有会员二百多人,业余创作者数千人,他们的创作题材直接反映了钢铁工人的生产和生活;有些美术老师把剪纸工艺传授给中小学生,甚至带进大学课堂,纳入民间美术教学内容等。[2] 进入21世纪,武汉剪纸再次进入发展的"快车

---

[1] 张朗.楚艺回响——张朗工艺美术文稿[M].武汉:湖北美术出版社,2009.
[2] 张朗.楚艺回响——张朗工艺美术文稿[M].武汉:湖北美术出版社,2009.

道"。武汉剪纸协会参加各种民间艺术活动,积极推动剪纸艺术的发展。源于农村的剪纸工艺逐渐步入城市、走进工厂,使田园小景、花鸟虫鱼的传统题材得以突破。这一时期先后涌现出盛国胜、何红一、沈松柏、刘士标、骆清霞等一批剪纸高手,剪纸工艺遍及三镇。同时,在题材内容、表现手法上得到进一步创新。特别值得一提的是刘士标所开创的工业剪纸,他大胆创新,以传统剪纸艺术来表现现代工业生产,用以钢铁、石油、采矿、建设等生产劳动过程为主题的系列剪纸画向人们展示了一幅幅新中国钢铁工人的生产和生活画卷,代表性作品有《炉火正红》(见图7-4)、《抢修》等。他善于将直线、曲线、平线、斜线、粗线和细线进行巧妙的组合,运用民间雕花剪纸平衡、对称的构图布局,黑白相间,粗细结合,以雕空与留实等方法表现主题,吸收版画、国

图7-4 刘士标剪纸《炉火正红》

画、宣传画甚至漫画的特点和表现手法,采用填色、彩贴、黑白相间、粗细交织等方法,兼具柔细和粗犷的风格,画面更富装饰性。武钢工业剪纸中央工艺美术学院院长张傅评价说:"这些作品以其厚实的生活、多样的风格、多变的技法,给古老的剪纸艺术注入了新鲜血液。"

2. 武汉剪纸的艺术及工艺特征

武汉剪纸最初仅仅是刺绣的附带产品——花样。妇女们将刺绣花样先用纸片剪出来,之后再依葫芦画瓢,进行刺绣。所以,早期武汉剪纸多用剪,极少使用"雕"。后来随着剪纸的发展,其应用范围不断扩展,不仅涉及服饰花样,还广泛用于装潢、民俗等各方面,技法上加入了刻、雕等,内容上也增加了"龙凤呈祥""双凤朝阳""福寿双全"等吉祥图案、民间故事和戏剧人物、神仙传说等传统纹样,以及反映田园生活的农作物、花鸟鱼虫和生产劳作情景等现实生活题材。

武汉剪纸源远流长,孕育于楚文化之沃土,承"镂金作胜""剪彩为人"之古荆民俗,造就了众多剪纸艺人。用刀讲究,刀随人意,形出于刀,且纸质细腻,艺术效果能登大雅之堂。从工艺制作特点来说应是武汉刻纸或武汉雕花剪纸。特别是黄陂的雕花剪纸,线条流利、风格优美,最能代表汉派剪纸的风格。

3. 武汉剪纸的传承情况

武汉剪纸在传承上可分为师徒传承和父子家族传承两种形式。新中国成立之前,一般是以"父传子、子传孙"的形式在家族内部进行传承。新中国成立之后,广大剪纸艺人开始开门收徒,拓宽了剪纸艺术的传播范围。武汉蒋氏家族可谓是武汉剪纸的典型传承人。其中,蒋再谱善于博采众长,自成一家,是鄂地雕花剪纸艺人中的佼佼者。《丰收积粮》《春燕归来》《狮子舞》等是其剪纸代表作。新中国成立后,蒋再谱又创作了大量反映武汉新变化的剪纸作品,如《长江大桥》等。这些剪纸突破传统花样、图案的局限,将传统技法与现代生活结合起来,大大丰富了剪纸艺术的表现内涵,提高了剪纸的艺术魅力。

蒋再谱从艺50余年,功底深厚、技艺娴熟,其作品多次出国参展,并远销海外,深受外国友人的喜爱。在长期的艺术实践中,蒋再谱逐步形成了粗中有细、层次清晰、丰富匀称、花中有花的独特风格。在创作设计上,他善于抓住现实生活中最动人、最传情的瞬间神态,用夸张手法,巧妙结合点、线、面,使各种人物、花鸟鱼虫千姿百态,跃然纸上。他善用"反雕法",将左右撇捺与阴阳雕刻相结合,疏密有致,虚实得当,线条流畅,刀法流利。在构图上,擅长整体中求变化,对称中求统一。其代表作《长江大桥落成之喜》和大型套色剪纸《百花齐放》,构图严谨,丰富匀称,雕刻精致,色泽协调。蒋再谱是湖北武汉剪纸艺术之集大成者,1956年被授予"老艺人"称号,1957年和1979年两次出席全国工艺美术艺人代表会议,1980年被授予"工艺师"称号。他的作品已拍摄纪录影片,湖北人民出版社出版了《蒋再谱剪纸集》。

骆清霞师从民间工艺大师蒋再谱,其剪纸主要以刀刻为主,在装饰画中汲取营养,多用白描构图刻画人物等。传统剪纸在刻画人物时比较粗犷,脸部表情呆板。骆清霞却在传统技艺上,更多地继承了南方剪纸纤巧精致的风格,以细腻的刀法,将人物刻画得纤毫毕现,似行云流水,精美无比。

图 7-5　郭迅捐赠戴振鹏剪纸

雕花剪纸艺人戴振鹏,祖辈三代以雕花为业,自幼随父学艺,擅长在刀法上下功夫,被誉为武汉剪纸"第一把刀子"。他刀法流利,运刀自如,雕刻精细,不露锋芒。他雕刻的传统鞋花样以荷花为主题,线条细腻,运用"求全"手法,使荷、莲、藕三者有机结合,其中水鸟、青蛙栩栩如生,与画面融为一体。1974 年,他的新作《花篮》,构图新颖别致,内容形式和谐统一。1979 年,他吸取国画构图章法,创作群马图一套,共 8 种,以娴熟刚劲的刀锋塑造群马形象。他刀下的立马、饮马、奔马不仅造型美,而且马的雄健和彪悍极为传神,可谓形神兼备。

2012 年 9 月,荆楚邮学会会长郭迅先生将自己数年前从文物市场收购而得的戴振鹏的 36 种剪纸花样捐赠给了武汉市档案馆(见图 7-5)。这批剪纸是戴振鹏分别在民国、新中国成立初期及抗美援朝等各个历史时期创作的,雕工精细优美,既有观音、花鸟等传统图案,也有"进步英雄""消灭细菌战""保家卫国"等富有时代特征的文字,不论是在剪纸艺术方面还是在史料价值方面,都极为珍贵。

(二) 孝感剪纸

1. 孝感雕花剪纸的区域分布及历史沿革

在孝感农村有个古老的传统习俗,每年正月十五闹元宵、看花灯之时,姑娘们手捧针线盒,向七仙女"乞巧",在乞巧歌中就有关于剪纸的内容:"正月里,麦草青,我请七姐看花灯。教我心灵剪牡丹,教我手巧绣凤凰。杀白猪,宰白羊,年年接你七姑娘。"这足以说明,在孝感地区,剪纸和绣花、浆补一样,是女孩子必须掌握的技能。因此,孝感的女孩子十几岁就开始学习剪花、刺绣,凡是剪花、绣花能手,都被称为"灵姑娘""巧媳妇"。

孝感雕花剪纸早在魏晋时期就已经形成风俗,明代时期已经走向成熟。明清以前,没有雕花,只有剪纸,制作者大都是农家妇女,清光绪年间《孝感县志》记载:"用圆架纸糊其外,剪人协作征战状,以灯运之,而更有二纸层作鲤鱼跳龙门。"明清时期,孝感出现了雕花艺人,以卖花样为职业,他们从用剪刀剪花,发展到用小刀刻镂,起初多作为鞋帮、袜垫、衣服装饰刺绣的花样,也直接雕剪窗花、门楣挂笺或喜庆灯花、礼花,也有丧葬所用的纸马等。用途广泛,花样繁多,构思巧妙,其特色是虚实相间,动静结合,布局得体,以丰富的艺术想象力和精湛的雕剪功夫见长。孝感雕花剪纸遍及城乡,许多艺人以剪、卖花样为职业,使这种民间工艺美术进入商品生产,内容也从简单的花果纹样发展到各种动植物、人物、历史事件和民间传说,几乎无所不包,工艺日渐完美。主要分布在杨店、陡岗、肖港、卧龙、毛陈、祝站等乡镇和村湾,尤其是千年古邑孝感县城(也就是现在的孝南区)的剪纸更为集中和突出。

随着新中国的成立,孝感雕花剪纸得到进一步发展。1951 年成立了"孝感县雕花剪纸艺人协会"和"孝感县雕花剪纸研究会"。1953 年,创办了"孝感县雕花剪纸工艺厂"和"孝感县剪纸工艺门市部"。1954 年,由全国美术师、近代湖北十大民间美术家之一胡均启创作的《秋江》《扑蝶》《梁祝》《刘海砍樵》等参加中国出口工艺品展览,并选送了一批高质量的剪纸作品到欧亚地区 10 多个国家展览展销,自此,孝感剪纸逐渐登上大雅之堂,走向世界。

由于历史原因,20 世纪 70 年代孝感剪纸一度受到冷落沉寂,20 世纪 80 年代初在开展收集、整理、挖掘、抢修民间艺术的民保工程中,雕花剪纸得到复苏并有了新的发展。1986年收集整理了民间剪纸作品2000多件,创作了巨幅剪纸作品《百凤图》,进京、出国参展;1988年以孝感剪纸艺术为主题的电视纪录片《一剪美人间》在巴西获国际特别奖;1990年取材于当地民间神话董永和七仙女的故事的《槐荫记》,在世界博览会上获得特别奖;1994年孝感市被湖北省政府命名为"民间艺术之乡";1999年出版了《孝感剪纸》画册两册;2000年前后多幅孝感剪纸在各种民间艺术展览中获奖,雕花剪纸艺术得到了有效的保护和良好的发展。

2002年4月,孝感市恢复成立孝南区雕花剪纸协会,并下设了孝感雕花剪纸研究所,组建了近十个剪纸基地,重视对孝感剪纸进行保护和传承,收集和整理传统民间剪纸,并创作一些以现实题材为主的剪纸作品。近年来,在孝感市孝南区的支持下,研究所采取了一些措施加大了对孝感雕花剪纸的保护,所做的重要保护工作体现在三个方面。一是静态保护,深入细致地做好普查工作,包括孝感雕花剪纸的起源、发展历史以及社会影响和艺术价值等,并将普查所获资料进行归类、整理、存档,建立剪纸人才资料档案库,同时组织理论工作者进行基础理论研究,将不同时期、不同风格流派的剪纸作品编撰出版。二是动态保护,以孝感地区为中心,联络周边地区的剪纸艺人,建立了多个剪纸基地进行集中重点保护。定期举办剪纸培训班,将剪纸技艺传承于后人,培养和发现剪纸新人。还聘请老艺人传授剪纸技法,在中小学教育中开设剪纸课程等活动,普及孝感剪纸知识和技艺。三是通过剪纸宣传传统孝文化。孝感是中华民族"孝文化"的发祥地之一,被列入古代《二十四孝》中的孝子,其中三个都是孝感人,因此孝感有"孝子之乡"的美誉。2008年,孝感雕花剪纸研究所推出了首部孝文化雕花剪纸专辑,专辑以12幅精巧的图案表现了"卖身葬父"的董永、"扇枕温衾"的黄香和"哭竹生笋"的孟宗等三大孝子的感人故事,以情景再现的手法和生动简练的视觉语言传播中华民族的传统美德,传达孝文化的内涵。

为了打破剪纸产业发展瓶颈,2005年上半年,孝南区文体局将原有1~2人的剪纸小作坊扩充为有6~7名具有专业技术基础的青年人长期驻扎的剪纸工作专班,从事剪纸工作的雕刻和研究。同时,投资5万元,建立了剪纸加工厂和作品陈列室。另外,加紧推动"剪纸艺术进课堂"活动。2008年6月,孝感雕花剪纸被国务院正式列入国家级非物质文化遗产名录。经过民间剪纸艺人的不懈努力和政府的大力支持,2009年孝感雕花剪纸已开发出反映孝感孝文化和富有地域风情的系列产品。

2. 孝感雕花剪纸的艺术及工艺特征

1) 孝感雕花剪纸的艺术特征

孝感雕花剪纸融合了南北艺术之长,既有北方粗犷苍劲的风格,又有南方玲珑细腻的特点。风格纤细秀美,线面相间,虚实参差,疏密相宜,构图丰满,线条简练,刀法流利,破功严谨,给人一种质朴、纯真、健康、活泼的感觉,具有浓厚的观赏性和装饰性。孝感传统雕花剪纸最常见的是凤鸟,代表吉祥和幸福。"凤求凰""龙凤呈祥"是夫妻美满和谐的象征。雕花剪纸中的凤极尽变形夸张之能事,形式多样,有的展翅欲飞,有的翩翩起舞,有的傲然挺立,尾巴的变化非常灵活,或卷曲或伸展,或粗犷或纤细,再加上云冠纹和丹凤眼,各种生动优美的凤鸟形象带着纸感刀味呈现在人们面前。1986年,由孝感民间艺人创作的《百凤图》成为我国民间工艺美术中的一朵奇葩。再如孝感地方的"丹凤朝阳"狗头帽,翩翩起舞的凤凰的身体其实是一朵盛开的牡丹花,大胆的想象富于浪漫主义色彩。有的花样一枝结三果,三果各不同,有的花样将四季花果同时争艳于枝头,令人生出"满园春色闹枝头"的想象。又如"鲤鱼闹莲"花样,水上的荷花、荷叶、莲蓬与水中的鲤鱼、泥里的莲藕同时组合在一个完整的画面上,体现了"求全"的立意特征。

孝感雕花剪纸出自劳动人民之手,以物比兴,以形传神,突出了时代风情,为广大群众所喜闻乐见。20世纪50年代初创作的一系列枕顶花《庆贺翻身》《伟大胜利》《保家卫国》《爱国增产》等,秀丽洒脱,风格独特,虚实结合,疏密有致,构图丰满,主题鲜明,既保持了孝感剪纸的传统特色,又展示了人民群众热爱新中国的美好心灵。

总的来说,孝感雕花剪纸不仅仅注重形似,更重神似,以心融物,大巧若拙,以高度的艺术概括与大胆的艺术夸张,创作出独具个性、逼真感人的艺术形象。艺人们从侧影、动势、黑白调度中,以均衡求不均衡、以单纯求丰富、以对比求和谐的造型手段,实现对立统一,取得美学优势。孝感民间艺人在艺术造型上总结出"图外有形,形中有景,线条圆润,对比分明,花中有花,粗中有细,均衡对称,大胆夸张"的方法,动静结合,构图均衡,着重写意,情趣盎然,达到了形神兼备、物我交融的艺术境界。

2) 孝感雕花剪纸的工艺特征

孝感雕花剪纸包含着"剪"和"雕"两种工艺制作方法。剪花是用普通剪刀和纸制作而成,一次只能剪几张;雕花亦称刻花、切花,是用小刀将纸放在蜡盘上刻镂而成,一次能刻数十张。孝感剪纸在制作上最大的特点是讲究"刀功",运刀如运笔。这种握刀正、下刀顺、行刀匀、开片严的独门刀工被孝感剪纸艺人称之为"破刀功"。巧妙地运用"破刀功",更能增强剪纸画面的凹凸感,使其达到更加惟妙惟肖的视觉效果。

独特的技艺必有独特的雕花剪纸工具作为支撑。蜡盘是独门工具之必需,首先要用 2 公分厚的木板,制成一个直径约 15 公分的圆板,在中间挖出约 1.5 公分深的凹槽,周边留出约 1.5 公分宽的边,这样就做成了蜡盘的外形。凹槽内装自制蜡,由以下几个化工原料熬配而成,即白蜡、蜂蜡、茶油、草木灰等,按比例加热熬好后,装入蜡盘凹槽之中冷却。蜡盘的主要作用是在雕刻过程中保护刀尖,使其不受损;刀具可利用手术刀片、钢锯条、油布伞骨架等材料磨制而成,刀尖在 0.5 毫米左右,刀片加工成形后,用细竹筒或毛笔杆夹住刀片,用细铁丝或小铁管固定好两头;磨石可选粗油石、细油石、剃石各一块,先用粗油石磨出刀刃,再用细油石磨出刀口,在剃石上磨光刀片两面和刀刃,使之用手摸时无毛刺感。

剪纸艺术品必须"提得起,贴得上",孝感雕花剪纸艺人在技艺上做到了运刀胜笔、连而不断、断而不连,使得孝感雕花剪纸作品较之其他有更大的实用价值。

3. 孝感雕花剪纸的传承情况

孝感雕花剪纸从明清产生之后,至今已有五百余年的时间,一直以"父传子"的家族传承模式为主,偶尔也会出现"师带徒"的师徒传承模式。其中,以胡氏家族的传承最具代表性。胡氏家族作为孝感著名的雕花剪纸大户,整个家族上下四辈均为雕花剪纸艺术家。其中第一代传人为胡昌新,第二代传人为胡明高,第三代传人为胡世启、胡均启。新中国成立之后,胡氏家族积极响应号召,开门授艺,培养了管丽芳、杨春堂等一大批优秀的剪纸艺术家,为孝感雕花剪纸的传承和发展做出了重要贡献。

特别值得一提的是胡均启先生,不仅是孝感雕花剪纸的代表性传承人,也是驰名中外的民间工艺美术家。胡均启从小就爱钻研剪纸技术,曾获中国美协服务部奖状和纪念章。1988 年撰写的《孝感剪纸浅谈》一文在《湖北工艺美术学报》发表,是中国美术家协会湖北分会和中国工艺美术学会湖北分会会员,孝感市书画学会理事,其业绩被载入《辞海》《地方志》和《名人录》。胡均启和他哥哥胡世启是第三代传人,后来为了传承雕花剪纸技术,除了家传胡云甫之外,又收了管丽芳、杨春堂等关门弟子。

管丽芳是胡均启第一批嫡传弟子,跟随师父学习了近 20 年,从事雕花剪纸事业近 40 年,现为孝感雕花剪纸协会常务理事、省级代表性传承人。她继承了传统雕刻的技艺,其作品秀丽、大方,且有独特的艺术风格。管丽芳的"破刀功"技术尤其了得,目前是孝感"破刀功"方面的高手。这种技术有严谨的艺术原则:"茎如花线叶圆润,花蕊突出破功严,虫鸟眼睛要认真,刀法流利见功能。"同时"握刀要正,下到要顺,行刀要匀,开片要严",从而运刀胜笔、连而不断、断而不连、独树一帜。2003 年,她创作雕刻的《孝南八景》《吉祥图案》《民间舞蹈》等作品,在湖北省民间艺术之乡农民画展览中荣获银奖。同时《花鸟一组》获铜奖,《槐荫记》获特别奖。2008 年创作的剪纸《花样》在湖北省工艺美术精品展上获得铜奖。

（三）仙桃剪纸

1. 仙桃剪纸的区域分布及历史沿革

沔阳县（今仙桃市）在新中国成立前后有走街串乡卖花样子的货郎二三百人，特别是新口、窑湾和石剅湾等村，约有半数村民雕刻剪纸和卖花样子，他们雕刻花样子一次可刻二三十层，甚至更多，多是自产自销。也有的远销湖南、云南等地，赖以养家糊口。那些艺人较多的乡村常被誉为"剪纸之乡"。沔阳县境内分旱田地区、水田地区和旱水插花地区。旱田地区一般田少人多，穷人多以各种手艺谋生，从事雕花剪纸买卖花样的人数较多，所以沔阳的"剪纸之乡"一般在旱田地区，其中有不少祖传几代和一家多人从艺的"剪纸世家""剪纸之家"。这是沔阳民间雕花剪纸艺人之所以较多而集中的历史条件和地理环境因素。

1949年以前，沔阳县主要是传统剪纸：一是剪花样子和喜字花，随剪随用；二是雕刻出售的花样子。沔阳雕花剪纸最大的特色就是用刀不用剪，因此又称"沔阳刻纸"，俗称"花样子"。明末清初就已形成构图匀称、雕工纤细的独有风格，深受民众喜爱。从沔阳越舟湖出土的新石器时代文化遗址磨制石铲上的穿孔和陶器上的刻纹来看，不难找到剪纸镂空与雕刻工艺的渊源。据《沔阳县志》记载，明末清初，沔阳剪纸形成风格，以构图均匀、雕工纤细见长。《长堉口区志》有关雕花剪纸的记述足以证明其历史久远且代代传承。清朝中叶，长堉口庄屋的杨保清师傅技艺高超，徒子徒孙遍及天（门）、汉（川）、沔（阳）三县，被艺人拥为"天汉沔花样同业公会"会长。全县的艺人把嫘祖敬奉为剪纸的鼻祖，尊称为"西陵圣母"。每年中秋节聚会参拜，并交流剪纸技艺，互换花样新作，订立行规，统一价格，还吃祭祀酒。

2. 仙桃雕花剪纸的传承情况

仙桃剪纸艺人陈由明，1949年毕业于重庆国立艺术专科学校。回家乡后，长期担任沔阳县（今仙桃市）文化主管部门的美术工作。1952年，陈由明与长堉口镇剪纸艺人杨长发合作，将传统年画精心改编整理，制作出一套构图严谨、雕工纤细的彩色剪纸作品《八仙图》，先后刊载于《湖北文艺》《新观察》《人民日报》，并于1953年参加了全国出口工艺品展览。次年，《八仙图》代表中国民间工艺品远渡重洋，在法国巴黎世博会展出，并获民间艺术金奖。随后又在东欧八国巡回展览，产生轰动效应，意大利国家文化机构盛赞《八仙图》是"世界第一流的装饰艺术品"。通过展览获得欧洲国家的订单4.8万套，为国家出口创汇。1956年，艺人们创办了"沔阳县仙桃镇雕花工艺社"，专门加工剪纸产品在国内外批量销售，使仙桃剪纸稳步打入国际市场。

陈由明年近七旬仍潜心创作，成果累累。其中构思精巧、韵味不凡的剪纸作品《老对手》，被湖北省邮电系统第一届门球赛选中，并印制纪念封邮品在全国发行；反映市民生活情趣的剪纸作品《街头巷尾》，获得"老有所为"成就一等奖；大型剪纸作品《西厢记》以构图复杂而结构空间处理巧妙、人物神态极具动感而获湖北省第二届剪纸艺术展览会一等奖。陈由明于1999年获得联合国教科文组织及中国民间文艺家协会授予的"中国民间工艺美术家"称号。

仙桃市剪纸学会20多年来主办了四次全市雕花剪纸作品展览。先后有280多人次参加国内外剪纸展览和大奖赛，共获得5项金奖、8项银奖、15项铜奖，20多幅剪纸作品亮相中国第七、八届艺术节，4位剪纸艺人被联合国教科文组织、中国民间文艺家协会授予"中国民间工艺美术家"称号，12位艺人获得"湖北省剪纸艺术大师""湖北省著名剪纸艺术家""湖北省工艺美术名人"称号。其中的代表作品有马又甫的《喝的是湖中水》《七仙女乐图》，周武雄的《闹庙会》《沔阳三蒸》，谢些的《寿星》《先师孔子》等。萧国春、武身龙等撰写的剪纸论文在国内外剪纸行业引起强烈反响。2009年，由市非遗保护中心选送的《十二花扇》《花样子》等30多件仙桃雕花剪纸作品，在"挪威·湖北周"一亮相立即引起了当地民众的极大兴趣，成为当时文化交流活动的一大亮点。

仙桃剪纸作为民间美术项目，从2006年初开始组建专班申报非遗保护名录，同年7月，被市政府列入第一批市级非物质文化遗产名录;2007年6月,被省政府列入第一批市级非物质文化遗产名录;次年6月,被国务院列入国家级非物质文化遗产名录;2009年6月,长埫口镇集木村83岁雕花剪纸艺人胡敬先被国家文化部授予"国家级非物质文化遗产代表性传承人"。2010年8月,"沔阳雕花剪纸"被联合国教科文组织列入人类非物质文化遗产代表作名录;同年12月,胡敬先、翁吟樵、杨正发被省文化厅确定为省级非物质文化遗产代表性传承人,先后多次受邀赴北京、成都、武汉、香港等地参加剪纸艺术展示交流活动。2010年,市民陈由明、武身龙、萧国春(已故)及长埫口镇石湾村农民谢些荣获"湖北省剪纸艺术大师"称号;市实验幼儿园王隽、张慧,长埫口镇何坝村农民马佑谱,长埫口镇文化站蒋宏波荣获"湖北省著名剪纸艺术家"称号。市剪纸学会每年开展"剪纸非遗进校园"活动,先后十多次深入仙桃市实验小学、仙桃荣怀学校、刘口社区等基层单位举办剪纸培训班,努力使剪纸非遗得到传承。

(四) 鄂州剪纸

1. 鄂州剪纸的区域分布及历史沿革

鄂州市地处长江中游南岸,公元221年孙权在此建都。据《鄂州档案存真》记载,鄂州花样剪纸约在1600年前的南北朝时期兴旺起来,1885年开始形成专门从事花样雕刻制作出售并带徒弟传艺的行业。20世纪30年代,鄂州剪纸业达到高峰,成立于1922年的"鄂州花样工会"是当地剪纸的专业行会组织。1935年10月,鄂州城的剪纸艺人及剪纸爱好者在鄂城小北门聚会,正式成立"鄂城花样工会",选择廖云鹏为主席、戴锦江为副主席,制定了章程,仅两年时间就从最初的60人发展到150多人,并延伸到樊口周围的杜沟、马房咀、舒家墩等地。黄冈、大冶、新洲、浠水等地乃至江西、安徽等省外的民间艺人也有不少参与进来,鄂州成为远近闻名的花样雕刻剪纸之乡。鄂城花样工会有较为完整的章程,通过共同议价、按期交税、划定服务范围、联络乡谊、救助同业,来维护其合法权益。同时还制定了自己的行规,如明确规定所有会员必须做到"身稳、手稳、口稳",统一卖货的价格,不得擅自抬高或降低物价,防止恶性竞争。还要求会员遇到行人时,花样鼓要朝下摇动,不得冲着人脸摇鼓,以重礼貌。又规定会员以师兄弟相称,来往走动管茶待饭;会员不得单独进入年轻嫂子和姑娘的房间卖货。这种有组织、有章程的行业规范,对于提高花样人的道德素质、巩固行业的社会地位都发挥了重要作用。

1937年至1945年,战火不断,民不聊生,本就处于社会底层的剪纸艺人的生活更加凄惨,鄂州剪纸业走入历史低谷。1949年后,花样行业的发展得到政府部门的扶持,开始发展壮大。鄂城花样工会在燕矶、华容、临江、杜沟、周铺、新庙等地成立了互助组,发放临时外出许可证和纳税证,便于艺人外出住宿、还税和证明自己的身份,花样经营活动范围扩展到武汉、黄石、黄冈、新洲等地。艺人们在前人的基础上,不断创作出新的花样样式,品种累计达到2000余种。鄂州雕花剪纸从家族制、师徒制传承到集体有意识的传承,具有群众创造的传承性特征,特别是在民间成立了剪纸协会,有组织、有章程地开展活动和市场运营,推动了当地剪纸的发展。2008年,鄂州民间雕花剪纸被确定为国家级非物质文化遗产,鄂州市政府对这一民间艺术的保护和传承给予了政策和资金支持,鄂州各地举行了雕花剪纸培训班,对雕花剪纸艺人进行培训,并鼓励他们尽力收徒,希望将此手工技艺传承下去。

2. 鄂州剪纸的艺术特征

从现存的鄂州花样资料看,其表现内容有两个特点。

第一,紧跟社会时事,及时反映各个历史时期的重大事件。各时期的花样都带有鲜明的时代特征。解放战争时期,毛主席、周恩来、朱德、贺龙等革命领袖的造像进入鄂州花样,《农民翻身喜洋洋》《日出东方一点红》等作品都体现着花样人对时事的关注和对革命胜利的信心。抗美援朝时期则出现了《男女同心保国家》《保家卫国》《消灭美帝》等作品。颇为有趣的是在土地改革和新中国成立后的建设时期,出现了男女共抬一张土地证的名为"解放时新"的枕顶花,还有男女共举结婚证的"新式结婚"枕顶花。这些题材的花样反映了花样人的政治觉悟,也体现着民间美术对社会时局的关注。

图 7-6　鞋头绣花样《抗美援朝》

第二,在花样中大量使用文字。为了表明思想主题,很多花样都把文字转化为装饰的元素,占据了画面的重要位置,甚至出现了只有文字没有其他图案的绣花样。有一种表现男女情爱的枕顶,全是楷书的文字:"我有言来相劝你,请哥休怪小奴家,哥要出门我心愿,禁戒洋烟莫吃他。"①虽然里面有错别字,但是质朴、真诚的情感倾诉却感人至深。使用文字是刺绣花样的常见手法,但是像鄂州这样全用文字的做法比较少见。

(五) 黄冈团风剪纸

1. 黄冈团风剪纸的区域分布及历史沿革

团风剪纸历史悠久,唐宋时期剪纸就运用于当地丧葬活动中,明清时更是遍及人们的日常生活。清光绪年间就有剪纸艺人在团风街上摆摊设铺,专门制售窗花、喜子花、寿字花及衣帽服饰用的图案花样。民国时期艺人们还挑着货郎担走村串户叫卖剪纸花样。

团风剪纸广泛分布于团风各村镇,一直都是农村妇女在农闲时从事的一项副业,以县城团风镇最为集中。20世纪70至80年代,县文化馆组织艺人进行剪纸艺术创作培训,使团风剪纸进入一个新的发展时期,成为湖北乃至全国具有影响力的民间艺术瑰宝,涌现出许多知名剪纸艺人,他们的剪纸作品有的入选国家级展览,有的被选送东南亚国家进行文化艺术交流。

2. 黄冈团风剪纸的艺术特征

团风县民间剪纸围绕欢天喜地的庆祝、生产与生活的情趣、优雅的戏曲场面、光怪陆离的神话故事、男婚女恋的动人情景等方面的内容,运用大胆夸张、合理变形、纸张对折、从中入剪的施洞型手段,广泛汲取传统的木雕、石刻、布贴、乡花和民间绘画的艺术精华,使其剪纸由民间实用型逐步构成艺术审美型。

3. 黄冈团风剪纸的传承情况

团风剪纸有数百年的发展历史,作为妇女女红中的一项,以"母传女,婆传媳"的传承方式进行传承。新中国成立之后,团风出现了一批剪纸艺术大师,将团风剪纸推向了发展高潮。其中以倪汉玲成就最高,是团风剪

---

① 王连海　中华传统剪纸民俗[M]　北京:气象出版社,2013

纸的代表性传承人。

倪汉玲自幼师从其母学习团风剪纸,在掌握了传统剪纸技巧之后,采众家之所长,大胆进行创新和改良。在倪汉玲创作的几百幅剪纸中,《龙的传人》《阳光下》《祝福世妇会在京召开》等先后参加了全国首届民间民俗、中华巧手剪纸和向在京召开的世界妇女大会献礼展览。1987年,她的一件作品参加了首届中国艺术节展览,被中国美术馆收藏;1988年元旦,原黄州市(今黄州区)妇联、共青团、文化馆联合举办了倪汉玲剪纸艺术展,同年8月,《阳光下》等五件剪纸作品在省刊《文艺指导》封底发表,同年11月,八幅剪纸作品参加在中央民族学校举办的全国剪纸年会展并被收藏。1989年,湖北省东湖金秋艺术节邀请倪汉玲30多幅剪纸新作举办倪汉玲剪纸新作展,部分剪纸被省群艺馆及其他相关单位收藏。1995年,倪汉玲创作的《万事平安》参加了中国农村巾帼书画展,并捐赠给第四次世界妇女大会。她的作品取材于民间传说、民俗风情、历史掌故、农村变化等,浸透泥土的芳香,且从不描稿,剪随心走,大胆夸张,布局精美,既有宏大缤纷的庆典场面,又有起伏优雅、玲珑剔透的抒情小景。省刊《文艺指导》以"民间剪纸新秀"、《黄冈青年报》以"山沟里飞出金凤凰"为题发表了专题报道。

(六)麻城三河口剪纸

1. 麻城三河口剪纸的艺术特征

麻城三河口镇是石门河、石桥铺河、张广河三河交汇口,也是镇政府所在地。传统的三河口剪纸工艺流程简单,所用工具材料简便,图案及颜色单调,这是由于三河口剪纸一直是作为女红技能所传承而来的。因此,在艺术特征和工艺技巧上,三河口剪纸技法单一,只剪不刻,且一般是单色剪纸,极少出现套色剪纸。正是这些特点,使得传统三河口剪纸更加具有民俗特质和乡土气息。整体而言,传统三河口剪纸大气磅礴,民俗感、装饰感极强。

当代的三河口剪纸艺人紧扣时代脉搏,在保持原有工艺特征的基础上,融合其他剪纸艺术之长,使得三河口剪纸在新时代具有了新的艺术特征:①剪纸取材广泛、内容丰富,包括人物、花卉、果蔬、山水、文字、珍禽异兽等;②剪纸内容折射出丰富的人文资源,体现历史沿革的有《河东狮吼》《清明》《守望》等,体现时代特色的有《杜鹃花海》等,展现吉祥祝福的有《龙凤呈祥》《凤串牡丹》《大展宏图》等;③剪纸技术多样化,采用以剪为主、剪刻结合的技法,通过剪、刻、镂空产生虚实对比效果,作品形象简洁、明亮、夸张、优美,富有节奏感;④剪纸作品充分体现纳吉、祝福、励志、劝勉、警戒、除恶、趣味等七大类用途,情感丰富,寓意深刻;⑤采用多色、套色剪纸,剪纸作品颜色丰富。

2. 麻城三河口剪纸的传承情况

三河口镇剪纸长期以来都没有从女红技艺中独立出来,所以一直都是以"母传女、婆传媳"的方式代代相传。新中国成立以后,三河口涌现出一批专业剪纸艺术家,在充分挖掘传统技巧的同时也大胆创新,为三河口剪纸的传承做出了巨大的贡献。其中代表性传承人是刘锦荣女士。她从小随母亲学画鞋底花和做剪纸画,对剪纸艺术耳濡目染,逐渐掌握了三河口剪纸的传统技巧和图案。成年后,刘锦荣进入麻城师范学校学习,开始将传统绘画融入三河口剪纸,并且广泛学习其他地区剪纸的艺术特征与剪刻技巧,形成了独具一格的剪纸艺术形态。她近年创作的《中原第一松》《杜鹃花海》等作品代表了三河口剪纸的最高水平。镇党委、镇政府注重人才培养,将刘锦荣请回来,在三河镇商业一条街为其创办了"麻城三河剪纸锦荣工作室"和"麻城市三河剪纸展销部"。鼓励刘锦荣带徒传艺,保护和传承剪纸艺术。目前,刘锦荣已采取"滚雪球"的方式,带动全镇300多名女青年从事剪纸业,使民间剪纸工艺大放异彩。

二、鄂西北民间剪纸

鄂西北是鄂与豫陕渝的毗邻地区,斜倚于大巴山余脉。鄂西北属于汉江中游地区,汉江贯穿整个区域。

(一)房县剪纸

1. 房县剪纸的艺术特征

房县剪纸在艺术特征上具有浓郁的地方特色,整体造型粗犷、威严,浑厚朴实,其中最具特色的是当地的一种"点题剪花"。这种剪纸形式吸收了诗画配合的手法特点,图文并茂,以文释图。在点题文字中包含了人情世故、悲欢离合、修身言志、海誓山盟。如在"青梅竹马、两小无猜"的字样旁填充花纹,做袜垫花、枕头花,是传达爱情的信物。另外,送给亲朋好友的礼品花也广泛采用点题剪花的形式,花样上的诗句往往是求花的乡亲随口吟出,剪花的巧女便把它剪在纸上,如:"操心劳力,增加负担"是刚过门的媳妇说给公婆听的客气话;"手心手背都是肉,打断骨头连着筋"是母亲告诉女儿,长辈对你们都一样看待,将平时不好意思说出口的语言揉进剪花里,更增添了一份含蓄。

2. 房县剪纸的传承情况

房县剪纸既有杨维张、张秀英、张宏芬、冯顺英、周梅兰等老一辈艺人以精巧的手艺传授后辈,又有青年一代剪纸新秀如郭琴、秦祖兰、魏泉云等继续传承着这古老淳朴的民间艺术。

(二)竹山堵河剪纸

1. 竹山堵河剪纸的区域分布及历史沿革

竹山堵河剪纸主要分布于竹山县堵河沿岸,以田家坝最为集中。竹山堵河剪纸起源于东汉,至今已有1400余年的历史。堵河流域的民间生活,处处都有剪纸的表现形式。无论是大家闺秀还是山野村妇,或许目不识丁,但是一定会剪纸,剪纸简直成了堵河流域民间生活中不可或缺的手艺。

新中国成立之后,堵河剪纸迎来了发展高峰,逐渐形成了以余曼白为代表的"学院派"和以朱云英为代表的"民间派",堵河剪纸开始崭露头角,成为民间艺术中一颗闪亮的新星。

2. 竹山堵河剪纸的艺术特征

竹山堵河剪纸具有浓郁的民俗氛围,相对于江汉平原地区的雕花剪纸而言,竹山堵河剪纸更加原始、质朴,保留了更多原生态面貌。在剪纸创作过程中,不用雕功,纯靠剪刀剪。这种技法特征,使剪纸作品无法十分细腻,但也因此而形成了大气、质朴的艺术特征。堵河剪纸常常使用多幅剪纸拼贴成为一副主题性剪纸,更易于表现一些朴实的乡土主题。

3. 竹山堵河剪纸的传承情况

竹山堵河剪纸主要有两条传承序列:以余曼白为代表的"学院派",以朱云英为代表的"民间派"。其中,"学院派"传承人余曼白于20世纪60年代末去世,导致该传承序列中断,仅存朱云英代表的"民间派"传承至今。

余曼白是20世纪中期活跃在竹山官渡的一位艺术奇人,他幼年家贫,只读过两年私塾,喜雕刻、书画。1946年,他流落四川达县(今四川达州),以经营书刊、字画为业并致力于剪纸技艺,尤擅人物剪纸,后迁至自贡市定居。新中国成立后,其剪纸技艺得到充分发挥。1955年,他创作的《剪纸图案集》出版发行,其剪纸作品获四川省美术创作一等奖和全国美术作品创作奖。1959年国庆节,他赴京参加人民大会堂装饰设计。1960年进中央工艺美术学院深造。余曼白经过长期的研究探索,形成了颇具个性的剪纸风格:融北方的粗犷、朴实和南方的细腻、纤柔为一体,又吸收木刻、绘画、篆刻方面的表现手法,具有浓郁的画意,如图7-7和图7-8所示。其作品题材广泛,不拘一格,雅俗共赏,曾在日本、德国等许多国家展出,受到外国友人的热捧,纷纷订购收藏。1958年,他创作的《英雄赛过赵子龙,干劲赛过穆桂英》剪纸门画获得了全国美术创作奖。1962年春,余曼白重返竹山故里,和阔别多年的妻子及家人团聚。为了回报家乡,他把自己创作的1500幅剪纸作品献给了家乡,并到学校讲授传统文化及剪纸艺术,影响和培养了一大批剪纸爱好者。至此,剪纸这门民间艺术也深深地植根于竹山这片古老的文化沃土之中,并得以传承与创新。

图7-7　余曼白人物剪纸

图7-8　余曼白剪纸作品

朱云英则是堵河原生态剪纸泰斗,其作品粗犷大气,民俗味道浓郁,装饰性强,形成了与余曼白截然不同的剪纸艺术风格。1987年,朱云英代表湖北省参加首届中国艺术节,其创作的《黄鹤楼》《女娲补天》在中国美术馆展出,并被中国美术馆收藏,她还应邀到现场表演。她的作品还参加过中日国际剪纸交流展,随后中央电视台、《湖北日报》均做了专题报道。为此,武汉等地纺织厂专派设计人员向她求教。堵河两岸,她有数位直传弟子,现在都年事已高。

2009年,"堵河剪纸"被列入湖北省第二批非遗项目名录。目前,"堵河剪纸"在竹山的主要传承代表人物有麻家渡镇的省非遗传承人喻少贞、官渡镇余曼白剪纸技艺传承人明平涛和麻家渡镇的新生代传承人曾鹏。

第三节
湖北民间剪纸的艺术特征

湖北民间剪纸融合南北之长,于纯朴中见秀美、敦厚中见洒脱,风格纤细,虚实参差,线面相间,疏密有致,构图丰满,给人一种质朴、纯真、健康、活泼的美感,具有强烈的地方色彩和浓厚的乡土气息,在全国剪纸艺术中独树一帜。

一、湖北剪纸的题材及技法特征

(一)湖北剪纸的题材特征

雕花剪纸的题材形式集中体现着人民的朴素愿望,其内容总体上可分为两大类:一是反映熟悉的现实生活的,如田园生活、花鸟鱼虫、渔樵耕读等,它是对生活的讴歌,对自然的赞颂;二是寄寓理想和情感的,一般以吉祥隐喻、征兆瑞庆的"彩头话"来表达主题,也如民间艺人们常说的,要有"名堂",所谓"出口要吉利,才合人心意"。这些"彩头话"有的祈祝人们身心健康、快乐进步,有的寓知识于其中,也包含着一些心理学、道德观的意义,颇能迎合大众的心理需要。这些设计也多采用象征性的、借物传情的、借物言志的、以音谐音的图案语言去表明主题,如"鲤鱼闹莲"寓意连年有余,"鸳鸯戏莲"寓意夫妻之爱,"喜鹊登梅"寓意喜上眉梢,"龙凤吉祥"寓意夫唱妇随,"明八仙""暗八仙"寓意成仙得道,"鲤鱼跳龙门"寓意金榜题名,端午时节农家儿童穿戴的"五毒鞋花"、辟邪香袋寓意以毒攻毒、祛病健身等,此类题材举不胜举。

湖北古属楚地,承袭了许多楚人的文化特质,如借物寓意就是楚人喜用的表现方法。在民间美术中,方枕花的"鹿鹤同春"、喜花的"仙鹤蟠桃"、石刻的"松鹤遐龄"等借鹤的形象寓意吉祥,祈求美好的愿望。湖北剪纸善于在有限的空间内驰骋想象,体现意念,创造更理想化的艺术形式,体现出浓郁的浪漫主义色彩;以适应需要为目的,依据人的意念去分解、组合、物化、填充,使世间万事万物的形象色彩为我所用。

(二)湖北剪纸的技法特征

湖北剪纸在技法上主要分为江汉平原地区的雕花剪纸和鄂西北山区的剪纸两种。江汉平原雕花剪纸以刻为主,剪刻结合。因为多用刻法,讲究刀功,故而称之为"雕花"。艺人们在雕花时,有着"运刀胜笔"的力量,强调拿刀要正,用力要匀,走刀如游丝,刀口要始终向内走动。全国工艺大师、我省著名剪纸艺人蒋再谱的刀工远近闻名。花纹的块面上要施"破工","破工"用得好,在画面上会留下排列整齐的刀口纹;其他如锯齿纹、狗牙纹、月牙纹、圆点纹、阴纹(即"破工纹")等都用来做画面装饰。花纹之间注意留连缀线,以免绣花时散架;剪纸要光洁秀美,刀口整齐。整体来看,阴阳线条断连互衬,圆润、流畅、舒展,有着连而不断、断而不连的艺术效果。

鄂西北剪纸则不同,在创作过程中以剪为主,极少用刻。多数艺人在创作过程中,不画线稿,纯靠"盲剪"。剪制过程中大量采用对折、从中入剪的施洞型手段。在剪纸过程中,做到刀随心动、意到刀到。

二、湖北剪纸的造型及审美特征

(一)湖北剪纸的造型特征

湖北剪纸在造型上也具有浓郁的地方特色,主要表现在剪纸造型的艺术化处理上。剪纸艺术是扎根于民间、生长于民间的,从事剪纸的艺人大都是普通百姓,不是科班出身的专业艺术家,也没有很高的文化修养,因此在造型上无法达到高度的象形。但是剪纸艺术充分吸取了民俗文化的相关特征,通过大胆变形、夸张等创作手法,弥补了造型上的弱点,使剪纸艺术具有浓郁的装饰色彩和民俗氛围。其一,造型装饰化。湖北民间艺人

图 7-9　湖北民间喜花

总结出"图外有形,形中有景,花中有花,粗中有细,对比分明,均衡对称,大胆夸张"的雕花剪纸造型方法。作品造型写实兼写意,夸张变形而不失真实,单纯而丰富,对比而和谐,有着明显的荆楚地域特色与楚文化风格,形成了独特的实用装饰艺术特色,具有美学优势(见图7-9)。其二,构图平面化。湖北雕花剪纸构图丰满、均衡,常采用散点透视、平视构图等方法,在平面上表现立体化人物,侧影、动势注重黑白对比、虚实变化、动静结合,并用隔物换景等方式以形式美的规律进行处理,呈现出独特的美感。

1. 夸张

夸张是湖北剪纸艺术在造型上常用的一种创作手法。民间艺人往往根据表现对象总结出表现对象的相关特点,进而将这些特点放大、夸张,使对象在视觉识别上达到一目了然的艺术效果。这种造型特征在大多数湖北剪纸上都有浓郁的表现,例如,团风剪纸的虎头鞋花,在整体创作上,就将老虎进行夸张,突出老虎大眼、阔嘴、牙尖嘴利的形象特征,同时,突出老虎额头上的王字纹,让人一目了然,从而达到使剪纸中的老虎形象威风凛凛、生机盎然的艺术效果。

2. 变形

变形是指对表现对象的外形进行适当的变化,是中国民间艺术中经常使用的一种创作方法。由于民间美术的相关从业人员都来自民间,很多民间艺人甚至都不是职业艺术家,因此他们在绘画表现上往往都有所欠缺,无法将对象原原本本的原样复制出来,所以变形往往是他们这种技法上的缺陷所导致的。但是,随着民间美术的发展,民间艺人开始利用这种变形的创作手段,通过变形,能使画面产生丰富的装饰效果。变形逐渐成为剪纸的主要造型特征之一。

变形在湖北民间剪纸中的运用十分广泛。无论是鄂西北剪纸还是江汉平原地区剪纸,都常用变形作为其基本造型手段之一。例如:竹山堵河剪纸作品《女十忙》,在剪纸造型中就大胆使用变形,在人物造型上,通过拉长人物比例,使整个人物看起来更加修长,从而更好地烘托艺术氛围。

3. 简化

简化是指在造型过程中,根据对象外形进行适当的概括提炼,从而化繁为简,让人一目了然。剪纸艺术由于材质和表现手法的限制,无法像绘画等其他造型艺术门类一样,在表现中将对象的细节逐一刻画,因此只能将细节省略,重点表现物体的主要特征,删繁就简,同时也使得剪纸艺术具有了简洁明快的艺术效果。例如,在孝感雕花剪纸中,对人物面部的刻画,往往采用简化的表现形式,重点刻画五官等外轮廓,将其他细节尽量简化。

(二) 湖北剪纸的审美特征

湖北民间剪纸具有韵味独特的审美特征,作为湖北地域性民间美术的代表,反映了湖北地区独特的审美趣味。

装饰性与实用性是民间美术的两大基本要求。民间美术作品作为人们日常生活中必需的生活资料,首先要满足人们日常生活中的某种实用功能。因此,不能一味追求作品的装饰性而忽略其实用功能。此外,民间美术作品又很注重装饰性、趣味性、娱乐性,也就是说它符合大众的审美经验,在提供实用功能的同时,又能够美化人们的生活。作为民间美术作品,湖北民间剪纸在审美特征上所追求的就是将实用性与装饰性完美地结合起来,这也是湖北剪纸在审美上最主要的特征。

以刺绣花样为例,它们往往能充分利用空间的限制,巧妙构思,在有限的空间内填充理想的纹样,把群众喜闻乐见的吉祥题材,通过多种装饰及变形手法,在实用的前提下表现出来。在手法上多采用平面展开穿枝生叶法。如一幅儿童虎头鞋花样,在外形上,有鞋帮、鞋底,合起来就是一双虎形软底鞋。虎形被分解成两扇鞋帮,并在鞋帮的轮廓中填进"三多"之一的石榴纹样;鞋底则填进"万事如意一支笔"纹样,是寓意生龙活虎、文武双全之祝愿,把人们的心理愿望表达得淋漓尽致、恰到好处。又如,儿童围嘴,也叫涎兜,运用打散构成的原理,虎头做成围嘴前片,虎尾做成后片,虎身做成左右片,并饰以四季花果,倍显精神。围嘴的基本功能是兜接儿童涎水,保持清洁卫生,是一种实用性很强的装饰物件;其寓意则是借虎之威灵护佑儿童茁壮成长,而花果装饰则更衬出儿童天真无邪的脸庞。虎形围嘴如图7-10所示。

图7-10 虎形围嘴

再如新娘用的莲花披肩,将荷花瓣平面展开以连缀成披肩,每片之内均饰有各式花纹,前片饰以八卦,后片饰以云纹,披肩四周吊以丝绦、飘带、响铃,荷花披肩披于新娘双肩,寓意出水芙蓉、亭亭玉立等。不难看出,在这些刺绣装饰的结构中,含有许多美的形式法则和表现手法,如平衡、对称、动静、虚实等,以粗壮与纤细、镂空与留实、线面相间等对比手法构成疏密有序、构图丰满、富于节奏的画面。在制作上也极讲究工艺特性,刺绣花样的雕刻讲究刀味,强调剪纸自身所独有的风格。

第八章

湖北木版年画
HUBEI MUBAN NIANHUA

年画是中国画的一种,始于古代的"门神画"。年画历史上又叫"纸画""花纸""画张""斗方"等。直到清道光年间,文人李光廷在文章中写道:"扫舍之后,便贴年画,稚子之戏耳。"年画由此定名。年画是中国民间普及的艺术品之一,它题材广博,手法斑斓,地域风格多姿多彩。木版年画的源头可以追溯到汉代驱邪的神荼和郁垒。而狭义的用木版印刷的年画则是一种年俗艺术,它是以木版画的形式制作的年画,先用木版雕刻印刷画的轮廓,再由人工或套版上色,画的内容大多为喜庆吉祥、风俗、门神、灶王或戏剧,过年时人们可以用来装饰房屋。

湖北著名民间工艺品约起始于明永乐年间,清代为盛期。主要产区有均县、汉口、黄陂木兰山、孝感下兴集等。其中以年画开业最早、品种多、艺术性高、发行量大,仅"门神"的式样就有十三种之多。湖北木版年画品种繁多,可分为门神、单幅年画、中堂、四条屏、斗方、灶画、灯笼画等。它的内容大体分两类:一种是表现封建思想和封建道德;另一种是描绘社会生活、生产兴旺和喜庆人寿。湖北木版年画的题材除反映本地名山大川、宗教胜景外,大部分和其他地区的年画内容相似。湖北木版年画讲究"有看头,有说头",要求把一个故事简要地介绍给读者,使之一目了然。

第一节
湖北木版年画概况

一、湖北木版年画的萌芽及发展

木版年画从宋至清,全国各省几乎都有作坊出品。湖北木版年画虽不及天津杨柳青、苏州桃花坞、山东潍坊、广东佛山的产品那样闻名遐迩,但其历史地位不可忽视,无论是绘画、刻工、印刷,还是题材、形式,都具有很高的技艺水平。在武当山香火中诞生的均县(今丹江口市)草店木版年画,大约始于明永乐年间,这里是湖北木版年画出现最早、刻印水平最高的地区,盛行时期有作坊13家,产品种类繁多,每年发行数百万份,在河南、陕西、鄂西北一带有很大市场。

湖北地区的民间木版年画虽然是中国民间木版年画的重要组成部分,但关于这一地区的文献资料非常少,一直以来,湖北地区的民间木版年画未能引起学者的重视。经考察发现,湖北的民间木版年画现仅存于鄂西北的老河口地区,且这一古老的手工艺也险些遗失。老河口陈氏(陈义文)木版年画兴盛于清代乾隆至光绪年间,老河口在20世纪50年代及以前一直被称为光化,当时印制木版年画的作坊有松晋福(胡德俊)、刘源盛、法茂公、和顺成、成源永、同兴公等十几家。这些印刷作坊规模有大有小,小的有几十人,大的有上百人,这些工人们可算是专门的木版年画艺人,他们一年四季从事年画印制,产品远销邻近的陕西、河南、四川、湖南、江西等地。在行销的过程中,通过商人及传承人的流动产生交流和借鉴,使得各地的年画相互借鉴、共同发展、携手并进。老河口陈氏木版年画自然也成了这些地区群众的共同记忆。由此可见,老河口地区在清代就已是鄂西北、鄂西南地区木版年画的制作基地。

二、湖北木版年画的主要种类

湖北木版年画作品皆以传统题材为主,表现质朴、原始,有着强烈的民族原生态气质。

(一) 驱鬼辟邪类

老河口陈氏木版年画中包括各类门神,如钟馗、《封神演义》中的燃灯道人和赵公元帅,民间有"燃灯是佛,保佑众生"的说法,燃灯骑梅花鹿,赵公明骑虎,他们两个相对把门护宅。

(二) 吉祥喜庆类

吉祥喜庆类题材旨在反映人民群众对美好理想的追求,这也是民间艺术永恒的题材,年画整个主调为吉祥喜庆,这是由年节的气氛和人们节日的心理状态所决定的。这种喜庆的内容,主要是表现对幸福、富裕的追求,甚至是寄托于神灵的护佑,这些神的形象不是作为祭祀的偶像,而是表现人们对生活的欲望和追求。如表达人们祈求和美、圆满、幸福的《一团和气》,还有《百寿图》《麒麟送子》《灶神》《福禄寿》等。这一类年画数不胜数,都将最为美好的理想在画面上集中表现出来,套以五彩缤纷的色调,形成辉煌热烈的氛围,这种充满幻想的图景,成为人们追求的目标。

(三) 小说戏曲类

这一类题材在明清时期比较流行,占有相当大的比重。元明清时期,小说创作非常活跃,相继出现了章回小说《水浒传》《三国演义》《西游记》《封神演义》《精忠全传》《杨家府演义》《红楼梦》及短篇小说集《三言二拍》等,在群众中有着广泛的影响。戏曲演唱不仅使群众获得了艺术享受,也使其从中熟悉了历史知识,激发了他们对英雄人物的崇敬,对善恶美丑的道德判断,对爱国主义精神、反抗压迫的意志和争取自由愿望的赞美,因此,在年画中涌现出大量的历史故事及戏剧题材绝非偶然,同样是反映着老百姓的思想愿望和新春娱乐戏曲欣赏的兴趣。以戏曲人物为题材,画面造型完善,且有强烈的生活气息和地方特色,在老河口陈氏木版年画中主要有《杨家将》《焦赞孟良》《关公》《岳飞》等。

(四) 民风民俗类

民风民俗类的题材在各地的年画中都会有所表现,特别是带有本地域特色的民风民俗比较常见。

(五) 美女娃娃类

以美女和娃娃为题材的年画因为形象美和内容吉祥而特别受欢迎,从中也反映着对家庭美满、后代健康、生活幸福的憧憬。明清时期,美女娃娃年画有很大的发展和变化。老河口陈氏木版年画中美女类的题材比较少,主要是娃娃类的题材,如《和气娃娃》《连年有余》等,同样也反映了一种风土民情。

(六) 民间故事类

在中国年画中甚多,在老河口地区主要有《老鼠娶亲》《过猴山》等,题材富于想象,生动有趣。

(七) 花鸟瑞兽类

花鸟年画多描绘生机盎然、丰富艳丽的动植物形象,经常出现在画幅中的有山茶、玉兰、牡丹、荷花、菊花、梅花、松、竹等,果品有桃子、石榴、香蕉、福橘、佛手、葫芦等,动物有鲤鱼、羊、喜鹊、白头翁、鹭鸶、鸳鸯、蝙蝠,以及幻想的动物龙、凤、麒麟等。在花鸟瑞兽年画中,常以比喻、象征、谐音手法寓意吉祥,如百花之王的牡丹象征富贵,五瓣的红梅寓意五福,象征高尚品格的松、竹、梅为岁寒三友,石榴象征榴开百子,桃子寓意长寿,蝙蝠谐音福,喜鹊谐音喜,鱼和莲花可组合为"连年有余",柿子和如意可组合为"事事如意"。

第二节
湖北各区域木版年画

一、黄陂木版年画

(一)黄陂的自然人文环境

黄陂地处中部地区最大城市武汉市北部,是武汉面积最大、人口最多的区。黄陂人杰地灵,文化璀璨。"九佬十八匠"遍布五湖四海,素有"无陂不成镇"之说,享有"楚剧之乡""泥塑之乡""武术之乡"的美誉。黄陂木版年画分布于区北长轩岭镇张都桥、周前湾、红耕村、傅家大湾、易家湾、宁家岗、杨保益湾一带30多个自然湾村,方圆约10平方公里区域。

(二)黄陂木版年画的历史沿革

自明清以来,木兰山下㵐水河畔的傅家大湾、易家湾等30多个自然村,有近200户农家祖祖辈辈从事门神、神马的刻制印刷,当时是"湾湾有作坊、户户有草画(草画,当地对木版年画的俗称)"。清道光年间,木兰山脚的张家湾一条街就有45家经营木版年画的,多为自产自销,全盛时期销量可达30万张。所产木版年画除在木兰山供香客、游人买作纪念品外,还销往本省各地。有的作坊还自带印版,到陕、豫、赣、滇、川、甘、青等省游走销售;有的举家迁徙到安徽九华山开业经营;少数青壮年艺人走得更远,经川、黔、滇越过边界到印度、缅甸、越南等东南亚地区,个别甚至落籍国外。黄陂长轩岭的张都桥村,位于㵐水河东岸、木兰山南麓,是有名的木版年画之乡。木版年画的制作是明朝永乐年间从杭州传入的。因为明成祖朱棣极力推崇道教,全国各地大造寺观,信教之风盛行。此时,木兰山上的道教、佛教得到了发展,兴建、扩建和维修了不少庙宇、宫殿和牌坊,各地来木兰山朝山进香者也络绎不绝。当时,傅家大湾、周前湾的艺人印制的《如来佛》《观音菩萨》《木兰山图》等在木兰山上畅销。

(三)黄陂木版年画的艺术特征

黄陂木版年画为民间画匠、雕刻匠、印刷匠纯手工艺制品,产生于一匠多艺制作或多匠操作而成的简易家庭作坊,主要表现形式有门画、中堂画、连环画、四条屏、吊屏画、屏风画、单幅画,有黑白、三彩、五彩套色不等,内容主要反映民间故事、山川风貌、神仙佛像等,主要代表作品有《秦琼、尉迟恭门神像》《二十四孝图》《木兰山万古长新胜境图》《黎元洪攻打汉阳》《大清国地图》《福、禄、寿喜图》。从繁体的"門"字可知门本两扇,若贴门神画,正好一扇一神。相对于屋主正好是左为秦叔宝,右为尉迟恭(当然若是站在宅门外,则左为尉迟恭,右为秦叔宝)。因为根据传说,秦叔宝的武艺和资历都在尉迟恭之上,而且,秦叔宝还帮助过李世民降服过胡人尉迟恭。传统武将门神画的形象、技法基本上是以一种固定的方式传承至今的,其形象没有发生太大的变化,处于相对稳定的状态。通常秦叔宝为白脸、留五绺须,尉迟恭为红脸、蓄连鬓须,这一点是所有秦、尉模式都相通的,其穿着打扮继承和迎合了中国戏剧人物舞台扮相的传统样貌。对于武将门神的图像特征,民间画诀中有这样的形容:"武人一张弓""要想门神好,头大身子小""头如笆斗,虎背熊腰"等。若以二将军画像上的身姿和行头分类,其图像特征可归纳为以下四种。

1. 立式金瓜门神

立式金瓜门神多作镇殿将军样貌,用舞台戏曲描绘人物脸谱,同为"七分"或"八分"面像(指中国画面像侧姿程度,如正面像称作"十分面")。画中二位武将白面凤眼英目、长须剑眉的为秦叔宝,紫脸环眼暴目、虬须浓眉的为尉迟恭,在相貌上形成了鲜明的对比。衣着上有披袍式和贯甲式两种,如后者"全副金镀铜甲装",顶盔贯甲,束带皂靴,外披袍带,佩弓挂袋,双手执金瓜(古代兵器,即长杆锤,多数图中为立瓜锤,锤头如瓜形立于杆端),着色五彩斑斓,胄(头盔)甲、金瓜等一般皆沥粉贴金。

2. 立式鞭锏门神

立式鞭锏门神与立式金瓜门神不同的是秦叔宝双手舞锏(锏是一种兵器,形与双鞭略同,但锏身无节,端无尖,体呈菱形,四面向内凹陷),尉迟恭使鞭(鞭有两种,一种叫"竹节钢鞭",形如竹节;另一种叫"水磨钢鞭",有13个方形疙瘩,鞭柄和鞭头皆可握,能两头使用),佩剑挂弓,身姿的造型多为S形。一手高举鞭锏过盔顶,一手位于腰部,这主要是受京剧武生一招一式的"亮相"造型的影响。

3. 骑式鞭锏门神

歌剧《白毛女》在"北风吹,扎红头绳"一段唱词中,有喜儿唱道"门神门神骑红马,贴在了门上守住家",可见民间门神除了步式还有骑式造型。而且,门神中除了骑红马的外还出现了骑白马的,也有不骑马畜类,而是乘骑其他灵兽的,如紫脸尉迟恭跨神虎,白脸秦叔宝骑仙鹿等。传说虎为专吃恶鬼的辟邪猛兽,东汉应劭《风俗通义·祀典》曰:"虎者,阳物,百兽之长也,能执搏挫锐,噬食鬼魅。"而仙鹿则是象征吉祥和寓意进禄的瑞兽。骑姿手势上两位老将多为双手持鞭锏,也有一手执鞭锏,一手握着如意、莲蓬之类的吉祥之物的。

4. 坐式祈福门神

为了迎合百姓的世俗需要,一部分武将门神由"辟邪"逐步变为以"祈福"为目的"祈福门神",多为端坐式,且为"十分面"(见图8-1)。武将祈福门神一般为一手执钺(古代兵器,形状像板斧而较大)斧,另一手执鞭锏(也有一手执如意等宝物,或双手执钺)。仪态安详,失去勇猛无畏的武将门神的固有态势,而是一幅福禄财神降临人间的模样。人物也从单纯的一扇门上只绘一将,改为秦叔宝、尉迟恭为主多人组合的"五子登科""和合二仙""仙童献瑞"等群体形象,使得昔日豪雄的武将门神也透出温和乖巧的可爱一面,体现了民间百姓的审美价值取向,符合世俗加官进禄、得利进财的祈福愿望。

黄陂木版年画制作简单、快捷,因其价廉物美而深受人民群众的喜爱,但目前尚存的民间木版年画的绘画、雕刻、印刷艺人都年事已高,其生产技艺濒临失传,希望尽快得到传承。

图 8-1　黄陂坐式门神年画主版

二、老河口木版年画

(一) 老河口的自然人文环境

老河口市位于湖北省西北部边缘,居汉水中游东岸。东北部与河南省邓州市接壤;北部与河南省淅川县相邻;东部、南部毗邻襄阳县(今襄州区);西北部连接丹江口市;西部和西南部以汉水为界与谷城县相望。老河口因地处汉江故道口而得名,素有"襄陨要道、秦楚通衢"之称。

老河口市历史悠久、人杰地灵。被誉为"南派"木版年画传人的老河口陈义文先生创作的木版年画,先后参加 1986 年湖北民间艺术展览和 1987 年首届中国艺术节,有 3 幅作品走出国门到东南亚各国展出,有 1 幅作品被选入湖北版初中美术教材,大量作品被许多省级博物馆收藏。陈义文木版年画除色彩浓艳丰富之外,还有线条精细致密繁复、表现细致的特征。因其作品保留着原汁原味地方民间色彩和芳香的泥土气息,故其所体现的原本意义上的历史价值是其他任何一个门派的年画所不具备的,也是无法取代的。

(二) 老河口木版年画的历史沿革

老河口陈氏木版年画兴盛于清代乾隆至光绪年间,这一地区在 20 世纪 50 年代及以前一直被称为光化,当时印制木版年画的作坊有松晋福(胡德俊)、刘源盛、法茂公、和顺成、成源永、同兴公等十几家。这些印刷作坊规模有大有小,小的有几十人,大的有上百人,这些工人们可算是专门的木版年画艺人,他们一年四季从事年画印制,产品远销邻近的陕西、河南、四川、湖南、江西等地。在行销的过程当中,通过商人以及传承人的流动产生交流和借鉴,使得各地的年画相互借鉴、共同发展、携手并进。老河口的木版年画自然也成了这些地区群众的共同记忆。每逢农历新年,当把五颜六色、雄赳赳气昂昂的门神往大门上一贴时,即使家徒四壁的人家,也有了新年的喜气和希望。老河口的木版年画,就像天津的杨柳青一样,成了这些地区百姓共同的记忆。由此可见,老河口在当时已是鄂西北、豫西南地区木版年画的制作基地。随着科技的进步,木版年画虽已淡出经济舞台,但作为传统艺术,其仍具有较高的欣赏和研究价值。

(三) 老河口木版年画的传承情况

老河口陈氏木版年画的最早传承人是陈义文的祖父陈福兴,清末在河南社旗县跟年画艺人学艺,经常在河南、湖北一带活动,学艺成功后,以画坊雕版为生,此后木版年画在陈家形成"门第生"(也就是同一家族一门手工艺的世代相传)。陈义文制作木版年画的工艺逐渐成熟,能画能刻还能印,如图8-2所示。

图8-2　陈义文与他的雕版

陈氏木版年画是全国中部地区民间艺术的重要代表,它的传承和保护已经受到了国家、襄阳市政府、老河口市政府,以及各高校、民间艺术专家、木版年画爱好者的大力支持和帮助,这改变了2004年《楚天都市报》"科教文化"版刊登的《中国南派木版年画艺术唯一传人——吃低保也要省钱买梨木》所描述的困状。2009年9月,陈家住的这条巷子已经改名为"陈义文巷",用一位民间艺人的名字来命名街道的名字在全国还是很少见的。由此可见,政府对木版年画传承人保护的鼓励和重视。目前,陈义文老艺人受到了国家和政府很好的照顾,这预示着老河口陈氏木版年画的传承和发展有较好的未来。

老河口市政府于2005年启动了民间传统文化保护工程,并在市博物馆设立了木版年画展厅、印刷作坊、资料保护库和木版年画印制销售体系。2006年,老河口市政府成立了非物质文化遗产保护领导小组,将陈义文木版年画列为市级非物质文化遗产重点保护项目和文化旅游资源开发项目,加大了对陈义文木版年画的保护和利用力度。

(四) 老河口木版年画的造型特点

陈氏木版年画(见图8-3)构图饱满而主次分明,线条密实却一丝不苟,颜色丰富而对比鲜明,均衡中力求变化,整个流程全部是沿用古法手工制作,工艺流程十分复杂。从画墨线稿、贴版、站版、刻版,到设色、刻套色版、印刷,至少要十三四道工序。全为套色印刷,一般一种颜色一块版,一张年画一般5～7种颜色。雕刻所用的木版为山中木质坚硬且纤维少的栗子木(此木比较稀少,现多以梨木代替)。

一般木版年画都是套色印制,陈义文的作品一般都是5～7套色的,一套颜色一个版,彩色雕版无论阴刻、阳刻,对色时阴阳契合,色彩对比强烈,红与绿、黄与紫形成强烈对比。可耐日色以大红、朱红(丹色)、黄、绿为主,特别以填丹为年画所特有(即以丹色作底色)。陈氏木版年画具有构图丰满、造型夸张、色彩强烈、线条朴拙浑厚、粗犷简洁、极富装饰的独特风格,经日晒雨淋而不变色,植根于民间土壤,取材于历史戏剧、演义小说、民间传说。虽然图稿自己也可以画,但大部分作品是祖上传下来的,所以才保留着年画的原汁原味。按形式大致可分为神像、门神、门画、喜画、中堂等二十多种。神像中有赵公元帅、灶王爷,门神中有岳飞、郑成功、孟良、秦叔宝、尉迟恭、钟馗等忠良正面人物(见图8-4)。喜画的喜庆色彩浓厚,以福禄寿禧、一团和气、和合二仙作为代表。中堂作品较少,只见有百寿图一种。比如作品《赵公明》(赵公元帅,武财神),民间多贴于房屋门上,赵公元帅是我国民间传说的财神爷,此神能驱雷、驭电、除瘟、消灾,并且统领着"招财使者"等执掌钱财的神仙,因此做

图 8-3 陈氏木版年画

图 8-4 陈氏木版年画《关羽》和《门神》

买卖的人将赵公元帅作为神像虔诚敬奉,以求财源广进。

(五)老河口木版年画的种类

老河口陈氏木版年画作品的主要表现形式有门神、灶神、单幅年画、中堂画、贡笺、历画、喜画等二十多种,其中以门神的规格和版样最多。在湖北地区,历史上一直有贴门神(年画)的习俗,1500多年前的南朝梁代江陵人宗懔在《荆楚岁时记》中有这样的记载:"(正月一日)造桃板着户,谓之仙木,绘二神贴户左右,左神荼、右郁垒,俗谓门神。"这段文字应该是湖北地区关于民间木版年画最早的记载了。张朗先生在《楚艺回响——张朗工艺美术文稿》中把湖北年画门神的规格分为四种,即托全、托半、托两和托四,以适应农村对门神不同规格的需要。同样,老河口木版年画也具备这四种规格,分别对应着四种纸张,即全开、三开、四开和八开,分别用于不同的门面上,即大门、二门、后门和房门。每种各有四个图样,分别为官、鞭、正、帅,用以概括门神的内容和形式感。所谓的官就是加官晋爵之意;鞭就是侧脸的拿鞭者;正就是正面人物;帅多指秦叔宝、尉迟恭挂帅的一类武将形象,其作用就是驱邪纳福、保佑宅邸平安。

老河口陈氏木版年画主要以门神为主。成对的门神有"秦叔宝和尉迟恭""赵公元帅和燃灯道人""郑成功和岳飞"等。在老河口木版年画中,以道教人物作为大门神的形象在其他地方是不多见的。从这一点来看,像民族英雄郑成功和岳飞等成为年画符合道教造神这一事实,由此可见,老河口陈氏木版年画受当时武当山道教风俗文化的影响比较深刻。湖北老河口年画如图 8-5 所示。

(六)老河口木版年画的制作工艺

老河口木版年画采用的是完全套版印刷,其构图丰满、造型夸张、色彩强烈、线条朴拙浑厚、粗犷简洁、极富装饰的独特风格,且日晒雨淋不变色,所以深受民众喜爱。

老河口陈氏木版年画的制作工艺与河南朱仙镇木版年画一脉相承,有着浓厚的地方色彩和朴实的艺术风格。构图饱满而主次分明、线条密实却一丝不苟、颜色丰富而对比鲜明、均衡中力求变化,整个流程全部是沿用古法手工制作,工艺流程十分复杂。从画墨线稿、贴版、站版、刻版,到设色、刻套色版、印刷,至少有十三四道工序。

1. 材料和工具

(1)版材:老河口木版年画的版材原多为木质坚硬、纤维少的栗子木,现多为梨木。

(2) 雕刻刀：老河口陈氏木版年画雕版木刻工具多为陈氏家族自制的，主要包括尖刀、刻刀、刮刀、铲刀等二三十件。

(3) 纸：主要有毛边纸、熟宣纸及仿古宣纸。

(4) 颜料：老河口陈氏木版年画用自制的颜料（见图8-6），多为本色，如丹黄、靛青、槐黄、赭石、蛤粉、丹红、黑烟子等，皆以古法炮制，颜色古雅，价格低廉，不易褪色。

图8-5　湖北老河口年画　　　　　　　　　　　图8-6　老河口木版年画制作颜料

2．印制与工序

1) 立意

立意主要是关于年画的题材内容，主要包括构思选择题材（立意定稿）和放样着色。

(1) 构思选择题材。

根据雕版年画的需要，选择一些民俗的、传统的及喜闻乐见的人物作为雕刻的题材。在老河口木版年画中，主要的题材内容是传统的，创新比较少。传承人陈义文先生正在凭自己的记忆把祖传的一些样版雕刻出来，用他自己的话说就是"祖宗的东西不能丢"。

(2) 放样着色。

雕版选定了的题材，在纸张上用线条勾出人物和景物的轮廓，然后根据题材内容把所需颜色填上。艺人的放样着色对刻色版和印刷效果有直接影响，设色若灵活多变、搭配协调得当则为"活套"，反之则为"死套"。陈义文先生现在所拥有的样版有四五十种，几乎都是祖传下来的，每描一张样稿需3～4天。

2) 选版

选择材质是雕版最重要的步骤。版材选用木质坚硬、纤维少的栗子木或者梨木（现多为梨木），版一般厚为4厘米左右，宽为15～20厘米，版材锯开后需晾至一年以上，待完全干透后才能使用，版面大小可以根据所需要的大小来选择。现今陈义文先生所珍藏的三块清代祖传雕版仍完好如初。

3) 雕版

雕版（见图8-7）主要分为刻版、贴版和雕刻。

刻版也就是对准备好的梨木版材进行审查并利用，一般要求梨木质地细腻、软硬适中，干燥而不潮湿，进而进行防腐定型。

将放好的图样翻转粘印并固定在木版上，即描样，也就是陈义文先生所说的贴版，贴版统称为打墨线稿。雕刻是木版年画制作中技术含量最高的一道工序，要掌握这门技术是需要长时间的艺术实践才能够做好的。

据陈义文先生介绍,雕刻一块版需要十几天,雕刻时需要一定的腕力和手劲,女生是不宜学习的。雕版中雕刻墨线版最为重要,行家称之为"主版"。为了使大量印刷时仍不失原画的精神面貌,在刻版上严格要求"陡刀立线",即突出线基本上要上下一样宽。一块版根据画面粗细又可分为三类不同的刻线:一等线是人物的头脸和手的刻线,最为细致,不能差分毫,因此最难掌握;二等线是衣纹,线条虽较头脸粗些,但必须注意笔锋;三等线是野景、树木庭园等,相对比较好刻一些,一般学徒工要先从刻三等线入手。

图 8-7　老河口木版年画——雕版

陈义文的雕刻刀法严谨、精细,各种大小不同的平口、圆口雕刀有五十多种,雕刻突出陡刀立线,以线为骨,线条应用考究、完美,一根比发丝还细的线条能雕刻 50 厘米长,还有祖传的看似无线却有线的"偷线技法",这些独到的线条技法在印制账本、人物衣饰、头发等方面有独特的效果。

4)印刷套色

木版年画的印刷套色主要分为三步,即制作颜料、裁剪纸张和印刷。

制作颜料,通常采用天然的矿物质颜料、植物原料,如苏木、广丹、青黛、薏米、白矾等。然后进行人工熬制,将采取的天然矿、植物高温熬制成天然颜料。优点是价廉、无污染、着色稳定、不跑色、不褪色,能长期保存。

裁剪纸张,根据题材需要按规格尺寸先把所用纸张裁剪标准,以备印料所用。一般以毛边纸、油光纸、宣纸、仿古宣纸为主。

印刷,把裁剪好的纸张固定于专用木架之上,印刷过程中一次上架一定数量的纸张固定后就不能再动了,一直要把几种颜色全部套印完毕才能下架。中间只换版不动纸,以防走样。如果是印制简单的黑白线条图案,一块雕版就可以了;如果是印制彩色的木版年画作品,则可根据色彩的种类来确定用几块套版,一般一幅画需要 5~7 块,即一种颜色一块版,从浅色到深色进行层层套色印制,有的颜色用两色的叠印效果。正如口诀所言,"红配绿十分足""红是肉紫是骨""黑线如铁锢",以少套色而取多套色的效果。老河口陈氏木版年画制作工艺精美,继承了宋代雕版印刷工艺,运用彩色套版,有的还需"套金""套银"等工序。

随着时代的发展和人们审美观念的提高,陈义文在刻制木版年画过程中也潜心研究对祖传技艺进行创新发展(见图 8-8)。为在年画中表现书法艺术的独特魅力,他以阴阳凸凹雕刻技法表现书法艺术特色,使字既不走形又保持了书法艺术的原貌。20 世纪 90 年代,郧阳师专(郧阳师范高等专科学校)慕名邀请陈义文为学校艺术画廊雕制楹联,他应用阴雕技法,雕出的字,形体饱满、深浅得当,体现出古朴深厚、沉重、工稳刚劲、潇洒飘逸的艺术境界,深受书家赞扬。

5)装裱

年画印刷完工后,将一些高档的作品如中堂、版屏之类的装裱起来,根据用途不同装上镜框和卷轴,如图 8-9 所示。

图 8-8　陈义文制作老河口木版年画

图 8-9　老河口木版年画——装裱

（七）老河口木版年画的艺术价值

1. 驱邪纳福、装饰美化环境的作用

中国几千年来有一个不变的追求，即对福善、长寿、喜庆、富贵的追求。以"鹿"代"禄"，以"蝠"代"福"，以"鱼"代"余"，以榴结百子比喻子孙满堂等，均是其具体的表现。

老河口陈氏木版年画以门神为主，门神是年画中最古老的品种，其历史发展可以追溯到汉代，距今也有两千多年的历史。而今知道的最早形之于图绘的司门之神是神荼和郁垒，汉朝应劭的《风俗通义》中详细记载了此缘由。《汉书·景十三王传》记叙了门上绘武士之画的事情："广川惠王越，殿门有成庆画，短衣大裤长剑。"而如今能见到的最早的实物是湖北随县（今随州市）战国曾侯乙墓、河北望都及辽宁营城子汉墓等门上的石刻线条门神。从这些记载及实物来看，门神画的最早绘制是在宫廷士族豪门中。其作用主要是辟邪、镇守门户。历史上老河口门神画主要起看家、守卫门户的作用。老河口木版年画《门神》如图 8-10 所示。

老河口陈氏木版年画始于清末，内容、题材早已经突破固有的门神形象，自然吉祥寓意的题材增多，其镇宅辟邪、神灵祭祀、宗教色彩越来越淡化，装饰的作用日益加强。木版年画进入寻常百姓家是在宋代以后，明代中叶以后，在年画中出现了更多的关于吉祥寓意的题材，门画也相当突出：一是增添了吉祥寓意的装饰题材，根据画面的需要，在门神的空白处增添了植物、动物等装饰图案；二是门神种类上除驱邪的将军型外，还特别发展了纳福迎祥的门画；三是由于住宅的多种需要，题材逐渐摆脱和突破了门神的固定内容样式，出现了大量的民间传说和戏曲故事中的英雄人物，现实生活中的形象和花卉装饰图案，成为纯粹用于装饰的门画。

2. 传播民族传统文化的作用

老河口陈氏木版年画的制作工艺属于古老的传统手工艺，它包含了古代人的思维方式、生活习惯和审美情感，具有重要的历史价值、艺术价值和科学价值，是一代接一代经过历史的传承而积淀下来的。这种古老的手工艺本身就是民族的传统文化。

老河口陈氏木版年画的题材内容反映的是中华民族的过年的习俗，其中也蕴含着中华子孙所独有的一种感情。回顾年画艺术的发展史，有一个不容忽视的问题就是年画艺术虽为封建文人所不齿，却赢得了千百万城乡民众的钟爱，以致绵延千余载而不衰亡，反而渗透在城乡各个角落，成为广大人民群众点缀岁时节庆的必备品。据考察，现在全国各地对年画的保护如火如荼，老河口陈氏木版年画的印数也逐年增多。

老河口陈氏木版年画虽源于民间，但与寺庙壁画、石刻线画等一样，堪称我国民族绘画传统之正宗。古代绘画以人物画为主，到元明之际，古代人物画衰落，但是线描（见图 8-11）、六法等古代绘画的传统技艺流落到了民间。同时古代的人物画家也参与了民间木版年画的创作,从而使中国古代的这种正统绘画技法没有在人物画衰落之际失传。

图8-10　老河口木版年画《门神》　　　　　　　　图8-11　老河口年画——线描

从现存的老河口陈氏木版年画来看,依然可以窥视到这种传统绘画技法的存在。尤其是对于"线"的刻画,陈氏木版年画讲究以刀代笔,完全体现了中国工笔人物画中"线"的概括性和"笔"的意味。从一定意义上来讲,老河口陈氏木版年画对现代工笔画的创作仍然具有一定的借鉴和启发作用。因此,将这一古老的民间木版年画纳入中国绘画发展史的重要组成部分一点都不为过。

老河口陈氏木版年画秉承了中华民族文化(如文学、戏曲、音乐、舞蹈、美术等)在创作上追求现实主义和浪漫主义高度完美统一的优良传统,赋予了朴实无华的民间年画以无穷的魅力与巨大的艺术感染力。

在现实主义方面,老河口陈氏木版年画扎根于广大的普通农民之中,题材内容多从世俗民风中挖掘,以表现民众的喜怒哀乐,讴歌传统美德,揭露社会弊端等,使广大民众自觉地接受其传统民族文化内涵的熏陶。

在浪漫主义方面,老河口陈氏木版年画与其姊妹艺术融为一体,如文学、历史、戏曲等,并与世俗生活有机结合起来。老河口陈氏木版年画的传承人陈义文老先生不仅是年画艺人,而且还是当地比较有名的豫剧演唱家和其他民间手工艺品的制作者。陈氏木版年画赋予儒、释、道和原始宗教、神话传说的崇拜物以世俗形象,甚至以历史上的真实人物取代宗教诸神。例如,以唐代秦叔宝、尉迟恭等名将取代传说中的神荼、郁垒为门神等,这在其他地方是不多见的。

第三节
湖北木版年画的艺术特征

中国传统木版年画是中国传统审美观念与民俗民风综合体现的载体,是中华民族艺术的瑰宝,在制作上有着悠久的历史文化传统。中国传统木版年画中蕴含的崇高情感以及民间艺人的创作思想,为现代版画家的创作扩展了视野,开拓了思路。有两千多年历史的中国民间木版年画无论是在造型、构图,还是在线条、色彩等方面都形成了独特的风格,在世界美术领域独树一帜,为后人留下了一笔取之不尽、用之不竭的艺术财富。

一、木版年画的造型特征

民间木版年画是古老而又独特的艺术形式,其内容和题材始终紧贴民风民俗,在造型上采用民间传统的意象造型的表现手法,一直受到大众的青睐,给人们的生活带来了喜剧性效果,在造型上追求形象的夸张和变形。

(一)透视和构图

1. 透视

在透视上采用散点透视法。民间木版年画在透视处理上与西方绘画的焦点透视不同,它采用的是中国传统绘画中的散点透视。中国人向来有看得多、看得全、看得远和边走边画的大场景式的观赏习惯。

2. 构图

在构图上采用平面构成。中国绘画不追求纵深的空间,不追求近大远小的透视规律。

(1)对称式:构图完整匀称。对称式构图有利于主体形象的突出,强化神主的中心地位,加强神的庄重威严感。

(2)中心式:以主要人物为中心,次要人物及景物向四周推移排列,这种构成形式生动灵活,观者视线容易集中在主体人物上。

(3)展开式:为了主题的表达和张贴环境的需要,艺人们又创造了横条式和竖条式构图,构图的形象从左至右或从上到下,依次一一排列,诉述不同时间、地点的故事情节。

(4)散落式:此种构成手法在年画中也多见。散落式构图不受任何条件和环境的约束,随心所欲、自由自在地构建画面。此外,还有梯级式构图、棋盘式构图等。

(二)线条造型特征

民间木版年画以线作为造型基础,以色填形,因此线条在民间木版年画中扮演着重要的角色。民间木版年画的艺人非常善于采用不同的线条表现不同题材和不同对象。具体而言,描绘娃娃、美女、花卉题材的画面大都采用细腻流畅的线条,便于更好地表现娃娃稚嫩的肌肤和美女婀娜多姿的形态。与此相反,表现门神武将和劳动场面的一些题材多采用刚劲有力的粗线。

(三)造型装饰性特征

装饰美是民间木版年画的重要特色之一。装饰不是简单地填补空白,是作者把许多现实概念返回到视觉的纯粹可视性。年画主要的装饰手法有两种。一种手法是在画面统一布局上求装饰效果,即在画面整体布局上任意添加形象,或夸大,或缩小,以使整幅画面达到饱满、对称、统一协调。另一种手法是在人物、动物或植物身上添加纹样,使某个单独的形象在变化中具有装饰美。

二、木版年画的设色特征

木版年画艺术特色鲜明,表现手段纷繁,审美含量极高,自成一个十分独特的审美系统。首先,木版年画的艺术特征来自年俗的特定要求。为了满足殷实与丰足的心理需要，木版年画的特色则是画面的饱满和内容的火红。欢乐、祥瑞、红火、繁盛、饱满和装饰性是年画最突出的特征，也是一种极具感染力的年画美，而渲染着这种年画特征的是木版年画的色彩。色彩追求鲜明热烈，在各种颜色中以火热的大红色为主，因为大红色是年文化的主色。艺人采取相互交错的方式，使得整个画面花花绿绿、简洁又丰富，具有很强的冲击力。湖北木版年画的用色，几个产区大体相似，像门神之类一般套五色，色彩对比强烈，鲜艳夺目。画版用材，黑线版用梨木，颜色版用柏木、樟木。每色一套版，层层套印，各地都具有自己的特色。如：均县的年画，装饰性强，构图饱满均衡；汉口的年画，喜用红色，画面热烈；黄陂木兰山的年画，爱用大块黑色，显得质朴、浑厚。在印制上也分两类：一类是普及品，套印四至五色；另一类是精品，手工敷彩，描金上粉，多到十二色，售价极高。简练流畅的墨线和苍劲挺拔的刻工，使画面更富有运动感、节奏感。

木版年画的色彩显示出强烈的东方色彩观念。年画色彩给人的感受是大红大绿、对比强烈、红红火火、喜气洋洋、热烈而鲜艳、亮丽而华贵。民间年画的设色方法，对现代中国画及其他艺术形式都产生了极大的影响。

（一）加强色彩对比关系

1．同类色对比

为了表达作品的主题和渲染气氛，用同类色组成画面，使色调在统一中求变化。

2．明度对比

在一幅作品中将大部分色彩的明度提高，以增强画面的明亮感。例如娃娃、鲜花、美人题材的年画需要营造画面活泼、轻松亮丽的气氛，艺人就要将画中部分颜色的明度提高，一是采用加白粉法，二是采用水色套印法，以此来减弱色彩的"刺目感"和"沉重感"，进而增加画面的透明感。

3．纯度对比

民间木版年画中经常采用的是几组对比十分强烈的补色，既要使色彩丰富灿烂，又要使画面不火不燥、求得和谐，一般采用将一种颜色的纯度（饱和度）提高、另一种颜色的纯度降低的纯度对比法。

4．中性色使用

此类色彩在年画中一般不单独使用，但是又不能离开它们，尤其是黑、白二色，在民间木版年画中扮演着重要的角色。木版年画的线版全部属于黑色。为了形象的需要，有时也留大块黑色，黑色是重色，一是勾画轮廓固定形象，二是让其产生重量感。白色大部分为画底留白（也有少量绘制纹样），白色除可塑造某些形象之外，很多地方还可以利用抽象的白色块来表现画面的空间或构成画面色彩的节奏感。此外，为了形象刻画的需要和画面气氛的渲染，也少量使用金（银）色，无论是黑色、白色还是金（银）色，它们在画面色彩的调和中均起到了重要的作用。

5．面积对比

既不能降低色彩的纯度（饱和度），又要使画面色彩统一协调，即可采用面积对比法。将一块色彩的面积加大，另一块色彩的面积缩小，色块与色块之间用黑线间隔开来，效果近似装饰玻璃画。中国民间木版年画的门神题材、戏文故事题材大都采用这种对比手法。另外，不同的面积比例会产生不同的视觉和心理感受。

（二）注重色彩感情效果

民间木版年画给人总的色彩印象是大红大绿、对比强烈、鲜艳夺目。民间艺人在用色上十分考究，方法灵活多样。

1. 娃娃美人类

胖娃和美人是民间木版年画喜欢表现的题材之一，这类年画一般多采用暖色的亮色调（高调），这种选择出自中国人以素为美、以胖为美的传统审美观念。线细如游丝，背景多留空白，用色多加粉脂，在降低色彩纯度的同时提高色彩明度。胖娃和美女的手部、脸部白嫩无瑕，肌肤稚嫩如玉，略加粉脂轻轻烘托，形象娇柔可爱。色彩淡雅清新，画面干净明快。老河口木版年画代表作之一如图8-12所示。

图 8-12　老河口木版年画代表作之一

2. 吉祥喜庆类

吉利喜庆的题材在年画中极为普遍。此类题材的作品大都以红、黄暖色为主，色调不亮也不暗，多属中间色调。一种方式是直接在白纸上作画，在同种色或同类色中求细微的色彩、色调变化，不显火燥。另一种方法是将画底全部涂上红色或金色，然后在红（金）底色上作画。在深沉的红色底子上描金绘银，非常高雅富丽，以红色作底色更能渲染喜庆气氛和加强画面的感染力。

3. 门神佛像类

门神是较早流行的一种年画，它的主要功能是驱鬼。它的色彩不像吉庆类年画在同种（同类）色中求变化，而是采用纯度较高的对比色作画，如红、绿、蓝、黄、紫、黄等，纯度较高且面积又基本相等的两色对比后便会产生强烈的视觉冲击力。

4. 风俗时事类

描绘农家生息劳作、生活情趣之类的题材都属于风俗时事类。民间艺人们把这些优美的场面记录下来再创造出优美的意境，利用写实的手法为后人留下了许多具有参考价值和欣赏价值的画面。此类题材的设色与上述几类题材的设色手法大同小异，只不过根据不同时令、节气、地点和场面气氛，设色手法更趋自由化，但在主体色彩的运用上还是倾向于热烈的暖色调，即使是冷色调的画面也多加白色、粉脂、嫩黄等明度较高的颜色，使画面显得鲜艳亮丽。

有两千多年历史的中国民间木版年画无论是在造型、构图，还是在线条、色彩等方面都形成了独特的风格，在世界美术领域独树一帜，为后人留下了一笔取之不尽、用之不竭的艺术财富。

第四节
湖北木版年画的保护与传承

随着国家非物质文化遗产保护工作的开展,老河口木版年画冲破重重困难走上新的发展道路。木版年画是中国传统文化年文化的代表之一,但由于文化的融合、思想的变化、时代的发展,人们已经不再购买手工印刷而成的木版年画作为家里的门神或是自己中堂的挂画了,家家户户张贴的都是由机器印刷而成的宣传画,从某种意义上看,这是包括老河口年木版画在内的全国各地年画逐渐衰退的主要原因。

一、湖北木版年画的保护(以老河口木版年画为例)

老河口木版年画在国内引入计算机排版印刷技术以后,批量生产打印出来的年画层出不穷,甚至有的年画的题材都受到了强烈的冲击,在当年深受大众喜爱的年画题材,如历史故事、神话传说、戏曲人物、民俗风情、山水花鸟等都逐渐无人问津了。与传统木版年画上那些土头土脑、怪模怪样的秦叔宝、尉迟恭、杨贵妃相比,现在计算机印刷出来的领导、明星、山水花鸟画既便宜又漂亮,但是总觉得索然无味的同时又伴随着心灵的一阵空虚。虽然机器大生产的出现使生活中的一切事物变得更加容易,但是也使生活中的一切事物变得机械,失去了原本的自然的生活,也失去了对手工自然物品的审美。传统和手工业之间的较量持续了将近100年,老河口木版年画的逐渐衰落,归根结底是因为极速发展的现代社会已经不能为老河口木版年画的成长提供一个生存的环境和土壤,老河口木版年画在一个以经济利益为一切前提的社会环境下生存显得有些困难。

2011年,老河口木版年画被列入国家级非物质文化遗产保护名录,老河口木版年画也遇到了前所未有的发展机遇。随着国家对非物质文化传承的高度重视,对文化传承者的尊重和鼓励,老河口木版年画目前已经后继有人。随着国家进一步地改善从事这些文化的艺人的生活环境和条件,老河口木版年画将不再会受到后继无人这种局面的困扰;同时在国家和政府的大力扶持之下,木版年画发展所需资金的问题也得到了解决,传承人陈义文老人再也不用担心没有钱买木版了。除此之外,老河口木版年画还在世界范围内进行交流、展览,在2010年世界博览会期间,老河口木版年画还荣登盛会,这些都是前所未有的事情,国家的大好政策将老河口木版年画推向了时代的浪潮。

老河口木版年画面临的一个很重要的挑战:传统的技艺和文化必须适应现代化的社会,并且在现代社会里展现出新的面貌和生机。

(一)利用现代化技术和设备保存老河口木版年画

我们所处的社会是信息和科技高度发展的社会,在这样的社会环境下,保护和传承传统文化显得更加容易,而且效果会更好。老河口木版年画的保护和传承除了以典籍的形式保存下来之外,还可以用现代的图像、影像和声音的形式记录,以一种活态的状态被人们记住,也是具有旺盛的生命力的。

影视文化是现代文化中必不可缺的,我们通过影视可以了解很多我们不曾见过的时代、不曾见过的国家,外国人亦是通过影视作品了解中国文化特有的形态和样式，以及中国的民居、服饰、风俗、观念和行为等的，我们完全可以将老河口木版年画运用到现代动画、动漫和网络游戏中。老河口木版年画既然已经身处信息社会，就应当很好地利用数字技术所提供的交互功能将农耕时代的产物现代化，通过视觉的方式和观众的主动参与，最后达到理解和了解老河口木版年画的目的。在中国运用动画片的形式宣扬传统文化的例子有很多，例如《渔童》中剪纸工艺的应用，《大闹天宫》中民间木刻和京剧舞蹈元素的应用，还有原创动画片《秦时明月》中水墨加3D的特效很受现代青少年喜爱，这一举措是对传统文化的一种很好的保护和宣传。

二、湖北木版年画的传承

老河口木版年画是深受广大人民群众喜爱的视觉形象艺术，它有着淳朴、清新的特质，也有着鲜明的艺术特色和生活情趣，更包含着人们的信仰，与人民的生活、习俗息息相关。但是社会在进步，思想在变化，年画艺术要与时俱进就必须跟上时代的步伐，顺应时代的潮流。作为一种岁时民俗事项和有生命力的艺术形式，就算是在现代文明高度发展的今天也有其独特的魅力，将老河口木版年画融入现代元素和语言，运用到现代的各种设计艺术中，将会使老河口木版年画走上新的历史舞台，展现其新的历史光芒。

例如，将其独特的艺术语言融入现代设计中。木版年画有着丰富的题材内容，大多是吉祥的纹样和驱鬼避邪的人物画像，这些题材都来自民间传说和神话故事，都具有丰富的内涵和寓意，将这些题材内容或是纹样和现代设计相结合，也同样赋予了现代设计这些内涵和寓意。此外，在现代的商品包装设计、书籍装帧设计中都可以直接运用老河口木版年画的形式、色彩或是制作方法，通过强烈的现代和传统的对比，给人们留下广阔的想象空间，使设计更有冲击力，也使传统文化更加深入人心。

当今社会，物质文化相当丰富，人们的心也跟着社会的步伐躁动不安，在这种情势下更需要一种文化、一种精神使之趋于平静。在审美观方面，看惯了车水马龙的金属物质之后，更需要一种返璞归真的、健康环保的手工产品和文化，老河口木版年画正在朝着当前人们需要的精神和审美方向发展。虽然传统文化和技艺已不再是现代社会发展的主流，但是只要保护和运用恰当，这种具有浓厚的民族特色的传统文化和技艺一定能重新吸引社会和世人的眼球，使传统的老河口木版年画与现代文化相互碰撞，产生出异常光彩夺目的文化火焰。

老河口木版年画的保护和传承不仅仅是挽救一项宝贵的传统文化，更是对当地民众保护非物质文化遗产行为的一种鼓舞，对传统文化传承者的一份信心。全社会应共同承担起保护、传承民族优秀文化的责任，使老河口木版年画在一种良心的社会环境中得到传承和发展，进而使传统文化与现代文明共同发展。

第九章

湖北传统皮影
HUBEI CHUANTONG PIYING

皮影是"皮影戏"的简称,也称为"影子戏""影戏""灯影戏"等,因地方不同而叫法各异,是广泛流传于我国民间的一种戏曲艺术,集美术、音乐、文学与表演于一体。皮影戏起源于我国,有悠久的历史。相传起源于汉代,后经过不断发展,到宋代已成为一种普及的艺术,宋代孟元老的《东京梦华录》对此就有记载。至元代,皮影在民间更为流行,流传到我国20多个省市,并且开始流传到印度、泰国、缅甸、日本、德国、法国等国家。[1] 皮影是一门古老的表演艺术,利用灯光投射到荧幕上进行表演,是二维空间的平面活动。它的表演方式是将驴皮、牛皮、羊皮或纸张等雕刻成人物、动物、景观等形象,借助灯光将镂雕精巧的皮影映照于白色幕布制成的影窗之上,影偶随着幕后演员的念唱做打敷衍出各种历史、神话、传说故事。

皮影戏历史悠久、源远流长,据相关史料记载可以追溯到战国时代,在汉代兴起,在宋代盛行,在元代由于与世界交流频繁,逐渐传入西亚和欧洲。随着社会的不断发展,皮影戏在清道光年间形成了以地域划分的东派滦州戏和西派涿州戏,以及陕西以咸阳为界的东、西两派皮影。在唱腔和表现形式上同时又分为碗碗腔皮影、老腔皮影、道情皮影、阿宫腔皮影、秦腔皮影、弦板腔皮影、八步景皮影等多种风格,构成了不同的艺术特点。当然,以不同地域区分皮影更加直接和方便,如河南皮影以豫西皮影、罗山皮影等为主要代表,湖北省内有云梦皮影、黄冈皮影、恩施皮影、天门皮影(见图9-1和图9-2)等。皮影戏产生的时间还有待考证,但皮影戏从产生以来流传区域就相当的广泛,在全国逐渐形成了"以滦州皮影为中心的北方皮影,以陕西皮影为中心的西部皮影,以江浙湖广皮影为代表的中南部皮影"[2]等三大区域流派,可以说皮影戏遍布大江南北等不同的地区和民族。

图9-1 江汉平原地区,戏迷们观赏天门皮影演出

图9-2 摄于2015中国长江非物质文化遗产大展江汉平原皮影展馆

---

[1] 魏力群.中国唐山皮影艺术[M].石家庄:河北美术出版社,2000.
[2] 张道一.张道一选集[M].南京:东南大学出版社,2009.

第一节 湖北皮影概况

一、湖北皮影的萌芽及发展

湖北皮影在历史上久负盛名,清代时,皮影已在云梦、潜江、黄陂、孝感、黄冈、谷城等地区流行。沿袭至今,传承最好的当数云梦皮影,由皮影老艺人周轶保的曾祖父从安陆传入。发展到20世纪初,形成皮影戏兴盛时期,全县当时有皮影戏70多台,从业艺人140多人,演出活动遍及全县城镇、乡村。随着演出活动的普及,艺术竞争愈来愈激烈,师承流派逐渐形成。当时秀才陆春元的皮影制作、演唱技艺超群。20世纪30年代陆春元又不断地创新发展,成为当代皮影艺术家,被载入《中国艺术家辞典》。

1949年后,云梦皮影又开始复兴,恢复皮影戏30多台。1957年成立了云梦县皮影队,陆春元、滕少华、许汉文等18位老艺人对皮影艺术做了一系列改革。改大纱幕,改灯光源(从清油灯、白炽灯到日光灯),改造型活动,又在改音乐的基础上加进了弦乐伴奏,增加了背景和影响效果。

1979年12月成立了云梦县民间艺人协会,挖掘整理民间艺术资料,促进云梦皮影的继承发展和改革。传统的皮影制作用牛皮和山羊皮雕刻而成,上色以后涂刷一层桐油;20世纪80年代改用尼龙薄膜;20世纪90年代又改用塑料片材,既透明平整、挺拔坚韧,又经济实惠,厚薄可以选择。制作工序通常为画稿、雕刻、上色、锁边、上桐油、上架。雕刻的技巧要求很高,一般先刻衣帽后刻脸,再刻眉眼鼻子尖。皮影作为一种透光表演的艺术形式,为避免造型上出现的大片黑影,常用大面积镂空线雕花纹,借花纹烘托塑造人物。各个地区的不同流派的皮影都呈现出自己优美、典雅、严谨、和谐、夸张的风格,在民间具有独特的艺术魅力。20世纪90年代,经过艺术竞争的大浪淘沙,云梦皮影仍保留26台,演出活动长年不断。1995年,云梦被湖北省文化厅授牌为"湖北省民间艺术之乡"。

二、湖北皮影的造型种类

皮影戏作为艺术审美的对象,其造型是人们对皮影戏最初的直观感受,民间皮影戏在造型方面秉承了中华传统文化艺术中的精髓,又相互吸取了本地区民间风俗习惯、民间信仰、审美观念等不同地域的民俗内容,经过皮影艺人对道具艺术的创作加工过程,积淀形成了不同的造型形象,表现出丰富的造型种类,共同造就了具有地域特色的民间皮影戏造型。

(一)人物造型

湖北地区民间皮影戏按照题材进行分类,人物造型属于其中最为重要的部分,占有主导地位,各种情节的展开都离不开角色的演绎。皮影戏的人物造型可分为头茬类和身段类。皮影的头茬又包含了皮影人物面部及头部装饰两部分。由于演出的需要,皮影头部采用侧面造型,这样的造型突出了眼睛部位,加强了面部造型的刻画,增强了人物面部表情的戏剧性效果。

在人物造型中,除了头茬和身段用不同的装饰来表现不同的人物特征以外,同时还有固定的具有独立造型标志的人物类型。譬如像包公、孙悟空、唐僧等一类的造型,既根据人物各自不同的动态表情特点深入刻画,又通过不同的装饰效果强化不同的造型特征。当然,皮影戏的角色还会受到剧本内容的影响,不同的内容需要对应相应的演出角色。

(二) 动物造型

民间皮影戏丰富的人物造型是皮影戏最为基本的元素,但是其他的造型形态丰富了皮影戏的演出情节,使得皮影戏的演出情景更加的贴切与真实。因此,生活中常见的动物形象在皮影戏造型中也十分的丰富与常见。

湖北地区皮影戏中的动物造型主要有马、兔子、羊、狗、狮子、老虎、狐狸、猪、牛等,有的是惟妙惟肖的写实造型,直观生动,有的是夸张变形的动物造型,趣味横生,把客观的自然动物形态与民间艺人的思维方式交融于一体,重新形成似像非像的某种动物的形象特征,增强了表演过程中的艺术感染力,同时也反映出皮影戏造型意识的共同规律。

(三) 综合造型

综合造型主要有植物类和器物类,它是根据剧目表演场景的需要而制作的道具。

这类造型与人们的生产、生活息息相关,皮影艺人将这些常见的器物呈现在艺术活动中,并且赋予其一定的观念,使其在符合剧本要求的基础上,用丰富的综合形态造型渲染皮影戏演出的内容,使人物造型形态更加的饱满,丰富了艺术美感。

植物类在皮影戏表演中主要是根据表演环境的需要,以树木、花草为造型,在场景中活跃氛围以衬托表演的真实性。

器物类在皮影道具中具有装饰点缀作用,譬如花轿、桌椅、门窗等,通过皮影艺人在道具制作的后期艺术加工中对器物进行必要的简化,形成了简洁质朴、写实和抽象相互结合的艺术特征,不仅为皮影戏舞台的配景起到了戏剧烘托的效果,使得皮影戏造型更加的充实,而且器物类造型还具有一定的象征含义,融入了人们的传统文化观念与审美追求。

总之,皮影艺人根据剧本的要求和演出效果的需要,创作出了大量丰富的人物造型、动物造型和综合造型等,概括了自然界中的各种形象,其风格遵循了各地区的造物原则,这些不同形态的造型寄托了人们对美的追求,同时还反映出了各地区的民族特点。

第二节
湖北各区域皮影艺术

一、江汉平原地区皮影

鄂东及江汉平原地区主要指湖北中东部地区,这一区域地域广袤,江河密布,河网纵横,自古以来就是富庶的鱼米之乡。由于便利的交通区位优势,鄂东地区承东启西、纵贯南北、得中独厚。在历史上,这一地区还是几次大规模移民运动的必经之路和起始点。这种便利的交通区位优势和移民文化决定了鄂东地区皮影与赣北皖南传统的皮影存在许多相似之处。湖北文化底蕴深厚,中华民族的始祖炎帝的故里就在湖北。春秋战国时期的楚国在长达800多年的历史中,创造了楚文化。而自古以来的楚地"文气",又使这里的皮影艺术极具楚风楚韵的地域特色。

(一)沔阳皮影

1. 沔阳的自然人文环境

沔阳北依汉水,南临长江,是荆楚文化的发源地之一,皮影戏在这里找到了滋生和繁荣的土壤。沔阳皮影戏,是由沔阳渔鼓(湖北渔鼓之前身)行腔与方言道白及皮影戏完全合流而融为一体的民间艺术,成为独具特色的渔鼓腔皮影戏。渔鼓腔出自旧时艺人的乞讨唱曲,调式多样,具有浓郁的乡土气息。

在我国皮影戏艺术行当中,沔阳皮影戏又以玲珑剔透、造型生动的影像,优美抒情的唱腔,妙趣横生的台词,优雅动听的伴奏而独具一格,深受人民群众喜爱。沔阳民间流传着"看牛皮(皮影),熬眼皮(打瞌睡),半夜回家撞鼓皮(墙壁),老婆挨眉(批评)捏闷牌(受气)"的歌谣,足见皮影戏的魅力。

2. 沔阳皮影的历史沿革

沔阳皮影戏的唱词都是从群众口法、歇后语、比喻语中提炼出来的,幽默风趣,观众感到格外亲切。据传,沔阳渔鼓初期主要流行于汉江沿岸区域,后逐渐遍及全沔阳州,大约形成于清代嘉庆初年。

清代道光年间,沔阳渔鼓演唱者中有张洪显、皮思金、皮思银、刘泡四人,被称为沔阳渔鼓的"三根半筒子"(刘泡的技艺稍逊,故为"半根筒子"),他们是沔阳渔鼓的早期职业艺人,最先用渔鼓演唱皮影戏,博得观众的欢迎和喜爱,也最早在一河(东荆河)之隔的沔阳城关的茶馆酒楼演唱渔鼓皮影戏,并逐渐传播到各城,所以后来江汉平原的皮影艺人都敬皮氏兄弟为沔阳渔鼓皮影戏的创始人与"祖师",同时也和民间戏班一样,尊崇"老郎神",设牌位祭拜。皮氏的徒子徒孙中,咸丰年间有沔中人陈大焕、陈大海等,同治年间有沔中人杨雨子、李坤能等,光绪年间有沔中人陈焕玉、李长恒等。

时至清末(约1900年左右),沔阳渔鼓腔与皮影戏二者完全合流而融为一体,成为独具特色的渔鼓腔皮影戏,甚至取代了部分地区的歌腔皮影戏。沔城,由于直接受皮氏兄弟及其传徒的演唱技艺与风格的影响,成为渔鼓皮影戏的大本营和一个重要分支,流传至今。

3. 沔阳皮影的艺术特征

沔阳皮影的影偶长70~80厘米,属"门神谱"类大皮影(见图9-3),皮影以上等黄牛皮为原材料,正派人物用阳刻手法,花脸、丑角等用阴刻手法,各行当脸谱造型和行头源于戏剧,文影装一只手,武影装两只手,雕刻工艺总体上讲究圆润,既要有装饰美,也要充分体现夸张、浪漫的手法。

沔阳皮影最具代表性的是"皮格"和"杨格"。"皮格"为沔阳绣花堤渔鼓艺人皮思金、皮思银兄弟二人所创,影子制作细腻,正反如一,呈剪纸风格;"杨格"为原沔阳皮影队成员杨双林所创,影子身形较其他风格影人细长、孔大、透光性好。

(二)天门皮影

1. 天门的自然人文环境

天门皮影戏是流行在湖北省天门市的皮影戏,属于江汉平原皮影戏之中的一个分支。天门市位于湖北省

图 9-3　沔阳皮影影偶

中南部、江汉平原北部,东与汉川、应城接壤,北与京山、钟祥毗邻,南面和西面隔汉江与仙桃、潜江、荆门相望。天门战国时期为楚竟陵邑,是楚文化的发祥地之一。

天门市是闻名全国的状元之乡、竟陵派文学发源地。五千多年前的新石器时代,勤劳智慧的先民们就在天门这块沃土上创造了灿烂的石家河文化。源远流长的文化历史不仅形成了天门淳朴的民风,而且孕育了众多英才。楚国令尹子文,世界文化名人"茶圣"陆羽,明代竟陵派文学创始人钟惺、谭元春,清朝状元蒋立镛等灿若群星的人物,均出自天门。

地理人文环境等因素对文化的养成起着非常重要的作用。天门得天独厚的地理环境、丰富深厚的文化底蕴、多彩多姿的民间手工艺和淳朴的民俗传统,为皮影艺术的发生、发展与传承奠定了坚实的基础。在长期的艺术实践中吸收与借鉴姊妹艺术荆州花鼓戏和其他地区皮影戏的特点后,天门皮影戏的传统剧目、剧本形态、音乐唱腔、影窗大小、影偶大小及形象、雕刻制作、操纵技术等,都独具特色,自成一脉。

2. 天门皮影的历史沿革

天门皮影戏大约形成于明末,成熟于清代嘉庆年间。根据《天门县志》记载:"清道光年间,县城西门龙头湾的龚老大、龚老二拜京山县钱家场的蒋文举学艺,后回乡组织 4 人渔鼓皮影戏班,演唱《拷棚案》等。"自古便有"'天潜沔'是一家"的说法,《沔阳县志》也有明文记载:"早在明末清初,沔城一带凡办会事、谢神就有唱皮影戏的习惯,日积月累就形成了独自的风格和雕镂的特色。"

民国初年,天门的龚家后裔皮影戏班进入县聚兴茶馆,开始配合打击乐器,唱朝代旧戏。这是皮影艺人群体关于天门皮影戏最早的记忆。到民国后期,与当地的渔鼓、道情结合,天门皮影戏班逐渐发展壮大。民国 36 年至 38 年,县里渔鼓皮影有 4 个班子,共 16 人,龚老大班坐班县城演出。

现今天门皮影艺人演出所用皮影影偶大多类似"汤格"和"郭格"。这两派皮影在江汉平原一带拥有不少传人和弟子。"汤格"为潜江市王场镇汤玉堂所创,汤玉堂终身致力于皮影雕刻,"汤格"皮影以花草图案精细见长。"郭格"为潜江市三江口镇郭大彪所创;8 岁随父学艺的郭大彪刀功娴熟,花路多变,尤以人物造型逼真见长。20 世纪 50 年代,雕刻技艺师承郭大彪的天门皮影艺人杨双林大师为天门皮影戏的创新发展和队伍壮大做出了重大贡献,杨双林大师由演唱皮影戏进而钻研皮影影偶的雕刻,由于大师兼通楚剧和荆州花鼓戏,在雕刻中融汇戏曲脸谱衣冠的形制,对潜江的"汤格"和"郭格"进行了改良。他雕刻的关公、包拯、焦赞等人物,女靠、花箭袖都较前人更为细腻逼真。改革开放后,他不仅传艺带徒,促进了演艺队伍的发展壮大,还利用自己在皮影演艺界的社会影响力,推动了全县民间皮影戏会演,如今依然活跃的皮影艺人大多是他的弟子。

3. 天门皮影的艺术特征

天门皮影影偶(见图 9-4)质朴粗犷、色泽古拙、刻工劲健,接近剪纸风味,民间特色较浓。它是在特定的历史环境和条件下形成的江汉平原地区人民的精神产物,虽留有南宋时期皮影造型艺术的遗迹,但在经艺人创作实践后形成了整套的艺术造型及表现模式。它在艺术表现上既有效仿性,又有其自身的艺术风格和特点。影偶特点是外形淳朴粗犷、身材高大、线条流畅大气,表演时动静分明,幕前观看十分清晰。形神兼备的影偶在造型上追求圆润和谐,构图上要求内容充实、紧凑丰满。

图 9-4　天门皮影影偶

天门皮影影偶的造型视觉特质还体现在它的装饰性上。艺人在创作的过程中,为了表达对美好生活的向往等主观情感,以花草、动物和各种固定的符号造型作为黑白、明暗、线条和阴影的替代,赋予普通图案造型以生命。艺人大胆运用嫁接、联想和添加的表现手法,汲取民间蓝印花布和戏剧服装图案的形式,根据自身的艺术特点加以创造,把一些富于装饰性的图案,如汉瓦、流云、回纹卷勾、博古、甲文等历代建筑和器皿上的工艺图案加入影偶雕镂纹样中,极大地丰富了图案的种类,增强了装饰性。

比如在影偶服饰图案中,为追求圆满完整,花朵多做正面处理,从而加强了花纹的装饰趣味性,镂空边角二方连续图案更是花花套连、叶叶巧缀、变化无穷。大块板件做镂空时以几何形分割平面,形式有菱形、长方形、三角形、半月形、人字纹等,图案构图方式自由灵活,也有一定的构成规律。具体可分为居中式、角隅式、上下式、满地式四种形式。居中式构图是把影偶图案的主体置于整体视觉中心,重点突出,多采用团花。角隅式构图是将图案装饰在影料形体边缘的转角部位,用作角的装饰,这种形式要求图案与影偶边缘相适应。满地式构图是按照一定的形式,将整个影偶刻满,画面图案复杂丰富。这些富含装饰意味的图案在整体造型上都体现了对称、均衡、统一、多样、韵律的形式美法则,具有强烈的艺术美感。

(三) 应城皮影

1. 应城的自然人文环境

应城,又称蒲城,湖北省孝感市下辖县级市,位于江汉平原中部、湖北省中部偏东。其历史悠久,人文荟萃,以"因地处要冲,应置城为守"而得名。自南北朝时期宋朝孝建元年(公元 454 年)始置县。

应城地处鄂中丘陵与江汉平原的过渡地带,以低岗为主,兼有平原,整个地势自西北向东南倾斜。境内低岗是大洪山余脉,起伏平缓;境域中部的大富水两岸和东部漳河、涢水西岸为平原地区。境域地貌特征构成"七丘一湖二平川"形态。境内主要有涢水、漳河、大富水和汉北河 4 条河流,均是过境河流。其中涢水为直入长江的独立水系,漳河为其支流。

应城素有"膏都盐海"的美誉,历史悠久,文化底蕴深沉丰厚。5000 多年前的新石器时代,先民们就在应城生息繁衍,并创造出高于同期楚文化、优于屈家岭文化的门板湾文化。在漫长的岁月中,又逐渐形成具有自身特点的蒲骚文化、灵泉文化、膏盐文化,源远流长,根深蒂固。在这些文化的浸润下,勤劳智慧的应城人创造了丰富多彩的文学、音乐、舞蹈、戏剧、美术、民间传统工艺等非物质文化遗产。

2. 应城皮影的历史沿革

应城皮影又名灯影,兴起于清朝中叶,至今已有 300 多年的悠久历史。1949 年以前,应城的各大茶馆皮影戏流行一时,是当时群众休闲娱乐的重要场所之一。新中国成立初期,应城就有天鹅石陈、汤池方集、杨岭高何、城郊范河、巡检红星、三合土门 6 个皮影队,共有 20 多位皮影艺人,活跃于应城城关及膏盐矿区。

70 多岁的皮影艺人夏想德,家住应城市汤池镇方集村,文化水平不高,初中毕业以后直接考进了天门曲艺工作团皮影队,拜自己的家叔夏炳肇团长为师。1964 年,夏想德由于表现优异被天门曲艺工作团派到武汉民众乐园学习光电皮影,回到天门后创办光电皮影。与传统的皮影艺术不同,光电皮影不仅能动口、眼,还有艺术化的山水、树木、风景、雷电、闪光等灯光布景,显得非常逼真。得到深造的他,多年以来从春秋时代的《封神榜》,一直唱到清朝的《白蛇传》《金钱记》《三打桃花案》《花戏》《张恭百忍》等,1036 场戏,每天唱一场,每场 180 分钟,可唱近 3 年,这在全国也是少有的。

1968 年,应城皮影队陶朝芝师傅接夏想德回应城担任主演。其后,夏想德又重新开始雕刻皮影,并组织本村的陶银伢、京山曹武镇燕治良、汉川垌冢范想苟、天门皂市镇李太安等民间艺人组成了方集皮影队,到应城、京山、天门、汉川等地演出(见图 9-5 和图 9-6),深受广大群众的欢迎。

图 9-5　应城皮影表演现场

图 9-6　应城皮影表演活动

3. 应城皮影的艺术特征

应城皮影戏是当地老百姓喜闻乐见的传统戏剧之一。应城皮影造型美观,人物表现较为精细,人物线条流畅,人影色彩鲜明,艺术形象逼真。影长的图像一般不超过 0.5 米,用三根杆进行操作,一手一根,颈部一根,头可以动,嘴可以张,眼睛也可以转动,皮影形象生动,栩栩如生。应城皮影戏还可一人同时操作四个人影,说唱时也可为四个代言,说唱赋予表演,武戏对打十分精彩,不像演真戏那样要许多人,但却可以假戏真做。

应城皮影的唱腔包括有汉剧、楚剧、花鼓戏等,同时也可用渔鼓、简板、胡琴、鼓钹等传统乐器来进行伴奏,这些乐器的腔调有着应城水乡的地方性韵味,其内容与古装传统戏差不多。

二、鄂西北地区皮影

鄂西北地区位于湖北省西北部,包括十堰市的十堰市区、丹江口市、郧县、房县、竹山县、竹溪县,襄阳市的襄阳市区、襄州区、枣阳市、宜城市、老河口市、保康县、南漳县、谷城县,以及神农架林区。

鄂西北山区,由于自然环境相对恶劣,多以山地、丘陵为主,适合农耕的土地面积有限,因此在经济上比江汉平原地区落后。同时,这一地区民族成分复杂,汉族与少数民族杂居生活在一起。

(一)恩施皮影

1. 恩施的自然人文环境

恩施地区主要是指恩施土家族苗族自治州所管辖的行政区域,简称恩施州,全州区域包括恩施、利川、巴东、建始、来凤、咸丰、宣恩、鹤峰等六县两市。该地区在地理位置上处于湖北省西南部,是湖南省、湖北省、重庆市接壤的地方。州域面积东西相距约220千米,南北长约260千米,是大陆架的第二级阶梯向第三级阶梯过渡的缓冲地带。

在历史变革中,恩施地区在明代已经形成现在所属的行政区域。清朝雍正六年(1728年),撤销施州卫,在其行政原址上改设恩施县。到了雍正十三年(1735年),中央王朝在鄂西南地区大规模地推行改土归流,革除土官统治,改派流官进入该区域,在现今的恩施地区设置施南府,下辖恩施、宣恩、来凤、咸丰、利川等县,将该区域正式纳入清中央王朝的统治体系之中。

1949年,恩施成立了行政区,随着新的民族政策的展开,1983年成立鄂西土家族苗族自治州,管辖范围不变。1993年,国务院又将鄂西土家族苗族自治州更名为恩施土家族苗族自治州,以利于民族地区的管理和发展。

2. 恩施皮影的历史沿革

恩施在春秋时期属于巴国,在战国时期又改划分在楚国巫郡境内,秦朝归属于南郡管理。各个朝代对恩施地区的管理都有所不同,但是都归于土官管理,直到雍正十三年改土归流政策颁布之后,为了加强中央集权制,废除了土司制度,改为流官制。

古代鹤峰被称为坨溪,在战国时归属于黔中郡管理,汉朝时期划分在武陵郡,南北朝时称溇中蛮,元朝时期划在四川境内,直到明清时期才归属于湖广,这与现代的行政区域划分相似。清雍正十三年实行改土归流政策,设置鹤峰州,随着社会的发展,土司制度在该地区逐渐衰退。此外,巴东在南北朝时期开始置县,直到雍正十三年才将巴东降为县级州,但是这个时候巴东县依然归属于宜昌府管辖区域,新中国成立以后才划在恩施州管辖区域。

当然,皮影戏主要还是兴盛于明清时期,在当时的统治下,土司大力倡导文化,同时与外界的文化交流也日益加强,加上历代土司上层人士又热爱戏曲,他们还会学唱皮影戏,自娱自乐、自弹自唱,以抒发自身之情怀。因此,皮影戏在这一地区得到了空前的发展。

"改土归流"以后,各地区之间相互往来,各方面的交流不断地加强,文化艺术逐渐由上层土司统治阶级向民间转化,表现为民间皮影戏班如雨后春笋般地兴起,从而为该地区的文化艺术的广泛交流及皮影戏的发展提供了良好的机遇。

3. 恩施皮影的艺术特征

恩施地区民间皮影戏造型在结构、色彩、装饰等外在形式中表现出独特的审美特征。其外在的造型形式之美不仅源自历史传承下来的造型形式,还融入了皮影艺人对美的探索与追求。

首先,在统一中求变化是皮影戏造型的形式美的特点之一。恩施地区民间皮影戏造型的头茬、身段比例,色彩的明暗、饱和度,线条的粗细、长短、曲直、宽窄、虚实、排列的疏密等多个方面都达到了和谐统一,构成了一种造型结构中所具有的秩序感。当然,皮影戏造型用线整体简洁、质朴,镂空细小的"点""线"相互穿插在大块面之间,使面的呈现更加的写实。特别是人物的头茬等面部的大面积留白,突出了皮影戏造型的完整性,丰富了视觉的感受效果。

其次,对比与调和的色彩是恩施皮影戏造型形式美的又一特点。色彩作为皮影戏艺术视觉效果的最重要的呈现渠道,不仅能使人物个性鲜明,而且还能传达祈求平安、幸福的朴素理想和美好愿望。在色彩学中,红和绿对比非常强烈,红色在视觉上具有很强的视觉冲击力,容易引起人们的情绪反应,而绿色具有生机和活力,让人感到宁静安详,两种对比强烈的颜色在中间色黄色的调和下,反而使色彩在视觉上更加的和谐统一。强烈的对比色的不断运用,使影子的整体与局部之间、影子与影子之间既对立又和谐,在统一中存在变化,在矛盾中求得和谐。

总之,恩施皮影戏造型结构在统一中求变化,在变化中求统一。强烈的色彩对比,表现出既对立又调和的矛盾关系。显然,皮影戏造型不仅在集体无意识的传承中集中反映了本地区民间皮影艺人内心的真实情感,而且还突出反映了这一民间艺术形式的艺术审美特征。

(二)竹山皮影

1. 竹山的自然人文环境

竹山县,古称"上庸县",隶属湖北省十堰市,位于湖北西北秦巴山区腹地。地处鄂西北山地,北属武当山,南属大巴山。东邻房县,北接郧县,西北邻陕西省白河县,西交竹溪县、陕西旬阳县,南接神农架林区、重庆市巫溪县。

竹山县域分两大地理单元:北为秦岭地槽东段南缘,南属扬子准地台区,处于中国地势第二级阶梯向第三阶梯的过渡带上。四周峻岭横陈:秦岭、巴山、巫山、武当山四面环抱,葱坪山、南天门雄踞南境,圣母山、沧浪山耸立北疆。中间谷地错落:堵河、县河、霍河、深河、苦桃河、北星河向心流淌,溢水、东川、麻家渡、保丰、擂鼓、红岩6个盆地在中西部鳞次排列。整个地势"南高北次中央低,山岭半环口朝西"。山地面积广大,平地零星分布。"八山一水一分田"乃地貌特点。

竹山,商代前为汉水流域重要部落方国,称庸,曾是尧之子丹朱的封地。武王伐纣,庸起兵相从而得袭封,从此雄踞华夏腹地400余年。公元前611年,庸率群蛮反楚,六战皆胜,后为楚联合秦、巴所灭,地属楚。公元前312年,地归秦。其后近百年间,处强敌环伺之间,难免为人鱼肉,朝秦而暮楚。至公元前221年终归秦之一统版图,置上庸县隶汉中郡。汉因秦制,汉末置上庸郡领5县。三国时,斯地烽火接年,更迭频繁,或归魏,或归蜀,时郡县并立,分合数度。晋代郡县并置。南北朝时,先属齐梁,后属北魏,再入西魏,郡县几易其名。西魏废帝元钦元年,改安城为竹山,县名始见。隋唐时,竹山、上庸二县俱存,皆隶房州,州治初设竹山后移房陵。五代因之。北宋时,省上庸入竹山。元代竹山属襄阳府辖县。明初省竹入房,未几而复置。成化十二年后隶郧阳府,再析县西之尹店社置竹溪县。清道光间,竹山南乡置白河厅,设抚民同知辖竹房三县(竹山、竹溪、房县)之南山地域,不久地归各县。民初隶襄阳道,再相继隶鄂省第十一、第八行政督察区。新中国成立后,竹山先后隶陕南行政区、郧阳专区、襄阳专区、郧阳地区。

2. 竹山皮影的历史沿革

竹山皮影主要流传于鄂西北竹山一带民间,其源头又何在呢?当地史料已无法考证,但皮影界有一种说法,即竹山皮影很有可能是从陕西传过来的。竹山皮影著名艺人李茂春等人也同意这种说法。因为竹山的西北即陕西,跨经陕西、湖北两省,汇入汉江的堵河也从这里经过。这里与陕西自古就有商贸往来,在竹山、郧西一带至今犹能见到明清时期的建筑遗迹——山陕会馆和戏楼等。

皮影戏是农耕社会文化的产物,曾在此地流行百年不衰。但是到了当代,这里的皮影戏却逐渐衰落下去。二十世纪八九十年代,仅竹山县皮影戏班就有13个。其中民间皮影艺术大师李茂春师从竹山县宝丰镇梁诗卫学皮影戏两年,会唱六十多出戏,其戏班演出的代表性大戏有:《薛刚反唐》18本,每天唱2出,9天唱完;《三国演义》12本,每天唱2出,6天唱完;《岳飞传》10本,每天唱2出,5天唱完。单本戏有《五星会》等,其他剧本还有《长生殿》《红罗山》《血袍记》《水淹邓州》等六十多部。

竹山皮影戏表演者来自农民群众,观众也多是农民,演员和观众有着共同的情感追求和审美趣味。皮影戏演出的内容能够贴近老百姓的生活,通俗易懂,往往通过生动的形象、浅显的语言和韵味十足的音乐来表达人们的喜怒哀乐,深受山区人民群众的喜爱。逢年过节、喜庆丰收、祈福拜神、嫁娶宴客、添丁祝寿,戏班便会受人邀请在较大的室内于晚上演出。特别是在鄂西北山区山大人少的环境里,人们聚集在一起,酒足饭饱之后观看皮影戏是件再美不过的事了。

2003年3月26日,李茂春皮影戏班到武汉参加湖北省"首义园杯"皮影戏会演(见图9-7和图9-8)。在这场会演中,仙桃代表队16人,云梦代表队15人,宜昌代表队6人(还有乐队),而李茂春的竹山代表队仅3人,也演一台戏,演出效果并不逊于其他代表队,因而受到好评。

图9-7 竹山皮影表演活动

图9-8 竹山皮影影偶

3. 竹山皮影的艺术特征

竹山皮影是一种综合性的民间艺术,散发着浓郁的乡土气息。它能发展至今,正是其不断适应生存环境的结果。在生存的过程中,在形式和内容上,它还不断地对旧有形式进行扬弃和更新,如吸取了竹山剪纸中人物造型的手法和故事情节的编排方法。作为农耕社会文化的产物,皮影戏的出现是当时社会的需求。

竹山皮影人物的面部表情中性化,即似笑非笑,似哭非哭。这一手法与造神像类似。竹山皮影人物的一些人头和身可以随意搭配、组合,这样可以提高皮影人物的利用率。在皮影戏中,表现剧情、人物内心和动态,都要借助操耍者的念唱对白、锣鼓、曲调等完成。以此叙事,并塑造人物形象和表达情感。此外,皮影人物以侧面、身体轮廓线为主。忠良者取五分面像,奸诈者取七分面像,少量人物用十分面像。

第三节　湖北皮影的审美特征

欧文·帕诺夫斯基认为造型艺术作品包括三个层次:一是自然的主题,其下又分为事实的和表现的两部分；二是传统的主题；三是内在的含义或内容。① 显然，皮影戏也属于造型艺术的范畴，其艺人将民间最原始、最传统、最质朴的题材经过艺术再加工呈现出来，所表现的不仅是皮影戏在艺术造型方面的美，更加凸显的是一个民间地区的风俗、民间信仰及民间审美等深层次的内容，形成了内在与外在相结合的审美物像，构成了该地区皮影戏的审美内涵。

湖北传统皮影从传入到发展，都始终遵循造型艺术审美的规律，表现出形态特征的自然与主题、客观与主观、静态与动态、空间性与时间性的不断融合和无限统一，同时还把民间的审美情趣、理想价值、艺术风格特征贯穿于表演之中。因此，皮影艺术在民间所形成的生动性和广泛性，突出地反映了皮影造型的审美特征所产生的影响。

一、实用性特征

"艺术的审美本质属性决定了艺术的审美功能，然而审美属性的本质并未使艺术的功能狭隘化，审美属性不是孤立于现实其他属性之外的，娱乐、认知、道德、教育等价值都是通过审美价值得以实现的，因而，艺术的功能也就有多面性，与艺术的审美作用是一个有机的整体，审美作用不能脱离其他功能，其他功能也不能脱离审美作用。"②皮影戏造型结构、色彩与装饰等方面的发展与完善是在实用等因素的支配下产生的。当然，皮影道具造型作为皮影戏艺术中重要的组成部分，不仅在视觉、听觉等方面作为视觉艺术有着娱人的实用功能，而且在酬神、还愿仪式中有着娱神的实用功能。

（一）娱人功能

皮影戏是一门综合性的表演艺术，它集绘画、雕刻、音乐、戏曲及文学等于一身，娱乐大众成为其一个重要的功能，皮影造型本身不仅在结构、色彩等方面具有极高的艺术观赏性，而且作为静态的造型形态与其他的表演形式相结合，呈现出了具有特色的艺术表现形式。

首先，皮影戏的娱人功能反映在材料和纹饰等方面。皮影道具从选料、纹饰设计、镂刻到上色等一系列的工序本身就是一种艺术性很高的创作。湖北地区民间的皮影戏造型独特，设色饱满质朴，雕刻图案精美细致，整体造型富有动感和韵律，人物形象生动灵活。湖北地区民间皮影戏造型融入了皮影艺人精湛的制作技艺，结构简洁、质朴，线条运用精准、流畅，色彩朴素、自然。造型作为视觉上的呈现，不仅反映了皮影艺人独特的视觉体验和情感传达，而且还反映出合理的、有规律的造型结构美感。图案、色彩的不同搭配所表现出的图案化、平面化、秩序化的效果，都是皮影艺人通过视觉方式对生活世界的感知和理解，形成了具有图案装饰化的视觉冲击力。从现实生活到皮影戏舞台再到观众认同，造型结构与色彩承载着自然社会与皮影戏舞台艺术之间的交流与沟通，通过皮影戏的结构、色彩，将不同的情感类型传达给观众，使得情感与色彩符号进行深层次的融合，形成皮影戏舞台上独有的表现手段，具有突出的愉悦功能。

其次，皮影表演强化了娱人的功能。皮影戏造型虽然是造型艺术形式，但是借助皮影艺人的动作表演来完成人物角色物之间的对白及其心理活动，会使造型的娱人功能更加显著。表演中，皮影戏造型的动作属于夸张的表演路线，并没有拘泥于传统写实的表演，而是发挥了皮影的长处，展开较大幅度的动作。这些动作的展现比较夸张并不是凭空出现的，而是皮影艺人根据对现实生活的揣摩，经过后期的艺术加工再搬上舞台的。随着

---

① 资料来源：(德)欧文·帕诺夫斯基.造型艺术的意义[M].
② 潘鲁生，唐家路.民艺学概论[M].济南：山东教育出版社，2002.

表演动态和打击旋律的节奏化、动态化，台下的观众感到惟妙惟肖，趣味性浓烈。因而，皮影戏造型与夸张动作相结合，不仅增强了舞台动作效果的感染力，而且强化了观众的形象记忆，起到了娱乐功效。

总之，皮影戏造型看似简单，但是在高明的艺人手中可以腾云驾雾、英勇搏斗，虽然没有丰富的面部表情，但就是在皮影艺人手中它们能把角色人物的心理活动表现得淋漓尽致，皮影虽然自己不能说话，但是借助皮影艺人，仍然可以嬉笑怒骂、短兵相间、捶胸顿足、愉悦欢喜，神话人物造型也可以瞬间完成翻山越岭、上天入地，造型与动作相结合，给人以视觉、听觉享受。

（二）娱神功能

费孝通先生曾说："我们对鬼神也很实际，供奉它们为的是风调雨顺，为的是免灾逃祸，我们的祭祀很有点像请客、疏通、贿赂。我们的祈祷是许愿、哀乞。鬼神在我们是权利，不是理想；是财源，不是公道。"[①]恩施地区民间皮影戏造型除了娱人功能之外，还有另外一个重要的功能，那就是娱神还愿。显然，还愿就是实用功能的表现。

该地区民间皮影戏的还愿仪式，是指以酬神、娱乐为手段，来达到求吉纳福的目的。还愿仪式是人们完成心愿之后对神灵的感谢仪式。在整个皮影戏还愿仪式中，把自己内心的愿望转达给神灵，又借助皮影戏来得到神灵的保佑。"一部艺术作品据之获得美的特质的价值，一般如人们所述，就在于它的愉悦价值，而这种愉悦价值又必定与那种心理需要构成了因果关系，这种愉悦价值满足了人的心理需要，因而，'绝对艺术意志'就成了衡量那种心理需要的准绳。"[②]

当然，皮影戏以满足人们在心理和精神上的需求为出发点，对人们的心理活动进行疏导，表达出对精神的慰藉、心灵的安慰；通过还愿仪式，表达出对神及祖先的崇敬、敬畏、感恩等，突出反映了民间民俗信仰的一种质朴、纯粹的实用性特征。

因此，皮影戏造型在娱神仪式中充当了人与神交流的媒介，其中承载了人们许多的情感与精神，许下的愿望实现之后为了酬谢神灵的庇佑，请戏班表演娱神的戏曲，使人们共同感受神灵所带来的福祉与喜悦，娱神成了皮影戏演出的最为主要的目的，表现出一种实用性特征。

二、艺术性特征

皮影戏是一种关于美的艺术，它的内容必须通过一定的形式来表达，使其外在的造型表现具有形象性和可视性。当然，形式作为内容的载体，必须以内容为准则，遵循艺术创作的基本规律，去选择具有一定内容的形式进行艺术创作和再加工，从而形成不同的艺术特点。

我们知道，内容是皮影戏内在的本质与内涵，形式则是皮影戏的外在表现形态。湖北地区民间皮影戏在传入之后，吸收这一地区的民间艺术造型元素，出现了较为明显的地方性特色。而且在长期的皮影演出中，皮影艺人根据不同的材质、不同的剧目造型及民间风俗习惯等，应用雕刻方法、装饰色彩、灯光透射等不同的手段，使其皮影戏造型形态日趋完美，从不同的角度构成了造型的艺术性特征。

（一）形式美

皮影戏造型由不同的轮廓线条、块面组合、装饰性图案等构成形式美的主要内容。特别是在皮影人物的外

---

① 费孝通．美国与美国人[M]．北京：三联书店，1985．
② （德）W．沃林格．抽象与移情[M]．王才勇，译．沈阳：辽宁人民出版社，1987．

在形式上,其头茬、身段、装饰等要素之间的和谐统一构成了皮影造型的形式美感。

首先,在统一中求变化是皮影戏造型的形式美的特点之一。湖北地区民间皮影戏造型的头茬、身段比例,色彩的明暗、饱和度,线条的粗细、长短、曲直、宽窄、虚实、排列的疏密等多个方面都达到了和谐统一,构成了一种造型结构中所具有的秩序感。当然,皮影戏造型用线整体简洁、质朴,镂空细小的"点""线"相互穿插在大块面之间,使面的呈现更加的写实。特别是人物的头茬等面部的大面积留白,突出了皮影戏造型的完整性,丰富了视觉的感受效果。

其次,对比与调和的色彩是皮影戏造型形式美的又一特点。色彩作为皮影戏艺术视觉效果的最重要的呈现渠道,不仅能使人物个性鲜明,而且还能传达祈求平安、幸福的朴素理想和美好愿望。在色彩学中,红和绿对比非常强烈,红色在视觉上具有很强的视觉冲击力,容易引起人们的情绪反应,而绿色具有生机和活力,让人感到宁静安详,两种对比强烈的颜色在中间色黄色的调和下,反而使色彩在视觉上更加的和谐统一。强烈的对比色的不断运用,使影子的整体与局部之间、影子与影子之间既对立又和谐,在统一中存在变化,在矛盾中求得和谐。

总之,皮影戏造型结构在统一中求变化,在变化中求统一。强烈的色彩对比,表现出既对立又调和的矛盾关系。显然,皮影戏造型不仅在集体无意识的传承中集中反映了本地区民间皮影艺人内心的真实情感,而且还突出反映了这一民间艺术形式的艺术审美特征。

(二)内容美

"对于民间美术的研究,当然要注意其欣赏性,分析其艺术的成就,但是仅仅做到这一点还不够,还要结合着生活和生产,民风与民俗,以及民间禁忌、信仰等,做综合性的思考。可以从中找出一些在艺术上带有原理性的问题。这是一个提炼的过程。就像从自然物中提炼维生素一样,然后再为人所用,将是质的变化。"[1]皮影戏道具作为二维空间的造型,其中不仅融入了本地的民风、民俗,而且还融入了人们活动的参与才能,是各种因素在造型中的不断体现。

民间民俗文化是形成皮影戏造型内容美的重要因素,丰富的民间民俗文化与世俗生活紧密相连,这些民俗反映在皮影戏造型之中,通过不同的造型手段把各种鬼神、图腾、占卜、祭祀仪式融入其中,共同构成了一个与日常生活紧密相连的多教合一、多神崇拜的信仰体系。

皮影戏作为民间传统的一种戏曲,逢年过节、家中娶亲、生育、诞辰等一系列的活动都会请皮影戏戏班来进行表演,不仅反映了人们的精神需求,而且在一定程度上还突出反映了皮影戏的内容丰富程度。

当然,皮影戏还有一种心理暗示或精神慰藉作用,还愿就是其表达的方式。人们通过还愿渴望与神灵沟通以求得神的庇护,达成愿望之后请皮影戏戏班表演是出于对神灵的感谢,在这一过程中,皮影戏成了连接人与神的工具。因此,皮影戏与民俗活动紧密相连,构成了题材多样、内容丰富的皮影戏造型。

总之,湖北地区民间皮影戏简洁精炼的造型、细致流畅的雕刻、质朴自然的色彩与当地民间信仰相结合,不仅融入了皮影艺人对艺术的再加工与生活的审美体验和艺术审美认知能力,而且还蕴含了丰富的审美感受与民间文化,进一步反映了皮影造型形式美与内容美的高度统一。

三、精神性特征

黑格尔曾说:"美的要素可分为两种:一种是内在的,即内容,另一种是外在的,即内容所借以现出意蕴和特

---

[1] 张道一. 民间文化的觉醒[M]. 武汉:湖北美术出版社,2009.

性的东西。……不只是用了某种线条、曲线、面、齿纹、石头浮雕、颜色、音调、文字乃至其他媒介,就算尽了它的能事,而是要显现出一种内在的生气、情感、灵魂、风骨和精神,这就是我们常说的艺术作品的意蕴。"[①]黑格尔对美的要素的分类,阐释了内在美与外在美的不同特征。

显然,皮影戏是民间艺术审美的产物,不仅具有外在美的特征,还具有内在美的特征,因为皮影戏是一种最基础、与底层民间的物质生活更加接近的文化艺术形态,这种与社会生活紧密相连的性质决定了其对本地区的自然、风俗、艺术的认识。因而,受风俗习惯等因素的影响所构成的皮影戏的艺术活动,不免有物质生产与精神生产相互交织的现象,创造了实用价值与审美功能相融合的皮影艺术。当然,皮影戏与生活贴近,其造型、色彩受"内在的生气、情感、灵魂、风骨和精神"的影响,形成了皮影戏造型的实用性与精神的审美功利性相统一的内在审美特征。

(一) 审美教化功能

皮影戏显著的特征是把娱乐性与审美教化的作用相互结合,属于典型的集娱、教于一体的民间艺术,其造型形态和属性具有很强的多样性,不仅涉及民俗、教育、制作工艺、材质及唱腔、旋律等,而且还涉及多角度的文化性特征和地域的风格特征。

当然,皮影戏要借助不同题材的剧目表演,集唱词、舞蹈形态、旋律等于一体才能使观众得到心理上的愉悦,从而达到认知、启蒙教化的效果。

湖北地区民间皮影戏不仅能娱人,而且还能娱神。在该地区,人们满足了某种愿望后,为了酬谢报答"神"的护佑之恩,会请皮影戏班子表演一台皮影,以完成自己许下的心愿。显然,娱乐与教化共存的皮影道具,它本身的魅力就是与娱乐的表演过程紧密地结合在一起,体现出深厚的文化内涵和审美意识。

寓教于乐的形式是民间艺术最具特色的传承方式,不仅受到传统文化的影响,而且还是本地区民风、民俗、观念等积淀的结果。人们的历史故事、神话传说等知识在很大程度上都是从皮影戏的表演中获取的。皮影戏中经常表演的剧目内容都是关于三国故事或是唐朝的英雄人物的,观众在观看演出的同时,潜移默化地受到故事人物的影响,从而不知不觉地接受了不同的教育思想。显然,皮影戏的表演不仅使人们获得了历史文化知识,同时还使其受到了传统故事人物的忠孝思想的影响。譬如,传统文化中的孝、悌、忠、信、礼、义、廉、耻等八德,都是通过民间剧目的各种表演来诠释的,以至于被广大的民众接受并践行于自身的行为规范之中,逐渐成为人们遵循的道德准则。

除了忠孝观念之外,皮影戏中还有关于惩恶扬善、尊老爱幼、勤劳致富等的中华传统美德观念,在皮影戏的表演中,艺人将其通俗化、简易化,这样不仅增添了表演的趣味性和丰富性,而且还便于人们学习和传颂。

总之,民间皮影戏的审美教化作用贯穿于皮影戏造型中,其艺术的呈现与幕布间形成了三维空间的虚实场景,皮影艺人的演唱与耍影子展开了一场富有创造性的时空想象,实现了动作表演与思维想象空间相结合的艺术再生产过程。

(二) 民间信仰功能

马克思曾说:"没有需要,就没有生产,而消费则把需要再生产出来。"显然,皮影戏是一种精神需求的产物,是精神消费的需要催生了皮影戏艺术的生存空间。当然,皮影戏的造型、色彩、表演等都是精神消费再生产的产物,反映了本地区人们的生活需求、风俗观念和审美情趣等。

[①] (德)黑格尔. 美学[M]. 朱光潜,译. 北京:商务印书馆,1997.

皮影戏的舞台其实就是再生产的场所,在表演中用精致的皮影造型、质朴的色彩、灵动的动态、悠扬的唱腔作为情感传达的媒介,不仅丰富了本地区人民的精神生活,而且还反映出该地区人们特有的艺术审美观念,表达出人们对美好生活的向往。

张道一认为:"对于民间美术的研究,当然要注意其欣赏性,分析其艺术的成就,但是仅仅做到这一点还不够,还要结合着生活和生产,民风与民俗,以及民间禁忌、信仰等,做综合性的思考。可以从中找出一些在艺术上带有原理性的问题。"[1]毋庸置疑,恩施地区民间皮影与当地的社会、物质生产、民风民俗相呼应,构成了民间不可缺少的一种艺术形式,在某种程度上成为人们的一种精神慰藉和精神食粮。

在万物有灵的唯心思想影响下,人们在面对自然的力量,遭受到不可抵御的天灾人祸的时候,就会认为这一切都是由某种神灵所支配的,在困难时就需要借助一种无形的力量来化解,当达成了某种心愿时,就通过皮影戏来还愿,来酬神。显然,皮影戏就成为人与神交流的媒介。

湖北地区民间皮影戏的还愿仪式就是在这种基础上产生的,皮影艺人在表演中怀着无比的敬畏,将皮影看成是承载着某种神秘力量的灵物。例如,在家人生病时许下唱戏的誓愿,大病初愈之后就会举行隆重的还愿仪式,请皮影戏戏班进行皮影戏表演来酬谢神灵。因此,在现实生活中人们对皮影艺人怀着无比的敬畏之情,因为人们认为皮影承载着某种神秘力量,可以作为连接天地与人的媒介,皮影艺人在表演中就是神的化身。

总之,湖北地区民间皮影戏作为一种精神所依赖的载体,在人们的民间信仰生活中占有极其重要的作用,在还愿仪式中成为连接人与神的媒介,因而不仅起到了娱人的作用,还达到了娱神的效果。

综上所述,湖北地区民间皮影戏造型的娱人、娱神功能,不仅传递出社会与精神的内在审美情怀,还突出反映了皮影戏在心灵与精神审美娱乐方面的双重作用。因此,皮影戏造型不仅是集皮影造型的结构、色彩、装饰等为一体的综合性艺术形式,而且还是实用性、艺术性、精神性相结合的产物。当皮影戏的艺术视觉审美与内在的精神信仰在舞台表演中相互发生碰撞时,不仅折射出民间朴素的审美情怀与不懈的精神追求,而且还表现出强烈旺盛的生命力。

---

[1] 张道一.民间文化的觉醒[M].武汉:湖北美术出版社,2009.

第十章

湖北金属工艺
HUBEI JINSHU GONGYI

第一节
湖北金属工艺概况

一、湖北古代金属工艺的历史沿革

在原始社会晚期，人们已开始把现实生活中的人作为直接表现对象，并对家畜和捕猎对象进行细致的观察、表现，从而也使这些动物形象生动地反映了人们的劳动生活。原始社会在艺术上的这些丰富经验，也大大加快了青铜工艺的发展。进入奴隶社会，青铜工艺很快就达到了艺术上的高峰，正是前人聚集起来的智慧形成了催化剂。夏、商、周是奴隶制占支配地位的时期，在对奴隶进行残酷剥削的基础上，创造了这一时期的文化艺术。

在商代，集中反映时代特点和工艺技术最高成就的是青铜器，遗存的商代青铜器大都是用于祭祀、政治生活和日常享用的奢侈品。艺术与祭典和礼制的结合，使作品具有浓厚的宗教、政治和礼仪的意义。美术的题材和表现受到政治、宗教的支配，因此华丽庄重的造型，不仅带有神秘色彩，而且还具有一种精神上的威慑力量。从商代的黄陂盘龙城遗址和墓葬中出土的文物可以看出，在长江流域同样有着灿烂的商文化。

西周早期的青铜器数量远超商代。青铜酒器和食器的种类基本齐全，此后几乎没有新的器形出现，酒器在这一时期仍占主导地位，但与商代相比，小型的酒器较多，大型的盛酒器甚少。食器主要有大型的鼎、簋、甗，而鬲、豆不多见了，鼎和簋的数量与质量受到重视，出现了严格的列鼎制度，周人礼器的特色也由此凸显出来。

春秋时期，周王室衰败，各诸侯国兴起。青铜器作为周礼的象征，昔日的神圣地位受到巨大冲击，逐渐失去了神秘的光环。各诸侯国的青铜业打破了周礼的束缚，注重新工艺、新技术的开发，优秀作品层出不穷，呈现出百花齐放的崭新面貌，由此进入青铜器发展史上的更新时期。在工艺革新和发明方面也取得了重大突破，镶嵌红铜、绿松石及错金银等新工艺的成熟和普及，使青铜器摒弃了传统的威严而怪诞的面孔，向着精美华贵、洋溢着人文精神的新风尚大大迈进。尤其是越王勾践剑，以制作工艺超卓、锋刃锐利、铭文瑰丽优美而著称于世。

到战国时期，面向现实生活的作品日益增多，人们观察和认识生活的能力大为提高，出现了空前繁荣的局面。该时期的青铜艺术在社会经济高涨的基础上，显示出日益更新的、璀璨精致的新面貌。首先，由于礼乐制度进一步衰弱，西周制定的严格的青铜礼器组合发生重大变革，礼器种类缩小，而钟鼎数量增大，且成套组合，钟必成编，鼎必成列，反映了贵族宴飨的奢侈生活。例如，1978年湖北随州随县擂鼓墩发现的战国早期的曾国诸侯曾侯乙墓，是迄今所知这一时期最高等级的墓葬之一。[①] 墓中出土的青铜器总重量达10.5吨（1吨＝1000千克），其中青铜礼器、用具共36种、143件。乐器中以保存完整的整套编钟最为珍贵，包括钮钟19件、甬钟45件、镈钟1件，共计65件，分三层八组悬挂在呈曲尺形的铜、木结构钟架上。编钟用浑铸、分铸法铸成，并采用了铜焊、铸镶、错金等工艺技术，以及圆雕、浮雕、阴刻、髹漆彩绘等装饰技法。曾侯乙墓青铜器造型奇特、工艺

---

① 湖北省文物考古研究所.曾国青铜器[M].北京:文物出版社,2007

精湛、纹饰华美,采用了浑铸、分铸、熔模铸造(失蜡法)等铸造技术和平雕、浮雕、圆雕、透雕、错金、镶嵌、铸镶、铜焊、镴焊、铆接等多种工艺,集先秦青铜制造技术之大成,集中反映了我国当时先进的冶铸科学水平(见图10-1至图10-3)。

图 10-1　鹿角立鹤,出土于曾侯乙墓,
　　　　　湖北省博物馆藏

图 10-2　青铜尊盘,出土于曾侯乙墓,湖北省博物馆藏

图 10-3　青铜尊盘局部,出土于曾侯乙墓,湖北省博物馆藏

秦代青铜器在湖北云梦睡虎地秦墓有零星出土。[①] 如1975年出土于云梦睡虎地秦墓的斗兽纹镜,镜背置三弦钮,地纹为勾连雷纹,主纹为两武士各与一豹搏斗。武士左手持盾,右手握剑,豹身铸有斑纹,张牙舞爪,此器铸造精工,纹饰精美,是难得的秦代铜镜佳作。

商周时期,青铜冶铸业空前发达,整个社会处于青铜礼器所体现出来的肃穆威严、神秘莫测的气氛中。金银工艺成为青铜铸造工艺的附庸,多用于装饰青铜器。中原及北方地区发现独立的金器很少,主要类别为金饰品,多由铸造而成,反映了粗放质朴的社会意识。南方蜀地出土了较多的金器,工艺精湛,造型和风格具有不同于中原、北方金器的诸多特征,明显蕴含高度的政治、宗教意义。

魏晋南北朝时期是中国历史上一段漫长的分裂混战时期。一方面,长期分裂割据造成的战乱及在此基础上引起的流民迁徙等不安定因素,对包括金银器制造业在内的各行业产生了重大影响;另一方面,流民的迁徙

---

① 湖北省文物考古研究所.曾国青铜器[M].北京:文物出版社,2007.

及各族人民的融合,使得金银器的社会功能有了进一步扩大,加工技艺也更趋成熟,具有中原文化特色与北方游牧民族特点的金银器愈加频繁地出现在人们的视野中。同时,丝绸之路地位的突出,使得西方金银器得以大量涌入中国,对中国金银工艺,如金银器的造型、装饰等也产生了深刻的影响。总之,魏晋南北朝时期的金银器受到战乱影响较深。但它在继承秦汉传统的基础上,又兼收并蓄,汲取了不同民族及西方国家金银工艺的精华,因此有一定发展。作为承前启后的关键环节,魏晋南北朝金银器为大唐盛世金银器的发展奠定了坚实的基础。

隋朝结束了魏晋南北朝时期的分裂局面,虽然国祚短暂,但在六朝文明向盛唐文明流变的过程中,起到了重要的传承作用。金饰品无论在工艺特色,还是域外文化的输入方面,都与北周有一脉相承之感。

唐继隋后创造了比隋朝更盛的文治和武功,文化艺术取得辉煌灿烂的成就。在频繁的中西交流中,包括金银器在内的西方物品大量流入中国。金银器的造型与纹饰在不同程度上受到了西方金银器的影响。不仅西方盛行的锤揲技术被唐代工匠全面掌握,而且西方金银器中流行的高足杯、带把杯、长杯等器形,以及忍冬纹、缠枝纹、葡萄纹等装饰纹样,均在唐代金银器上出现。这些作品以异样的造型与纹样风格使人耳目一新,并超越了器物的使用功能,极大影响了中国人的审美观念。由于中西方在政治、宗教、艺术等传统上的差异,唐朝匠师在接受西方器物影响的同时,也着意于与中国传统样式的融合,使具有异域风格的金银器工艺变得更适合中国人使用与欣赏。总而言之,唐代金银的开采、冶炼和器物制作技艺,彻底摆脱了为其他器物做附属装饰的地位,以从未有过的崭新面貌登上了历史舞台。制作技术之高超,装饰之精美,品类之繁多,皆前所未有,达到了中国金银器制作的顶峰,成为唐王朝富丽堂皇、灿烂夺目的标志之一。

与唐代相比,宋代金银器的造型玲珑轻巧,纹饰素雅清丽。在工艺上不仅继承了以前的切削、抛光、模冲、鎏金、锤揲、錾刻、铸造、焊接等技术,而且在其他很多方面都有所创新、发展,形成了宋代金银器工艺的新特点。造型丰富多彩,花式繁杂。由于仿古思潮盛行,还出现了一些仿先秦青铜器的银器,庄重古朴,形成了独特的时代风格。装饰图案受到文人诗书画的影响,涌现出了不少融诗情画意于一身的精品,体现了宋代社会对艺术韵味的普遍追求。

元代金银器总体表现与宋代相近,重视造型的变化,出现了镜架、奁具等新器形,纹饰大都比较洗练,局部点缀装饰的手法很流行,但部分在装饰上有华美富丽、繁缛堆砌的趋向,对明代以后金银器风格的转变具有重要影响。

明清金银器迄今所见颇多,但来源却有所不同。其中,明代金银器多出土于帝王公侯的陵墓,清代金银器保留下的大多为传世品。但无论是明代的随葬品,还是清代的传世品,大都是明清社会生活中的实用器,反映了明清时期金银制造业的水平和成就。因明清两代文化发展的总势趋于保守,表现在金银器制作上,也一改唐宋以来或丰满富丽、雍容华贵,或清雅秀美、意趣恬淡的风格,而越来越趋于奢华浓艳,显得宫廷气息十足。装饰图案中,龙凤纹大行其道,象征着高贵和权势,与明清两代的宫廷装饰艺术总体风格相吻合,而与贴近世俗生活的宋元金银器迥然有别。明清金银器制作融汇了中国几千年金银器制作工艺之大成,在造型、纹饰、色彩三者的协调搭配上,达到了炉火纯青的境地。除了全盘继承以前所有的锤揲、范铸、镶嵌、镂雕、掐丝、垒丝、炸珠、焊接等传统技艺以外,还有所发展和创新,如创造出在金银器上点烧透明珐琅或金掐丝填烧珐琅及金胎画珐琅的新工艺,为金银器平添了一股令人敬崇无比的华丽富贵之气。明清金银器工艺技巧高超,制作精细入微,集传统技术之大成,豪华精美,品种繁多。明代皇室墓出土的金银器具有代表性。从钟祥梁庄王墓和蕲春荆王府墓出土的金银器的加工特点来看,其是精致和细腻的。色彩斑斓的宝石镶嵌和龙凤图案,象征着高贵与权势,反映了宫廷金银器造型的华贵和繁缛。

二、湖北现代金属工艺的创新与发展

湖北金属工艺品种虽少,但特色突出,质量较高,享誉国内外。主要产品有铜响器、仿越王勾践剑、仿古编钟、仿青铜器皿等,企业分布在武汉、荆州、随州、黄石等地。

(一)鄂州现代铜镜复原复制技术

鄂州博物馆铜镜复原复制研究所通过多年研究,终于将工艺失传了千年的古铜镜复原复制出来。复原复制的铜镜,上至春秋,下至晚唐,共包括二十多种规格型号,不仅镜面光彩照人,而且还有一种神奇的"透光"效果,它可以通过光线的照射将镜中的纹饰反射出来,还可以根据顾客的要求,反射出他想要的图案。鄂州复制的青铜镜被作为礼品、纪念品而名扬海内外。

(二)荆州现代青铜复制技术

荆州作为南方青铜器的重要发掘地,出土过不少纹饰繁复、精美绝伦的楚式青铜器具。而楚式青铜器具的一项重要工艺叫作铅锡刻镂技艺,这在荆州得到了很好的传承。[①] 2011 年 6 月,"铅锡刻镂技艺"被国务院列入第三批国家级非物质文化遗产名录。国家级非物质文化遗产传承人敖朝宗介绍:铅锡刻镂技艺是荆州敖氏家族用于制作、复制古代青铜器的核心技术,利用铅锡的独特性,通过打击、扭曲、编织、挤压、刻镂等手法,把平面纹饰和立体、扭曲、镂空等造型结合起来,把器物形状和动物形态结合起来,最终完成精致的模型。也有专家曾说,铅锡刻镂技艺为研究中国古代汉族青铜器的模具制造技术提供了切实的范例,对中国古代青铜器的原真性修复有极高的实用价值。

铅锡刻镂技艺要求极高,有二十多道复杂的工序,所以一个精致的云纹盒,要耗时 8 个月才能完成。除此之外,铅锡刻镂技艺还有一套严格的心法口诀,做工时不仅要心如止水,还要根据不同的工艺流程默念心法口诀,这些心法口诀将口头和非物质文化遗产的特性表现得尤为突出,敖氏家族以口传心授的形式将其世代相传,把无形的文化理念转化为操作性强的实用技艺,并在传承中将新的体验与心法融会贯通,丰富了青铜文化的人文内涵。

清末民初,荆州境内有大型铸造坊 10 多家,银器业 40 多家,铜器业 10 多家,铁器业 125 家之多,可见荆州的金属加工业是十分兴盛的。最近几十年,荆州出土了大量的楚式铜镜、青铜神兽、镂空杯等,做工精细、造型华美。

楚系青铜器铅锡刻镂技艺不仅解构了众所周知的传统"失蜡法""漏铅法""陶范""金属范"的内在玄机,还集中了大量鲜为人知的绘画、线刻、平面、立体、浮刻、镂空等各种手法。楚系青铜器铅锡刻镂技艺利用铅锡的独特性能,用打击、扭曲、编织、挤压、入模成型等手法,把平面的文饰和立体、扭曲、镂空等造型结合起来,把器物形状和动物形态结合起来,最终完成精致的原模。制作者依据传统而全面的"口诀""心法",不仅对这项技艺进行了充分的概括、总结,而且将无形的文化理念转化为操作性强、系统全面的实用手工技艺,从而利用这些技艺再现和创造出精美绝伦的楚系青铜艺术。

铅锡刻镂技艺的工艺特征在于,它能容纳各种材料的刻镂技法,制作工艺是由刻镂的物象决定的。而且式无定论、因样而定,要求制作者对器物造型了然于心,同时具备较强的工艺流程观念。铅锡刻镂灵活多变,工艺流程形式多样,看无定式,全凭制作者平时观察物象和再创作的能力,个人文化修养积累程度,以及长期实践的心得体会和拿捏感觉的准确性。铅锡刻镂技艺能适应各种刻镂技法手法的应用,如挤、压、冲、切、挑、挖、刮、划

---

① 绍兴博物馆,湖北省博物馆 江汉吉金——湖北省博物馆典藏商周青铜[M].北京:文物出版社,2012

等。古人充分认识和应用了铅锡的特点和刻镂手段,成就了各类青铜器艺术集大成的千古绝技。而铅锡刻镂技艺是楚系青铜器繁复造型艺术的第一步,是核心部分的活化石。形态扭曲、穿插倒钩的作品,用其他金属和料质很难完成,而用铅锡刻镂技艺制好后,可通过人工扭曲和弯曲处理成型,这正是因为铅锡软而柔、延展性好才能完成。铅锡还能焊接、铆接,如在制作中,需要改型或刻错缺损时,也不必从头起,施行局部修复即可,这为试制物品、预制试样提供了便捷手段,操作方便。

(三)武汉铜响乐器

响锣是我国传统打击乐器,相传是由古代青铜编钟演变而来。"高洪太"响锣是在继承我国传统技艺的基础上创新的成果。它以品种齐全、音质纯正、吃槌省力、能定调门、适应性强,既能配合中国戏剧武戏文唱,又可用做西方热情、激昂、高亢的交响乐和爵士乐的配器而驰名中外。

武汉铜响乐器的历史始于1914年,创造者是湖北省黄陂县(今黄陂区)高青庵。1914年,高青庵在汉口长堤街以高洪太之名独资经营铜响器,1931年自设作坊,生产20余种产品,年产铜响器20余吨。1938年武汉沦陷后,铜、锡奇缺,生产难以为继。抗日战争胜利以后,逐步恢复生产。1946年,梅兰芳剧团的乐师王褒元谈及京剧中关老爷升堂时该有衙役呐喊助威,想配制一面能模拟虎啸音的响锣,用以显堂威、壮声势。高青庵让掌管作坊的师傅高永运将大鼓锣改制成一种新锣,经过反复研究试验,终于制成一种锣底中部为平圆面的大古锣,音韵效果较佳,适合给京剧中的黑头、花脸配戏,梅兰芳剧团非常满意。这种锣被命名为"虎音锣",为武汉首创。其后又研制出"高虎音""中虎音""小高虎音""小低虎音"。1961年,"高洪太牌"虎音锣、棒锣、斑锣、苏锣被武汉市人民委员会命名为手工业名牌产品。1966年,高青庵自设的作坊改名为武汉锣厂,该厂继承高洪太的传统技艺,锻出的锣片圆、平、正,锤迹排列规则匀称,呈鱼鳞状;套出的钹顶正头圆,大小一致。尤其在校音、定音等关键工序上,由功底深厚的老艺人操作,按照"正捶、反捶、轻捶、重捶、虚捶、实捶"的章法,虚实结合,轻重适宜,因锣施捶,准确地定出各种不同的音响效果。特别是"虎音锣"5个品种,锣声既能宏如虎啸,也能细似泉流,不仅适用于各流派京剧,而且成为楚、豫、越、昆、平、粤、锡等37个剧种武场用的主要打击乐器之一。抄锣共有37个规格,小者似壶盖,大者重百斤。重捶声似奔雷远滚,气势磅礴;轻敲低沉庄重,震撼人心。1979年和1980年所制的虎音锣、广钹、抄锣先后被评为轻工部和湖北省优质产品,并被外贸部门列为免检出口产品。1983年,高洪太大抄锣荣获国家质量奖银质奖。

第二节 湖北各区域金属艺术

一、鄂东地区金属工艺

(一)盘龙城青铜器

1. 盘龙城的自然人文环境

盘龙城地理位置十分优越,南临长江,经府河及其干流向北可通往郑州,经长江、汉水穿随州、枣阳可通往南阳直抵关中,四通八达,扼水陆交通之喉,而湖北大冶铜绿山、阳新港下,江西,安徽铜陵等地含有丰富的铜锡资源,这些是制造青铜器必不可少的(青铜器是铜、锡、铅的合金)。

盘龙城位于长江北岸,盘龙城遗址的分布范围是两面临盘龙湖,南濒府河,仅西面有陆路相通。其东西长1100米,南北宽1000米。而城址坐落在整个遗址的东南部,平面形状略呈方形,南北长290米,东西宽约260米。城垣至今仍保存完好,城门和护城河清楚可辨,城内被发现有三处大型宫殿基址。城外散见居民区和酿酒、制陶、冶铜等手工作坊及墓地,显示出完备的城邑形态和功能。盘龙城宫殿复原图如图10-4所示。

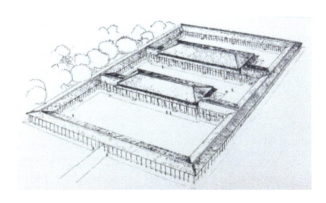

图10-4 盘龙城宫殿复原图

盘龙城的发现,推翻了以往公认的"商文化只存在于中原地区"的理论,是商王盘庚迁都之前历史的有力补充,以铁一般的事实证明黄河流域和长江流域从商代早期起就共享着同样的文明。商文化的南渐,加速了南方原始文化的解体和青铜文化的出现,同时大量矿产资源运到中原地区,又促进了商文化的发展。

所以,盘龙城成为殷商文明发展中的一个重要坐标。盘龙城的史学价值,不仅在于它揭示了长江流域早期灿烂的商代文明,同时也丰富了人类社会阶段性发展的历史图画。

2. 盘龙城青铜器的历史沿革

西周以后,特别重视礼制建设。从金文记载的内容看,一系列祭祀、军事、飨燕、相见等礼仪制度逐渐形成,并成为当时贵族等级制度的严格规范,即后世所谓的"周礼"。由于青铜器在西周诸礼仪中的标示作用,周人形成了"藏礼于器"的制度。因而,此时组合有序的青铜容器又名之为"礼器"。孔子曰:"唯器与名,不可以假人。"青铜器被赋予"铭贵贱、别等列"的作用,其占有状况已成为贵族身份和地位的象征。

春秋早期青铜器的形制,花纹和铭文还较多的是西周晚期的延续。青铜器的明显变化,起于春秋中期。继西周青铜器后,春秋战国时期是中国古代青铜器铸作的又一个高潮期。春秋中期以后的青铜器以蟠螭纹的流行为标志,山西侯马所出的陶范和旧著录中的晋公等器物上都有细密的平面蟠螭纹。春秋晚期至战国早期,青铜器纹饰发展成浮雕状,繁复的镂空花纹则达到了青铜器制作的顶峰。

盘龙城文化的青铜器是中国已知年代较早的青铜器之一,有爵、铃、戈、镞、戚、刀、锥等。盘龙城遗址发现了不少铸铜的坩埚、陶范、铜渣等,东下冯遗址发现有铸器的石范。铜爵的胎壁较薄,表面较粗,无装饰纹样,表现出早期青铜器的特点。工具和兵器都用单范铸造,爵则运用复合范铸成,铸造工艺比较复杂,说明这些青铜器还不是中国最早的青铜制品。

在汉代就把青铜器出土视为祥瑞,开始注意对青铜器及其铭文的研究,西汉宣帝时的张敞考释夷臣鼎,被称为"好古文字",东汉古文派巨子许慎作《说文》,其序云:"郡国亦往往于山川得鼎彝,其铭即前代之古文。"

民国以来,受西学东渐的影响,我国古器物及古文字之学有了很大进步。此期学者王国维,在其著名史学理论"两重证法"的指导下,重视对古器物和古文字的研究。他对金文断代和一批铭、物的考证,具有开创性意义,他的主要著作多收入《观堂集林》一书。郭沫若的《两周金文辞大系图录考释》是一部具有重要学术价值的巨著,他创造的"西周断代、东周分国"的研究体例,把分散的铭文资料整理成互相关联的史料,成为揭示我国古代社会性质的有力证据。

近年来,大量出土的青铜器资料几乎填补了青铜器发展史上的绝大部分缺环。考古学、古文字学的研究方法亦日渐缜密。学者们一方面全面集结金文资料做基础建设;一方面在前代学者已取得的成就的基础上,深入开拓进展,除解决了学科本身的诸多问题外,还解决了古史研究和古代文化史研究的一系列问题,引起了学术界的广泛注意。古器物与古文字学,已从"蕞尔小学"变成"当世显学"。

3. 盘龙城青铜器的艺术特征

1）风格分类

(1) 写实:盘龙城青铜器较少出现完全写实的风格,一般都经过艺术加工,通过夸张等手法来表现器物造型,如变形的动物纹样等。

(2) 抽象:盘龙城青铜器抽象造型的风格表现在器物出现的各种几何纹样上,通过抽象的几何纹的排列组合来丰富器物的整体造型。

2）造型结构

(1) 仿动物造型:如错金嵌玉鎏金鳖形铜带钩,前段为鱼形,其头部镶嵌一块椭圆形玉饰;后段为鳖形,头部与鱼须相接,尾部上卷作钩,鳖身镶嵌一块弧形玉饰;耳面及上腹部饰窃曲纹,下腹饰垂鳞纹,足根纹饕餮纹,器内壁有铭文20字。

(2) 象征性造型:鼎是最重要的青铜器物种之一,是用以烹煮肉和盛贮肉类的器具,同时也象征着主人的身份。据文献及考古发现,九鼎应为诸侯之制,七、五鼎为卿大夫,三、一鼎为士级。

(3) 抽象几何造型:整体造型上没有抽象几何造型出现,在细节处的纹饰中有几何形纹饰。

3）装饰手法

(1) 鳞纹:以龙蛇体躯上的鳞片排列而组成的纹饰,排列的方式有连续式、重叠式、并列式三种。连续式是完全相同的鳞片,按纵向交错排列,可铺开一个很大的面。重叠式的鳞纹排列方式如鱼鳞相叠,也是纵向形式。这两种鳞纹,都可作为主纹,一般饰在器物的腹部。并列式是以大小相同或大小相间的鳞片横置做带状,也有做二层横列的,这类鳞纹旧称重环纹,一般饰在鼎和簋的腹上部。鳞纹盛行于西周中晚期。

(2) 窃曲纹:周代的一种重要装饰纹样,又称穷则曲,是一种适应装饰部位要求而变形的动物纹样,是动物的简化和抽象化。周代打破了商代以来以直线为主的装饰特点,也打破了对称格式。一般由两端回钩的或"S"形的线条构成扁长形图案,中间常填以目形纹,但又未完全摆脱直线的雏形,因而形成直中有圆、圆中有方的特点。窃曲纹由鸟纹、龙纹衍化而来的痕迹是很明显的。试将一部分鸟纹加以排比,可以推测出它向窃曲纹衍化的具体过程,较早的鸟纹在翅膀后边接连着一条长长的尾巴,后来这个尾巴与躯体分离开来,成为一个弯卷的抽象纹饰,随后,鸟身部分也抽象化了,却保留着原先的一根长长的羽毛,最后,这根羽毛也消失了,形成了典型的窃曲纹。窃曲纹适应性很强,可以随机变化,装饰于器物的不同部位,以窃曲纹构成的装饰,一般不刻云雷纹的地纹。

(3) 饕餮纹:青铜器上常见的花纹之一,盛行于商代至西周早期。此兽是古人融合自然界各种猛兽的特征,同时加以自己的想象而形成的,其中兽的面部巨大而夸张,装饰性很强,研究者称之为兽面纹,兽面纹常作为器物的主要纹饰。兽面纹有的有躯干、兽足,有的仅作兽面。

(4) 几何纹:由几何形的图案组成的有规律的纹饰,纯属形式上的变化和结构上的美感。几何纹大致有连珠纹、弦纹、直条纹、横条纹、斜条纹、云雷纹、百乳雷纹、曲折雷纹、勾连雷纹、三角雷纹、网纹等。

(二) 随州青铜器

1. 随州的自然人文环境

随州地处湖北北部，这里正位于淮河流域与长江流域交接地带的随枣走廊。北面的桐柏山是淮河的源头，南面的大洪山南邻汉水，地理通达，真可谓西通宛洛，南达吴越，地当荆豫要冲，扼阻襄汉咽喉。

随州是中华民族最早的发祥地之一。作为炎帝神农故里，这里开启了华夏 5000 年的农耕文明；作为编钟古乐之乡，随州出土的 2400 年前的曾侯乙编钟改写了世界音乐史，随州被中国音乐家协会授予"中国编钟之乡"光荣称号。随州是全国历史文化名城，中华民族的始祖炎帝神农就诞生在随州市随县厉山镇，他创耕耜、植五谷、尝百草、兴贸易，开创了中华民族的农耕文明；农历四月二十六日是炎帝神农诞辰日，每年都有大量的海内外炎黄子孙前来寻根问祖，随州厉山因此成为海内外炎黄子孙寻根问祖的圣地。随州城西墩擂鼓出土的战国早期古文物——大型成套编钟震惊了世界，改写了世界音乐史。

2. 随州青铜器的历史沿革

青铜器的产生是古代中国从野蛮时代走向文明时代的重要标志之一。同时以民间音乐、民间舞蹈、民间曲艺为主体的随州民间文艺集南北之精华，绚丽多姿、独具一格，是中华民族文化宝库中一宗极珍贵的文化财富，更显示了地方艺术特色的魅力。

西周早期是青铜冶炼的鼎盛时期，大型熔铜炉内径达 80 厘米，炉温高达 1200 ℃，并且使用分铸法等技术，因此青铜器十分精美。西周中后期，青铜冶炼规模和地区继续扩大，陶范熔铸技术继续发展。西周的祭祀对象分天神、地祇、人鬼三类。所谓人鬼，是指人们的祖先；天神有昊天上帝、日月星辰、风师、雨师等；地祇有社稷、五祀、五岳、山林川泽、四方百物等。周畏天报民，周俘获商百工之后，给予百工较优厚的条件，比如，其他商人饮酒者杀，百工饮酒犯忌可免死。周施仁政，推动了农业和手工业的发展。这时，青铜工艺品中的饮酒器自然减少，礼器、兵器增多。正因为有了宗教思想的转变，商青铜器中的凶狠威慑的饕餮纹日渐减少，代之而起的是凤纹、环带纹、瓦纹、窃曲纹等，给人以平和、质朴、圆融、典雅的美感。鼎和钟的造型，通常是列鼎、列钟大小相次。

春秋中期到战国时期，青铜冶铸工艺从单一陶范铸造发展到多种金属工艺的综合使用，创造出了新的器形、纹饰。在青铜器装饰上，多采用鎏金、金银错、镶嵌、失蜡法等工艺。青铜器铭文最后完全消失，周王室的主体话语也随之消失。以礼器为主的青铜器逐渐蜕变为以日用器皿为主。地方风格出现了，并且鲜明突出。湖北随州出土的曾侯乙铜尊盘，造型别致、新颖，多曲线，而且疏密得当，这种鲜明的地方风格，给人们留下了极深的印象。

西汉经汉高祖刘邦十几年的治理，以及后来的"文景之治"前后六七十年，逐渐富强起来，到汉武帝时又平定了北方的匈奴，并成为空前强大的东方帝国。西汉晚年，外戚王莽篡权建立新朝，但很快由西汉皇族和豪强地主的代表刘秀在洛阳重新建立起汉政权，史称东汉。整个汉代，从公元前 206 年到公元 220 年，前后延续 400 余年，是中国历史上极其辉煌的时代。汉代的青铜器体面上不强调装饰，多用于日常生活，比如铜壶、铜炉、铜镜、铜灯等。

1978 年，在湖北随州城郊一个名为擂鼓墩的小山包上，发掘了大量古文化遗址，其中曾侯乙编钟是我国文物考古、音乐史和冶铸史上的空前发现。曾侯乙墓是一座 2000 多年前的诸侯君的墓葬。共出土礼器、乐器、漆木用器、金玉器、兵器、车马和竹简 15 000 余件。其中大量青铜乐器及金器等，是以器物形体大和造型装饰巧为特点的。随州青铜器多，这得益于随州的地理位置，它位于汉淮之间，有许多通道、关隘连接中原地区，过去是古人交往的重要通道。如从它的东北方可通过信阳进入中原，南方有溳水（也就是现代的府河）连接长江，交通便捷。许多小国,如曾、厉、鄂等,都在此立国,密度很大,而且存续时间较长,因此墓葬数量多。

曾侯乙编钟的复制品由全国科技、音乐、考古界著名专家学者组成的"曾侯乙编钟复制验收会",于1984年9月7日至9日,经过认真地检验测试后,被全套(共64件)验收。[1] 与此同时,曾侯乙宫廷乐队的全部乐器复原件和复制品,弦吟管语,磐响钟鸣,在湖北艺术学院音乐厅内,再现了我国绚丽多彩的古文化,奏出了我们振兴中华的最强音。曾侯乙编钟享有"古代世界第八大奇迹"的盛誉。两千多年以后的今天,曾侯乙编钟全部复制成功。

3. 随州青铜器的艺术特征

1)风格分类

(1)写实:随州青铜器较少出现完全写实的风格,一般都经过艺术加工,通过夸张等手法来表现器物造型,如变形的动物纹样等。

(2)抽象:随州青铜器抽象造型的风格表现在器物出现的各种几何纹样上,通过抽象的几何纹的排列组合来丰富器物的整体造型。

2)造型结构

(1)仿动物造型:仿照一种或几种动物的肢体形态的青铜器有鹿角立鹤青铜器,鹤长喙上翘呈钩状,引颈昂首伫立,两翅展开作轻拍状。拱背,垂尾。鹤首两侧插有两支铜质鹿角形枝杈。鹤的头、颈和鹿角上有错金几何纹饰,其他部位有铸成和镶嵌的云龙纹。鹤和鹿是长寿和吉祥的象征。把鹿角插入鹤头,将二者置于一身,可称之为"瑞鹤",反映了死者成仙升天的思想。

(2)象征性造型:鼎是最重要的青铜器物种之一,是用以烹煮肉和盛贮肉类的器具,同时也象征着主人的身份。据文献及考古发现,九鼎应为诸侯之制,七、五鼎为卿大夫,三、一鼎为士级。

(3)抽象几何造型:抽象几何造型不出现在随州青铜器整体造型上,而表现在青铜器上的几何纹样中。

3)装饰手法

(1)云龙纹:龙纹的一种,其在构图上以龙和云组成纹饰,龙为主纹,云为辅纹,龙或做驾云疾驰状,或在云间蟠舞。

(2)蟠螭纹:青铜器纹饰之一。该图案表现的是传说中的一种没有角的龙——螭,张口、卷尾、蟠屈。有的作二方连续排列,有的构成四方连续纹样。一般都作主纹应用。

(3)焦叶纹:实则是兽体变形纹的一种。兽体变形纹是指具有象征性兽体残余的变形,而在现实中不可能存在的动物的纹饰。焦叶纹是以两兽的体躯作纵向对称式排列,一端较宽、一端尖锐,成为焦叶的形状。此类纹饰多饰于觚的颈部和鼎的腹部,盛行于商末周初。

(4)几何纹:由几何形的图案组成的有规律的纹饰,纯属形式上的变化和结构上的美感。几何纹大致有连珠纹、弦纹、直条纹、横条纹、斜条纹、云雷纹、百乳雷纹、曲折雷纹、勾连雷纹、三角雷纹、网纹等。

4)工艺特色

金银错工艺始见于商周时代的青铜器,主要用在青铜器的各种器皿、车马器具及兵器等实用器物的装饰图案上。金银错是我国青铜时代的一项精细工艺,但它出现得比较晚,大概是青铜工艺发展了一千多年以后,即到春秋中晚期才兴盛起来的,它是我国古代科学技术发展到一定阶段的产物,但它一出现,很快就受到了人们的普遍欢迎。

---

[1] 刘炜,段国强. 国宝:青铜器[M]. 济南:山东美术出版社,2012.

三、鄂西地区金属工艺

（一）宜昌青铜器

1. 宜昌的自然人文环境

宜昌地处长江中、上游交汇处，"上控巴蜀，下引荆襄"，为川鄂的咽喉，除东部的枝江市和当阳市有部分平地和丘陵外，余为大山区。万里长江由西北向东南横贯其间。另有清江、黄柏河、沮漳河、香溪河等七大水系，分别由西向东、由北向南流入长江。由于水系发达，多河谷台地，又加上山多而大，因此受外来季风影响较小，四季分明，气候温和，雨量充沛，无霜期较长，土地肥沃，适宜各种植物生长，是人类生息活动的理想之地。

宜昌的历史渊源可以追溯到旧石器时代。1956 年发现的"长阳人"洞穴遗址位于长阳土家族自治县大堰乡钟家湾村，1957 年由中国科学院古脊椎动物与古人类研究所贾兰坡先生主持该遗址的发掘工作。在角砾岩和深黄而松软的沙质泥土中出土了一件残破的左上颌骨和一颗牙齿，与"长阳人"化石伴出的还有箭猪、牛、东方剑齿象、中国犀、大熊猫等多种哺乳动物化石。经研究，长阳人所具有的进步性质比原始性质多，与其他早期智人相似。

宜昌境内史前文化遗存中出土有不少的稻谷壳，特别是关庙山、中堡岛等大溪文化房屋建筑遗迹中的红烧土块内，有密集成层的稻谷壳。在这些文化遗址中还出土有狗、牛、羊、猪等动物骨骼及大量的石锄、石斧、石刀等农业生产工具，而且还发现有较多的石球、骨链和成层的鱼骨等。这些都说明在远古时期，宜昌的先民们的经济生活是以农业为主、狩猎和捕鱼为辅的原始经济生活。

2. 宜昌青铜器的历史沿革

在灭商之前，周部落生活于渭河流域，其始祖姬弃就是被称为农神的"后稷"。周部落兴盛于周文王姬昌做首领的时候，他的统治使周部落势力强盛，死后他的儿子武王姬发才有条件伐纣灭商而建立周朝。武王死后，其子成王年幼即位，由叔叔周公旦摄政，采取了许多措施来巩固政权，并进行了东征。此后周朝向外扩张，并对周边的一些国家分封了诸侯国，疆域覆盖了长江、黄河流域和今天的东北、华北的大部，西部曾到昆仑丘。周厉王时，周朝的统治开始衰落。周厉王十分残暴，将原来国人（平民）可以自由利用的山林川泽收归国有，禁止国人利用。国人对此强烈不满，怒骂谴责，沸沸扬扬。周厉王遂命卫国神巫监视国人。公元前841年，终于爆发了国人暴动。国人冲进王宫，周厉王仓皇逃走，逃到彘（今山西霍州市）。周厉王奔彘以后，朝政由周公、召公共同执掌政权，史称"共和执政"。

继西周青铜器后，春秋战国时期是中国古代青铜器铸作的又一个高潮期。可分为春秋早期、春秋中晚期至战国早期、战国中晚期 3 个阶段。春秋早期青铜器形制和组合与西周晚期基本相同，纹饰也沿袭西周的特点。

宜昌在战国属楚，楚国自康王九年（公元前 551 年）开始实行"量入修赋"，被迫承认新兴地主阶级的经济权利，逐步进入封建社会。但是，吴起变法的失败，导致法家和法家路线受到排斥和打击，奴隶制的残余大量保留着。经过秦末农民起义的扫荡，以及汉初统治者的强行迁徙，奴隶制残余势力在楚国旧地仍未消失，反映旧制度的旧思想的残余尤其是这样。战国青铜器有鼎、壶、盘、剑、矛、镞、镜、带钩等。

此期青铜器的特殊风格主要表现在形制上，有向纵向发展的趋势，如鼎足由矮变高，由胖变瘦。普遍带盖，盖上有三栖、三环或三鸟，多兽蹄形足。食器豆，出土量增多且有盖。带方座，盖上有莲瓣装饰的簋是这一时代的新特征，同时也施于壶等器物上。春秋战国时期随着列国之间战争的频繁和规模的扩大，原来作为主力的战车逐渐退居下来，被步兵和骑兵所取代，随之而来的是武器的变化。剑适应了这种转换成为步兵的标准装备之一,其使用和铸造都得到空前发展,出土及传世的文物中对此均有形象的反映,现知的战国铜器的细线刻镂图案中,几乎每幅都有佩剑的人物。带钩,在战国中晚期的使用相当普遍,出土及传世皆很多,很多带钩制作考究,错金嵌玉,雕刻铭文,美不胜收。带钩相当于我们现在的皮带卡,主要用于钩系束腰的革带,多为男性使用。

以春秋战国为代表的青铜器纹饰,时代特点尤为鲜明,从纹饰的内容到形式出现了前所未有的新格局,以接近生活的写实面貌比较自由地表现出现实生活中的人间趣味,体现出艺术与现实的密切关系。春秋时期出现一种新纹饰"蟠螭纹"与"蟠虺纹",它们是以没有角的龙和盘曲的蛇而构成的几何图案,抽象的程度很高,以四方连续的形式施于器物的腹部、颈部或盖上,还有的通身施满,虬曲回旋给人以曲线美,使观者赏心悦目。春秋末期线刻艺术开始萌芽,到了战国时期,得到空前的发展,常在壶、豆、鉴等器物上用雕嵌手法通体雕出细如发丝的各种纹饰。纹饰纤细、肤浅,简直像浮在器面表层上的绘画,表现出一种全新的审美趣味。另外,此纹饰在对每个人物的刻画上不是追求形体细节,而是抓住主要特征及一瞬间的动作,用线条勾画出轮廓,呈现出流动有律的线纹,使整个画面产生了强烈的动感。线刻艺术的发展,开创了我国装饰艺术史上的先河。

春秋战国时期金属细工得到充分发展,错金银,嵌红铜,嵌松石、针刻红铜,鎏金都是此期出现的新工艺,出土与传世的器物很多。错金银,又称金银错,源于镶嵌工艺,制作方法是:在青铜器表凿刻成图案浅槽,然后将金银截成点或线,压入槽内,最后错平即可。金银错装饰效果辉煌华丽,战国时期把这种工艺开始施于大件器物上。

这一时期值得注意的是发明了失蜡法工艺。这是我国匠师的绝技,这种铸造法首先以蜂蜡做成器物的模型成为蜡模,再用细泥浆在上面反复涂抹,然后加热烧制,蜡模熔化流出成为空腔,最后浇注铜液。用失蜡法铸造的青铜器表面光洁,精密度高。

宜昌在汉代为夷陵郡,具有代表性的是前坪秦汉墓。汉墓形制有不带墓道的竖穴岩坑或土坑和带墓道的竖穴岩坑两种,墓坑又有方形和长方形之分。有墓道的墓,一般都建有排水设施。随葬品除个别墓较多外,一般出几件铜器或几件陶器。由于岩层酸性较大,葬具和骨架保存都很差。前坪地区墓中填的是黏性很大的五花黄壤土,与当地深褐色沙质土不同,可能是从其他地方运来的。随葬器物有铜器、铁器和钱币等。

秦汉时期铜器的特点是简朴、素雅;各种器物胎薄,通体素面,但鎏金、鎏银、镶嵌工艺相当普遍。鎏金也称"火镀金",是人们在包金、贴金的基础上发明的。具体做法是:先将黄金碎片在 400 ℃左右的温度下溶化在水银中,制成白色泥膏状金汞剂,俗称"金泥",再将金泥涂抹在铜器上,经火烘烤,使汞挥发,黄金滞留在器物的表面上,使器物表面呈金黄色,增加了青铜器的富贵和贵重感。

后人仿前代的青铜器,有宋代仿商周器。除了宋仿汉、唐铜镜外,宋代主要仿造商、周时期的青铜礼器,至今在博物馆和民间都能看到。其主要原因是宋代统治者为了改变五代十国混乱的政治局面,提倡经学、恢复礼制,尚古、崇古,加上宋徽宗赵佶的提倡,官僚文人的参与,不但收藏商周青铜礼器,而且还比照真器仿制古铜器,现在这些仿品也有千年左右的历史了。宋代的仿品,主要是材料与商周青铜器不同,用的是宋代当时的材料,明显的特征是铜质暗红、较软,铸造方法上用的也是宋代的技术,蜡模铸造、无范线,但是经历千年的铜锈和包浆是真实的。宋代人在仿制的品种上,主要仿商周礼器,很少见到仿战国、秦代、汉代的素器,也不仿制兵器、车马器等。

清代和民国时期也有仿古铜器,清代皇帝和官僚文人、金石学家等出于爱好和需求,收藏青铜器,释读金文、训诂读史、书写金文,更加推动了仿古铜器的发展。所以宫廷仿造精美礼器成风(很多瓷器都仿作青铜器的造型),形成了官方仿、民间也仿的局面。清代早、中期多为官仿,而且部分仿器还带有清朝的底款。清末帝国主义的入侵和文物的外流,再次推动了民间仿古铜器的商品化和古董商人的职业化,这个阶段应该把民国时期也算进来。这一时期主要仿制商周重器,尤其是伪刻铭文、伪刻纹饰。仿品不但在国内泛滥,而且也流传到国外,是伴随着真品一起外流出去的。

3. 宜昌青铜器的艺术特征

1) 风格分类

(1) 写实:青铜器较少出现完全写实的风格,一般都经过艺术加工,通过夸张等手法来表现器物造型,如变形的动物纹样等。

(2) 抽象:青铜器抽象造型的风格表现在器物出现的各种几何纹样上,通过抽象的几何纹的排列组合来丰富器物的整体造型。

2) 造型结构

(1) 象征性造型:鼎是最重要的青铜器物种之一,是用以烹煮肉和盛贮肉类的器具,同时也象征着主人的身份。据文献及考古发现,九鼎应为诸侯之制,七、五鼎为卿大夫,三、一鼎为士级。

(2) 抽象几何造型:由不同的几何图形来组合成器物整体的造型。如双耳铜圆环,采用圆形造型,简洁明快。

3) 装饰手法

(1) 蟠虺纹:青铜器上的装饰纹样之一,又称"蛇纹"。商末周初的蛇纹大多是单个排列的;春秋战国时期的蛇纹大多很细小,做蟠旋交连状,旧称"蟠虺纹"。蟠虺纹又称"窃曲纹"。"蟠"就是"盘""屈曲"的意思;"虺"是小蛇,《国语》中有"为虺弗摧,为蛇将若何"的文字,意思是说连小蛇都不能制服,面对大蛇又该怎么样呢。"蟠虺"就是指纹饰的形状像弯曲的小长虫。春秋晚期利用隐起刀法琢制的蟠虺纹,基本形状是有一个大圆脑袋,后面拖着或弯曲、或不弯曲的尾巴,这个尾巴的宽与头接近,展长是头的 2 倍左右,这是与同期卧蚕纹的重要区别。蟠虺纹在春秋晚期是一种流行的纹饰,样式相对统一,完全用隐起刀法琢制。如蟠虺纹铜盏始于春秋中期,腹饰蟠虺纹。钮足,兽环耳,主体花纹蟠螭纹的边缘装饰三角形云纹。该器为楚春秋时期工艺极其讲究的实用器,乃少有的珍贵文物。

(2) 蟠螭纹:青铜器纹饰的一种。阴刻线有单、双刻线。"蟠"指"盘曲而伏"。在此选取了中国古代神话传说中一种与龙有关联的神兽——螭作为研究对象。螭在历史中的造型多呈蜿蜒攀缘匍匐状,故曰蟠螭纹。蟠螭纹作为春秋时期的主要纹饰,在湖北省博物馆的文物中随处可见,不仅对历史有着记载意义,而且对湖北省有着一定的代表性。最初的蟠螭纹,作为龙的附属活跃在中国远古文化之中,到了春秋时期,才开始兴盛起来,其后经历了 9 个年代的发展,被大量运用于玉器、青铜器的制作中。

(3) 几何纹:由几何形的图案组成的有规律的纹饰,纯属形式上的变化和结构上的美感。

(二) 襄阳青铜器

1. 襄阳的自然人文环境

襄阳地处中国中部,地理位置十分重要,素有"七省通衢""南船北马"之称,自然条件非常优越。自古以来,襄阳既是兵家必争之地,又是经济文化枢纽,人文底蕴浓厚。自 1996 年以来,夏、商、周三代考古成果较多,尤其是东周墓葬,发掘数量大、器物精美,其中出土的青铜器尤为引人瞩目。余岗、沈岗、团山位于襄阳高新区,陈坡位于襄城区,这四处墓地先后出土的大量青铜器为研究两周时期汉江流域的政治经济和文化提供了大量原始资料。

考古资料表明,现已发现的大型青铜范铸遗址都在黄河流域的中原地区,处于北方黄土堆积区。而同样有着高度发达青铜文化及丰富铜矿资源的长江中下游地区及汉江流域,却并未发现较大规模的铜范铸遗址。襄阳地处中国中部的汉江中游地区,处于黄河流域与长江流域的中间地段,那么这批青铜器是南方铸制还是来源于北方又或是本地铸制则成为一个值得探讨的问题。中国古代青铜器大都经过制模、翻范、制芯、合范浇铸等工序,采用范铸工艺成型,这种高超的陶范铸铜技术直接得益于古代制陶技术,制范与制陶在泥料的选择、加工、烧制等方面可以说是一脉相承。

2. 襄阳青铜器的历史沿革

西周建国以后,特别重视礼制建设。从金文记载的内容看,一系列祭祀、军事、飨燕、相见等礼仪制度逐渐形成,并成为当时贵族等级制度的严格规范,即后世所谓的"周礼"。由于青铜器在西周诸礼仪中的标示作用,周人形成了"藏礼于器"的制度。因而,此时组合有序的青铜容器又名之为"礼器"。孔子曰:"唯器与名,不可以假人。"青铜器被赋予"铭贵贱、别等列"的作用,其占有状况已成为贵族身份和地位的象征。

襄阳位于汉江中游的河谷地带,地理位置极为优越,这里北近南阳盆地,东接随枣走廊,南通江汉平原。真武山西汉墓位于市区之西的汉江冲积平原上,北距汉江约1000米,其南为荆山山脉的北缘,距离最近的真武山不过300米,墓地也因此命名。真武山西汉墓具有较多的共性特点,在墓葬形制上均为不带墓道的长方竖穴土坑墓,规模均为大小相若的小型墓,墓向均为南北向,头绝多向北,未见并穴合葬现象。随葬品以陶器为主,多放置于墓主头部,其器类单调,陶礼器少见,也说明墓主身份相当低。九座墓葬均未出土铜钱,这似乎是鄂西北西汉墓铜钱少见的通例。与湖北地区其他西汉前期小型汉墓相比,真武山西汉墓也存在某些特殊因素。在器类上一般地区多见以陶礼器为主(如鼎、盒、壶)的组合形式,但真武山汉墓这种情况只有两例,器物组合以罐、灶最常见,特别是这里墓葬凡是出陶器的,则必有灶,且其形制如出一模,这是这批墓葬的一大突出现象。另外,陶器器形如陶鼎盖钮为实心圆钮,也较为特殊。

春秋早期青铜器的形制,花纹和铭文还较多的是西周晚期的延续。青铜器的明显变化,起于春秋中期。陈坡墓地位于襄阳市襄州区之东约8公里,隶属东津陈坡村,南距陈坡村约50米,西抵汉江。2006年3月,为配合汉江崔家营航电枢纽工程,湖北省文物考古研究所对该墓地进行了发掘。M10为一座"甲"字形竖穴土坑木椁墓,为3座带墓道的战国楚墓。据专家分析,该墓自成体系,大、中型墓葬及车马坑齐全,是典型的楚国高级贵族墓地,也是襄阳地区目前已发现的最大的战国楚墓。该墓出土随葬品达数百件之多,包括青铜容器、兵器和车马器以及玉器和金银器等,其中青铜容器有鼎、簋、盒、方壶、缶、罍、尊、甗、鬲、豆、盏、盘、匜等,兵器有剑、戈、戟、矛、殳、弩机、镞等,车马器有车軎、马衔等,金银器有戈镎等。根据出土遗物和墓葬形制,考古学家初步判定,陈坡M10为战国时期楚国的贵族墓葬。金和银也是人类较早使用的金属。由于金、银质地柔软,具有良好的延展性,故除了用于制作器物外,还被制成各种丝和箔片,用于青铜器的装饰,即所谓的错金银器。错金银中首先出现的是错金工艺,时间可能在春秋中晚期,开始是用于错嵌铭文。栾书缶被视为最早的错金器物。

3. 襄阳青铜器的艺术特征

1) 造型分类

(1) 写实:襄阳青铜器较少出现完全写实的风格,一般都经过艺术加工,通过夸张等手法来表现器物造型,如变形的动物纹样等。

(2) 抽象:襄阳青铜器抽象造型的风格表现在器物出现的各种几何纹样上,通过抽象的几何纹的排列组合来丰富器物的整体造型。

2) 产品结构

(1) 仿动物造型:如错金嵌玉鎏金鳖形铜带钩,前段为鱼形,其头部镶嵌一块椭圆形玉饰;后段为鳖形,头部与鱼须相接,尾部上卷作钩,鳖身镶嵌一块弧形玉饰;耳面及上腹部饰窃曲纹,下腹饰垂鳞纹,足根纹饕餮纹,器内壁有铭文20字。

(2) 象征性造型:鼎是最重要的青铜器物种之一,是用以烹煮肉和盛贮肉类的器具,同时也象征着主人的身份。据文献及考古发现,九鼎应为诸侯之制,七、五鼎为卿大夫,三、一鼎为士级。

(3) 抽象几何造型:整体造型上没有抽象几何造型出现,在细节处的纹饰中有几何形纹饰。

3) 装饰手法

(1) 鳞纹:以龙蛇体躯上的鳞片排列而组成的纹饰,排列的方式有连续式、重叠式、并列式三种。连续式是完全相同的鳞片,按纵向交错排列,可铺开一个很大的面。重叠式的鳞纹排列方式如鱼鳞相叠,也是纵向形式。这两种鳞纹,都可作为主纹,一般饰在器物的腹部。并列式是以大小相同或大小相间的鳞片横置做带状,也有做二层横列的,这类鳞纹旧称重环纹,一般饰在鼎和簋的腹上部。鳞纹盛行于西周中晚期。

(2) 窃曲纹:周代的一种重要装饰纹样,又称穷则曲,是一种适应装饰部位要求而变形的动物纹样,是动物的简化和抽象化。周代打破了商代以来以直线为主的装饰特点,也打破了对称格式。一般由两端回钩的或"S"形的线条构成扁长形图案,中间常填以目形纹,但又未完全摆脱直线的雏形,因而形成直中有圆、圆中有方的特点。窃曲纹由鸟纹、龙纹衍化而来的痕迹是很明显的。试将一部分鸟纹加以排比,可以推测出它向窃曲纹衍化的具体过程,较早的鸟纹在翅膀后边接连着一条长长的尾巴,后来这个尾巴与躯体分离开来,成为一个弯卷的抽象纹饰,随后,鸟身部分也抽象化了,却保留着原先的一根长长的羽毛,最后,这根羽毛也消失了,形成了典型的窃曲纹。窃曲纹适应性很强,可以随机变化,装饰于器物的不同部位,以窃曲纹构成的装饰,一般不刻云雷纹的地纹。

第三节 湖北金属工艺的审美特征

提起楚艺术,最为人称道的当属楚国的青铜冶铸,它是楚文化的主体和支柱。楚国的青铜器是继中原殷墟所出青铜器为代表的中国青铜时代的第二个典范。楚青铜器的重要地位与地理环境有关。其一,长江中下游是中国的重要铜矿产区之一,楚国因控制了鄂地而成为东周时期铜资源最多、青铜器铸造技术最好的国家。其二,楚国因版图的扩大,继而借鉴越人青铜铸造技术和形制,其铸造工艺最终走在各国前列。"国之大事,在祀与戎。"先秦时期,铜不仅是祭祀时不可或缺的青铜礼器原料,也是极为重要的战略物资,并成为衡量国家综合实力的标准。1978 年在湖北随州市出土的曾侯乙墓中的青铜器总重竟达 10.5 吨。其中编钟之王——曾侯乙编钟(见图 10-5)的总重量达到了 2500 多公斤。这套迄今为止规模最大、数量最多、保存完好的编钟共有纽钟、甬钟和镈钟 65 件。其音域宽广、音列充实、音色优美,令人称道。编钟底座分别采用与编钟大小等高的双手托举的人物造型,异常别致,并成为楚国拥有大量铜资源的佐证。先秦时期,楚人已充分掌握了高超的青铜冶铸技术。大冶铜绿山古矿遗址是我国迄今发现的古铜矿遗址中,生产时间最长、规模最大的一处。数千年前,这里已经采用了先进的开采方法,如竖井与平巷的联合开采、木轱辘的提升技术和自然通风与排水的设计,反映了我国古代有色金属世界一流的采掘与冶炼水平。

楚国的青铜器包括礼器、乐器、兵器、车马器、日用生活器等,青铜礼器是楚国青铜器最重要的组成部分,形制独特,纹制富于变化,具有浓厚的地方特色。楚国的青铜礼器有鼎、簋、敦、盏、壶、缶等,青铜兵器有剑、戈、戟、矛等。楚式青铜器既有实用价值,又有艺术的美感;既有中原文化的印记,又有自我的独特个性,并反向影

图 10-5　铜编钟,出土于曾侯乙墓,湖北省博物馆藏

响着中原青铜艺术的造型风格。

　　楚国青铜艺术的典型范式是富丽繁密,其特点是在青铜器上铸造立体的动物形象和装饰镂空的细密花纹。楚国青铜器制作工艺精湛、水平高超,最常使用的青铜器制造工艺有陶范法、铸镶法和失蜡法。失蜡法工艺在先秦时期仅见于楚国,湖北曾侯乙墓尊盘和河南淅川下寺铜禁是失蜡法工艺的典型代表。曾侯乙墓尊盘出土时上下叠置,宛如一体。尊盘运用了大量的镂空手法,平雕、浮雕错落有致,并饰有 164 条蟠龙,尤其是附着尊身的龙形装饰口吐长舌,造型独特而夸张。其复杂而繁缛、精细而细密的特点,既反映了楚国独特的审美意趣,又展示了楚国青铜制造的精湛技艺。

参考文献

[1] 张朗.楚艺回响——张朗工艺美术文稿[M].武汉:湖北美术出版社,2009.

[2] 张道一.中国民间美术辞典[M].南京:江苏美术出版社,2001.

[3] 靳之林.中国民间美术[M].北京:社会科学文献出版社,2004.

[4] 易心,肖翱子.中国民间美术[M].长沙:湖南大学出版社,2011.

[5] 程征.中国民间美术全集:剪纸[M].南京:江苏美术出版社,2002.

[6] 韩致中.新荆楚岁时记[M].上海:上海文艺出版社,2003.

[7] 王文章.非物质文化遗产保护国际学术研讨会(2004)论文集[M].北京:文化艺术出版社,2005.

[8] 周露.中国民间美术[M].合肥:合肥工业大学出版社,2011.

[9] 王笃芳,冯骥才,白庚胜,于法鸣.中国民间木雕技法[M].北京:中国劳动社会保障出版社,2010.

[10] 汤兆基.中国传统工艺全集:雕塑[M].郑州:大象出版社,2005.

[11] 马驷骥,张二滨.中国根艺[M].北京:金盾出版社,2011.

[12] 何晓道.江南明清建筑木雕[M].北京:中华书局,2012.

[14] 王文章.非物质文化遗产概论[M].北京:文化艺术出版社,2006.

[15] 中国艺术研究院,中国非物质文化遗产保护中心.中国非物质文化遗产普查手册[M].北京:文化艺术出版社,2007.

[16] 邱久钦.民间美术:湖北[M].武汉:湖北美术出版社,1999.

[17] 方湘侠.民间美术:湖北刺绣、布贴[M].武汉:湖北美术出版社,1999.

[18] 方湘侠.民间美术:湖北木版年画、剪纸、皮影[M].武汉:湖北美术出版社,1999.

[19] 方湘侠.民间美术:湖北陶器、糖塑、银饰[M].武汉:湖北美术出版社,1999.

[20] 杨学芹,安琪.民间美术概论[M].北京:北京工艺美术出版社,1994.

[21] 唐家路,潘鲁生.中国民间美术学导论[M].哈尔滨:黑龙江美术出版社,2000.

[22] 吕品田.中国民间美术观念[M].南京:江苏美术出版社,1992.

[23] 张巨平.湖北天门的蓝印花布[J].装饰,2006(1):91-92.

[24] 马兵林.浅析形式美法则在天门蓝印花布图式构成中的运用[J].美术大观,2015(2):73.

[25] 白蓉.黄梅挑花传承谱系研究[D].湖北美术学院,2016.

[26] 纪阳.论红安绣活工艺特色及生产性保护途径[D].武汉:湖北美术学院,2016.

[27] 李嘉.土家族"西兰卡普"的文化特征简析[J].中南民族大学学报(人文社会科学版),2007(5):75-78.

[28] 李梦,林正松.西兰卡普纹样的艺术特色及其艺术传承与保护[J].武汉理工大学学报(社会科学版),2014(2):197-200.

[29] 武汉纺织大学纺织非遗团队.西兰卡普传承者寻踪[N].中国纺织报,2012-02-21.

[30] 王书良,李煜.中国文化精华全集(风俗·地理卷)[M].北京:中国国际广播出版社,1992.

[31] 熊德礼,吴志庄,冯祥成,崔鸿侠,葛武清,陈文武.湖北竹类的自然分区研究[J].世界竹藤通讯,2012(2):13-17.

[32] 程道炳,余辉.章水泉和他的武穴竹器工艺[J].世纪行,2015(5):40-43.

[33] 肖世孟.先秦色彩研究[M].北京:人民出版社,2013.

[34] (美)鲁道夫·阿恩海姆.视觉思维——审美直觉心理学[M].滕守尧,译.成都:四川人民出版社,1998.

[35] 陈彬.监利竹编农具形态设计研究[D].湖北美术学院,2012.

[36] 卢敏.浅析柳编工艺美术品造型的时代特征[J].美术大观,2012(2):72.

[37] 张婉萍.传统藤编,创新发展——广东省民间文化艺术之乡(藤编)分析[J].神州民俗,2015(255):92-94.

[38] 曹悦.让生活回归自然——藤编家具的设计与推广[J].现代装饰(理论),2014(5):115-116.

[39] 谷城县文化馆.周莹山的"四派"黄杨木雕艺术[EB/OL].http://www.gcxwhg.com/a/fybh/mltx/2016/0612/334.html,2016-06-12.

[40] 戴吾三.考工记图说[M].济南:山东画报出版社,2003.

[41] 尹笑非.中国民间传统吉祥图像的理论阐释[M].上海:上海书店出版社,2009.

[42] 顾方松.辞海(艺术分册)[M].上海:上海辞书出版社,1980.

[43] 湖北省志文艺志编辑室.湖北省志·文艺(上)[M].武汉:湖北人民出版社,1997.

[44] 宫楚涵.剪纸[M].北京:中国文联出版社[M].2008.

[45] 王光敏.中华传统文化书系——剪纸文化[M].呼和浩特:内蒙古人民出版社,2006.

[46] 王连海.中华传统剪纸民俗[M].北京:气象出版社,2013.

[47] 王树村.中国民间美术史.广州:岭南美术出版社,2004.

[48] 李绵璐.谈民族民间美术[M].合肥:安徽美术出版社,2003.

[49] 高健,孙湘明.系统艺术概论[M].北京:中国文史出版社,2002.

[50] 李公明.中国美术史纲[M].长沙:湖南美术出版社,2004.

[51] 左汉中.民间木版年画图形[M].长沙:湖南美术出版社,2000.

[52] 陈传席.中国绘画美学史[M].北京:人民美术出版社,2002.

[53] 敖明丽.非物质文化遗产语境下老河口木版年画的保护和传承[D].武汉纺织大学,2012.

[54] 张昕.湖北造型文化遗产审美论纲[M].武汉:武汉大学出版社,2014.

[55] 陈日红.略论老河口民间木版年画[J].湖北文理学院学报,2009(4):68-71.

[56] 童芸.中国红:皮影[M].合肥:黄山书社,2013.

[57] 吴良忠.中国皮影[M].上海:上海远东出版社,2009.

[58] 关红.图说中国非物质文化遗产:中国最美皮影[M].武汉:湖北美术出版社,2013.

[59] 魏力群.皮影之旅[M].北京:中国旅游出版社,2005.

[60] 湖北省文物考古研究所.曾国青铜器[M].北京:文物出版社,2007.

[61] 绍兴博物馆,湖北省博物馆.江汉吉金——湖北省博物馆典藏商周青铜器[M].北京:文物出版社,2012.

[62] 王树村.中国年画史[M].北京:北京工艺美术出版社,2002.